BRASIL 50

RETRATOS DE UMA COPA DO MUNDO ALÉM DO MARACANAZO

TONI PADILLA

BRASIL 50

RETRATOS DE UMA COPA DO MUNDO ALÉM DO MARACANAZO

GRANDE ÁREA

Tradução
Lucas Duque

Preparação
Christian Schwartz

Edição
Raul Andreucci

Revisão
BR75 | André Sequeira

Projeto gráfico de miolo e diagramação
BR75 | Cibele Bustamante

Montagem de capa
BR75 | Raquel Soares

Produção editorial
BR75 | Clarisse Cintra e Silvia Rebello

Imagem de capa
PA Images/Alamy Stock Photo

Crédito das imagens
Livro Ilustrado Football World Cup 1950, projeto de pesquisa de Heriberto Ivan Machado, Rogério Michailev, Luiz Evaristo e Armando Kolbe Júnior

Dados Internacionais de Catalogação na Publicação (CIP)
Angélica Ilacqua CRB-8/7057

P135b Padilla, Toni
Brasil 50: retratos de uma copa do mundo além do Maracanazo/Toni Padilla; tradução de Lucas Duque. Campinas: Editora Grande Área, 2022.
296 p.: il.

ISBN: 978-65-88727-27-0
Título original: Brasil 50: Retratos del Mundial del Maracanazo

1. Copas do mundo (Futebol) – História 2. Copa do Mundo (Futebol) (4.:1950: Brasil) I. Título II. Duque, Lucas

22-5911 CDD 927.96334

Índices para catálogo sistemático:
1. Copas do mundo (Futebol) – História

SUMÁRIO

INTRODUÇÃO 9

1
MENDES DE MORAES 13

2
OBDULIO VARELA 19

3
SAILEN MANNA 27

4
ANTONI RAMALLETS 33

5
JACQUES FATTON 43

6
GEORGE RAYNOR 47

7
HORACIO CASARÍN 55

8
RAJKO MITIĆ 63

9
AMEDEO AMADEI 69

10
ADEMIR DE MENEZES 75

11
GEORGE ROBLEDO 81

12
ANTONIO PUCHADES 89

13
JUAN LÓPEZ 97

14
CHARLIE COLOMBO 105

15
OTTORINO BARASSI 113

16
GUILLERMO EIZAGUIRRE E BENITO DÍAZ 121

17
LUIZ MENDES 131

18
STANLEY MATTHEWS 137

19
VÍCTOR UGARTE 143

20
ZIZINHO 149

21
ANTONIO CARBAJAL 155

22
ARTHUR DREWRY 161

23
SCHUBERT GAMBETTA 169

24
LENNART SKOGLUND 177

25
MANUEL FLEITAS SOLICH 185

26
FLÁVIO COSTA 193

27
FRANK BORGHI 201

28
SERGIO LIVINGSTONE 207

29
MATÍAS PRATS 213

30
GIAMPIERO BONIPERTI 221

31
RUBÉN MORÁN 229

32
BARBOSA 235

33
STJEPAN BOBEK 241

34
STAN MORTENSEN 247

35
GEORGE READER 253

36
ALCIDES GHIGGIA 261

37
TELMO ZARRA 269

38
JOE GAETJENS 275

39
JULIO PÉREZ 285

40
ALDYR GARCIA SCHLEE 291

INTRODUÇÃO

Era o dia 2 de julho de 2010. Saí correndo do Soccer City e tinha apenas noventa minutos para chegar ao aeroporto de Lanseria, ao norte de Joanesburgo. Abrindo caminho entre milhares de torcedores que saíam do estádio, eu me vi no meio do nada. O enorme Soccer City fica entre terrenos lamacentos na periferia de Soweto. As centenas de carros estacionados em vagas numeradas se transformaram em um labirinto. Desesperado, corri à procura de um táxi, até que encontrei um e o parei como pude: "*To the Lanseria Airport!*", gritei ao motorista, que baixou o vidro da janela de seu carro desmantelado. Dentro do veículo, descobri uma família inteira: a esposa dele e dois filhos olhavam para este homem branco, com cara ensandecida, que estava quase pulando em cima do capô. O taxista se virou para a esposa, murmurou algo em sei-lá-que-língua e me fez sinal para entrar no carro. "Vamos na mesma direção. Não estou trabalhando agora, estamos saindo do jogo, mas assim consigo algum dinheiro", brincou ele. Dirigiu como um louco, ultrapassando imprudentemente em curvas fechadas, mas consegui pegar o voo Joanesburgo-Cidade do Cabo. Poucas horas depois, ainda sem dormir, vi a Alemanha destruir a Argentina, treinada por Maradona, nas quartas de final da Copa do Mundo. Depois de mais de 24 horas sem descanso e com todos os meus trabalhos do dia entregues, veio à mente uma frase que eu tinha ouvido horas antes, enquanto saía correndo do Soccer City: "Pai, você viu? Conseguimos de novo. Calamos um país inteiro, como no Maracanã."

Eu queria muito assistir ao vivo Gana × Uruguai pelas quartas de final, embora minha principal tarefa na África do Sul fosse relatar as peripécias de Lionel Messi. Então encontrei uma passagem barata para garantir, com um voo noturno, minha presença no jogo da Argentina, na Cidade do Cabo, menos de 24 horas depois da partida entre uruguaios e ganeses, em Joanesburgo.

O público local estava torcendo para os Estrelas Negras, a única equipe africana nas quartas. As vuvuzelas não se calavam e entrei na tribuna de imprensa hipnotizado por aquele ritmo africano. As cenas de irmandade entre sul-africanos brancos e torcedores ganeses às portas do estádio me posicionaram emocionalmente ao lado de Gana. Ao terminar a partida, no entanto, o Uruguai havia roubado meu coração. Levei muito tempo para processar aqueles últimos minutos. As mãos de Luis Suárez evitando o gol ganês, sua expulsão, o pênalti perdido por Asamoah Gyan no último segundo, o barulho cada vez que um jogador da Celeste estava prestes a bater o pênalti e o caminhar de "Loco" Abreu em direção à bola, ao encontro da glória, arrogante como um bom malandro. Em seguida, o silêncio. Sessenta mil pessoas perderam suas vozes quando Abreu cobrou suavemente aquele último pênalti. Os pulmões não encontraram mais ar para soprar as vuvuzelas. Desinflaram. O Uruguai, um dos menores países daquela Copa do Mundo, havia partido o coração de toda a África em sua própria casa. Não apenas Gana ou África do Sul: o Uruguai silenciou um continente inteiro.

O silêncio tomou conta de todos os bairros das cidades grandes e também dos pequenos vilarejos, onde centenas de africanos se reúnem em dias de jogos ao redor da única televisão num raio de muitos quilômetros, esperando que o gerador a gasolina siga firme e mantenha a telinha ligada. De Dakar a Mogadíscio, de Alexandria à Cidade do Cabo.

Sempre fico nervoso nos pênaltis, não importa quem esteja jogando. Durante as penalidades, escondido atrás da minha câmera, filmei as cobranças como se esse gesto ritual pudesse me acalmar. Ainda tenho os vídeos dos pênaltis da final da Copa do Mundo de 2006, por exemplo. E, é claro, o do pênalti de Abreu. O pênalti que gerou tanto silêncio. Depois daquela carícia na bola, os espectadores foram embora tristes, deixaram as arquibancadas lentamente, como fantasmas. Terminei a crônica e saí como um maluco para pegar meu táxi. A prorrogação e os pênaltis jogaram contra mim, sobrou pouco tempo para chegar ao aeroporto. E foi então, saindo do estádio, que me deparei com um minúsculo grupo de uruguaios barulhentos. Enquanto passava por eles, escutei esse homem de uns quarenta anos gritando no telefone: "Pai, você viu? Conseguimos de novo. Calamos um país inteiro, como no Maracanã". Levei 24 horas para processar a informação, o segredo daquela frase. Talvez o silêncio testemunhado no Soccer City, logo depois do gol de Loco Abreu, fosse o mais próximo do silêncio imediatamente após o gol de Ghiggia em 1950.

Alguns dias mais tarde, entrevistei Don Alcides Edgardo Ghiggia, o autor do gol mais famoso da história das Copas do Mundo, o homem que destruiu a autoestima de todo um país, o homem que colocou sua assinatura no mito do Maracanazo. A delegação uruguaia exibia Ghiggia — então com 84 anos — pela África do Sul como se fosse um tesouro com alma, um amuleto ambulante, uma bandeira para os jovens soldados se lembrarem das vitórias de outrora. Ainda com seu bigode elegante, ele olhou ao redor parecendo uma criança que se esconde dos professores, encostou a cabeça perto do meu ouvido e disse, em voz baixa: "Não vai acontecer de novo. O que aconteceu no Brasil em 1950... aquilo... aquilo foi único. Mesmo que ganhem a Copa do Mundo, o que aconteceu em 1950 ninguém esquece. Ficou marcado." Ele se levantou novamente e, satisfeito, esperou pela pergunta seguinte. Foi lá, naquele hotel na Cidade do Cabo, que entendi: a Copa do Mundo estava voltando para o Brasil, assim como tinha acontecido várias décadas antes.

Algumas Copas se tornaram lendárias. Se as de 1934 e 1978 são lembradas com dor, as de 1950 e 1970 são monumentos ao esporte e à sua mística. O Mundial de 1950, no Brasil, foi um canto de otimismo. O primeiro grande torneio de futebol após a Segunda Guerra. Londres havia sediado os Jogos Olímpicos de 1948, em que suecos e iugoslavos encantaram no futebol, mas era um torneio com atletas dormindo em barracas militares e uniformes nas arquibancadas. O Brasil, que não tinha vivido a guerra e era sinônimo de alegria, representava um rompimento com o passado (apesar de, durante o torneio, ter sido declarada a Guerra da Coreia).

Mais de vinte jogadores daquela Copa do Mundo haviam combatido na Segunda Guerra. No elenco dos Estados Unidos tinha até um participante do desembarque da Normandia. E ele era companheiro de equipe de um belga, mas que possuía passaporte norte-americano graças à medalha de mérito por lutar na resistência. Dois iugoslavos também tinham condecorações por sua luta contra os nazistas, e o inglês Mortensen havia sofrido um acidente em um bombardeiro. O costume brasileiro de lançar rojões durante os jogos causou pesadelos em muitos desses jogadores, que se lembravam do estrondo das bombas sobre Guernica — como aconteceu com Zarra —, Londres ou Belgrado.

A primeira Copa do Mundo no Brasil foi profundamente imperfeita. O Maracanã só pôde ser completamente terminado anos depois; das dezesseis equipes que deveriam participar, somente treze chegaram ao país; e o Uruguai venceu o torneio jogando apenas quatro partidas, enquanto o

Brasil e a Espanha jogaram seis. A Argentina se recusou a jogar e a organização não esteve à altura (houve inúmeras festas noturnas e equipes que treinaram na praia por causa da falta de instalações).

No entanto, foi uma Copa do Mundo profundamente emotiva. Foi o ano da estreia da Inglaterra em um torneio oficial da Fifa. Foi o campeonato que trouxe alegria a uma Espanha cinzenta e sem liberdades. Foi um dos últimos torneios em que os campeões mundiais não ganharam quase nada com sua vitória além da fama. Naqueles poucos dias de junho e julho de 1950, alguns dos momentos mais influentes da história do futebol foram escritos. Foi no Brasil que a Inglaterra perdeu para uma seleção norte-americana amadora, que o Maracanã foi erguido, que o gol de Zarra foi ouvido pelo rádio e os italianos perceberam quanto talento havia sido perdido no fatídico acidente aéreo de Superga em 1949.[1]

E foi a Copa do Maracanazo.

O destino quis que o último sobrevivente daquela partida fosse, curiosamente, o autor do último gol, Ghiggia. Este livro é uma homenagem àqueles homens que, com seu suor, permitiram que o futebol deixasse de ser um esporte e se tornasse um relato épico, homérico. Foram caras fortes, com histórias incríveis nas costas. A obra não pretende contar todos os incidentes de cada partida: só quer manter viva a memória de alguns jogadores que desempenharam um papel incrível em 1950. Infelizmente, não foi possível falar com a maioria deles. Outros foram injustamente esquecidos.

P.S.: Quando aperto *play* no vídeo da penalidade de Abreu, não há silêncio. Ouço os jornalistas ao meu lado comentando sobre a audácia do uruguaio. Escuto o alto-falante, os gritos dos torcedores uruguaios... Mas esse vídeo é uma coisa e a realidade é outra. Juro que, daquele momento, só lembro do silêncio. Abreu roubou milhares de gritos de alegria e os escondeu. Ele silenciou um país inteiro, como Ghiggia em 1950.

Toni Padilla

Barcelona, 27 de janeiro de 2014

1 No dia 4 de maio de 1949, o avião que transportava a delegação do Torino se chocou com a Basílica de Superga, em Turim, acidente que ocasionou na morte dos 31 que estavam a bordo. O time grená era o então tetracampeão italiano e base da Azzurra, o que lhe valeu a alcunha de "Grande Torino". Dias depois da tragédia, foi declarado vencedor também da temporada 1948/1949.

1
MENDES DE MORAES

Eu sou brasileiro, tu és brasileiro
Muita gente boa brasileira é!
Vamos torcer com fé
em nosso coração
Vamos torcer para o Brasil ser campeão
Salve, salve o nosso Estádio Municipal
No campeonato Mundial
Salve a nossa bandeira
Verde, ouro e anil
Brasil, Brasil, Brasil!
Trecho da canção Marcha do Escrete Brasileiro,
de Lamartine Babo

Como era costume na época, a multidão que deixava o Maracanã queimou, antes de sair do estádio, alguns dos jornais que havia trazido consigo. As arquibancadas foram se esvaziando gradualmente, com a torcida deixando para trás pequenas colunas de fumaça, como se fossem piras funerárias para lamentar o sonho despedaçado de toda uma nação. Na saída, alguns torcedores derrubaram o busto do general Ângelo Mendes de Moraes. Estava localizado em frente à entrada principal do Maracanã, de costas para o que então era o maior estádio do mundo, e dava as boas-vindas às autoridades que passavam por aquele portão. O busto foi derrubado e terminou abandonado ao ar livre no esgoto próximo a uma favela. E lá ficou por alguns dias.

Ângelo Mendes de Moraes costumava se vestir de branco; bem-arrumado, sempre com um colarinho alto, como se, usando roupas civis, quisesse lembrar ao mundo do seu status de militar. Considerava-se uma pessoa de ordem. Filho de uma boa família, foi treinado ainda na adolescência no mundo das armas e obteve promoções pela repressão das revoltas camponesas e indígenas na Amazônia. Era um homem severo, o típico brasileiro orgulhoso das suas raízes europeias, sempre mais atento ao que estava acontecendo na Europa do que ao que ocorria em Lima ou Quito. Eleito prefeito do Distrito Federal do Rio de Janeiro em 1947, sonhava com a imortalidade. E com as placas, com as ruas. Deu o seu nome a uma escola, por exemplo. Sempre se manteve perto do poder, posição que lhe rendeu a grande oportunidade de ser imortal: entraria para a história como o impulsor do estádio do Maracanã, onde, em 16 de julho de 1950, o Brasil tinha que ganhar a sua primeira Copa do Mundo.

O político não cedeu em sua determinação de construir o maior estádio do planeta. Se em 1949 o maior de todos era o Hampden Park, em Glasgow, em 1950 foi construído um colosso no norte da cidade do Rio de Janeiro, sob o olhar atento do prefeito. Recém-eleito para o cargo depois de passar alguns meses frustrantes governando a idílica e remota ilha de Fernando de Noronha, ele voltou à sua cidade natal pronto para conquistar o amor de seus concidadãos com a Copa do Mundo. Como enclave para o projeto, Mendes de Moraes escolheu um terreno ocupado por um hipódromo chamado Derby Clube, mas rapidamente se viu enredado na burocracia e na política: o jornalista e congressista Carlos Lacerda se tornou seu pesadelo, pois era a favor da construção do estádio na região de Jacarepaguá, a oeste da cidade, onde poderia proporcionar viabilidade econômica a diversas favelas isoladas. O prefeito — atacado na *Tribuna da Imprensa*, o jornal de Lacerda — encontrou seu melhor aliado em outro jornalista, Mário Rodrigues Filho, irmão do famoso dramaturgo Nelson Rodrigues. Mário Filho, considerado um dos melhores cronistas esportivos da época, transformou o *Jornal dos Sports* na plataforma em que defenderia o local proposto por Mendes de Moraes. A luta foi feroz, mas, no dia 2 de agosto de 1948, os trabalhos começaram no terreno conhecido pelo povo como "Maracanã". Palavra de origem indígena, refere-se às aves locais na língua tupi. Também era como as pessoas chamavam o rio que descia pelo distrito da Tijuca até o canal do mangue. Por isso a associação ao estádio que estava sendo construído às pressas.

Mais de 10 mil operários trabalharam em um canteiro de obras onde alguns perderam a vida. No final, a ajuda do Exército foi necessária para a conclusão. Mesmo assim, durante a Copa do Mundo, alguns detalhes ainda estavam sendo finalizados, tais como instalar as cadeiras que faltavam, pintar os túneis ou colocar luzes em todos os cantos. Apesar desses problemas, o Maracanã ficou pronto para o torneio de 1950. Mário Filho declarou nas páginas de seu jornal que o estádio era a nova alma do Rio de Janeiro e de todo o Brasil. Compuseram-se poemas e canções antes mesmo da inauguração. Carros alegóricos do Carnaval do Rio daquele ano exibiam reproduções em papel machê do estádio sobre o qual todo mundo estava falando.

Quando Mendes de Moraes supervisionava as obras do Estádio Municipal Mendes de Moraes — que ele mesmo havia batizado com seu nome —, caminhava, sem saber, muito perto dos canais, esgotos e córregos onde seu busto acabaria sendo jogado.

Elegantemente vestido para as fotos, o prefeito organizou um concurso público para escolher os autores do novo monumento e, assim, o Distrito Federal optou por um projeto assinado por sete arquitetos: Miguel Feldman, Waldir Ramos, Raphael Galvão, Oscar Valdetaro, Orlando Azevedo, Pedro Paulo Bernardes Bastos e Antônio Dias Carneiro. A proposta deles era construir um estádio completamente redondo, não oval. A ideia foi bem recebida, e um jovem arquiteto já considerado um gênio na época, chamado Oscar Niemeyer, deixou a competição derrotado.

Mendes de Moraes sabia que dispunha de menos de dois anos, portanto não poupou esforços, gastou muitos milhões e recrutou soldados para ajudar nas obras. Em 16 de junho de 1950, dias antes do início da Copa do Mundo, o prefeito inaugurou o estádio, acompanhado do presidente da República, Eurico Gaspar Dutra, e do arcebispo Jaime de Barros Câmara. Dutra cortou a fita no portão principal e Mendes de Moraes, enchendo o peito, fez um discurso. A primeira partida, disputada no dia seguinte entre a seleção do Rio de Janeiro e a de São Paulo, foi vencida pelos paulistas por 3 × 1. Uma semana depois, o Brasil goleou os mexicanos no jogo de abertura da Copa. Tudo estava indo de acordo com o planejado.

O homem que dava nome ao grandioso estádio tinha plena noção do poder do esporte. Antes da Segunda Guerra Mundial, havia sido delegado militar na Itália fascista e na Alemanha de Hitler. Admirador da firmeza bélica e da cultura esportiva alemã, esteve no Estádio Olímpico de Berlim e no Estádio do Partido Nacional Fascista em Roma. Com poucas guerras para celebrar um glorioso passado nesse aspecto, o Brasil vivia clima de reivindicação patriótica, no qual o futebol seria usado para inflamar paixões. O prefeito queria estar em todas as fotos para promover sua carreira política, e todos os políticos sonhavam em estar nessas fotos.

Nos dias que antecederam a partida final contra o Uruguai, o Brasil se preparou para um dos momentos mais importantes de sua história. Em meio à efervescência popular, o técnico Flávio Costa tirou sua equipe das instalações da Barra da Tijuca, onde estava concentrada com certa paz, para montar a concentração nas dependências do Vasco da Gama, em São Januário. "Foi um inferno. Perdemos a final duas vezes: no estádio e naquela concentração", lembrou Zizinho. Lá, a equipe brasileira passou os três dias que antecederam a final contra os uruguaios. Três dias cheios de visitas, eventos publicitários, entrevistas... Como "campeões do mundo", ganharam relógios, camisas e entradas vitalícias para os cinemas Trianon. Os jogadores estavam irritados e nervosos; por isso, o treinador, após um almoço com as esposas de seus comandados, permitiu que alguns saíssem na noite anterior à última partida do torneio para descontrair. Juvenal, que tinha uma amante, voltou de um boteco na avenida Rio Branco totalmente bêbado. Iniciou-se uma discussão. Os nervos estavam à flor da pele.

Na manhã de 16 de julho, dia do confronto com o Uruguai, os jogadores acordaram de mau humor. Estavam havia três dias assinando autógrafos — em todos, Mendes de Moraes apareceu acompanhado de vários políticos. O grande dia começou com uma missa. Em seguida, apareceram por lá Cristiano Machado e Ademar de Barros, aspirantes à presidência da República, proferindo discursos e tentando tirar uma foto com o técnico Flávio Costa e o atacante Ademir. Durante um dos discursos, Zizinho não aguentou mais e soltou em voz alta: "Parece que já ganhamos..." Flávio Costa, ainda irritado com a embriaguez de Juvenal, reprimiu o defensor com o olhar. O técnico passou as horas seguintes expulsando os caçadores de autógrafos que queriam conseguir algum furo para fazer um extra. O jornalista Mário Filho, dirigentes da confederação e até um ministro também apareceram.

Três horas antes da final, o ônibus com a delegação partiu para o Maracanã. Milhares de pessoas esperavam pelos jogadores em cada esquina. Eles pareciam sérios. De repente, uma motocicleta atravessou na frente do veículo, que não conseguiu evitar a colisão, e foi derrubada. O motorista freou abruptamente, o que fez o capitão Augusto bater com a cabeça em uma janela. Durante cinco eternos minutos, o ônibus ficou encurralado, cercado por uma multidão de espectadores. Os jogadores queriam chegar ao estádio de qualquer maneira.

Mendes de Moraes chegou cedo. Tinha tudo organizado. Com trinta minutos para o pontapé inicial, enviou um emissário ao vestiário para lembrar os jogadores de que, após a partida, eles comandariam uma carreata até o centro da cidade. O tal emissário interrompeu a preleção do treinador. Quando os jogadores finalmente entraram em campo, Mendes de Moraes levantou-se na tribuna de honra e fez um breve sinal com a cabeça. Recebeu o microfone, esperou que a atmosfera se acalmasse um pouco e, com a seleção entrando em campo, surpreendeu a todos com um discurso que ressoou pelos alto-falantes: "Vós, brasileiros, a quem eu considero os vencedores do Campeonato Mundial! Vós, jogadores, que a menos de poucas horas sereis aclamados campeões por milhões de compatriotas! Vós, que não possuís rivais em todo o hemisfério! Vós, que superais qualquer outro competidor! Vós, que eu já saúdo como vencedores! [...] Cumpri minha promessa construindo esse estádio. Agora, façam o seu dever, ganhando a Copa do Mundo!" A multidão gritou eufórica. Os rostos dos jogadores continuaram sérios. Na cabine de imprensa, o homem que havia vencido as Copas do Mundo de 1934 e 1938 com a Itália, Vittorio Pozzo, olhou chocado para os jornalistas italianos que cobriam o evento. Mendes de Moraes sentou-se satisfeito. Tocou-se o hino nacional e Barbosa, o goleiro dos donos da casa, viu a bandeira brasileira sendo hasteada de cabeça para baixo. Então foi a vez do hino uruguaio, e um dos jogadores da Celeste, Julio Pérez, não conseguiu aguentar a pressão: a urina escorreu por suas pernas. O capitão uruguaio, Obdulio Varela, proferiu um insulto dirigido à banda de fuzileiros navais que terminava de interpretar seu hino. "Aprendam a tocar, seus idiotas", exclamou.

E a partida final começou. Pela primeira vez no torneio, o Brasil perdeu o sorteio para escolher o lado do campo. Pela primeira vez no torneio, o Brasil perdeu um jogo e o busto de Mendes de Moraes acabou em um esgoto, no meio de excrementos.

Ele terminou sua carreira política em Brasília, a nova capital projetada pelo arquiteto que não pôde construir o Maracanã, Oscar Niemeyer. Se Mendes de Moraes levou dois anos para construir um estádio, Niemeyer levou quatro para construir uma capital. Lá, em Brasília, o ex-prefeito do

Rio de Janeiro apoiou dois golpes de Estado. Foi um homem de ordem até o fim.

O Maracanã, sua obra mais imortal, seu filho pródigo, seria rebatizado: após a morte prematura, em 1966, do jornalista que apaixonadamente defendeu o colossal projeto, passou a chamar-se Estádio Jornalista Mário Filho. A esposa dele, Célia, com quem se casou aos 18 anos na praia de Copacabana, suicidou-se pouco tempo depois, incapaz de superar a dor de perder o companheiro que, postumamente, deu nome ao Maracanã.

O Maracanã estará sempre ligado a outra palavra: "Maracanazo". Duzentos e sessenta torcedores uruguaios o viram ao vivo naquele dia. Ainda hoje, um por cento da população uruguaia acredita que esse é o momento mais importante da história, mais importante que a chegada do homem à Lua ou a invenção da eletricidade. O Maracanazo não estava nos planos de Mendes de Moraes. Tampouco nos de um país inteiro: o Brasil.

2

OBDULIO VARELA

Vamo'
Vamo', arriba la Celeste
Vamo'
Desde el Cerro a Bella Unión
Vamo'
Como dice el Negro Jefe
Los de afuera son de palo
Que comience la función.
Trecho da canção "Cuando juega Uruguay",
do cantor e compositor uruguaio Jaime Roos

O "Negro Jefe" (Chefe Negro) parecia um boxeador da década de 1920, com cara fechada, olhos pequenos e mandíbula quadrada. Era feio, quase monstruoso, embora tivesse um sorriso que mostrava alguns dentes tortos, emprestando certo ar de bondade ao rosto da fera.

Ele foi um herói, uma lenda, um mito. O Uruguai criou seu relato a partir do nada e deu aos seus jogadores o status de heróis. Se os gregos tinham um herói trágico em Heitor de Troia, os uruguaios choraram a morte de Abdón Porte;[1] se os gregos ainda narram os feitos de Ulisses, os uruguaios elevam ao céu as memórias do Negro Jefe.

---

1 Abdón Porte foi um zagueiro e volante do Nacional no início do século 20. Capitão da equipe, fez mais de duzentas partidas pelo clube de Montevidéu, até que viu sua titularidade ameaçada. Porte não suportou a

Obdulio Jacinto Muiños Varela cresceu nas ruas. Filho de um galego e de uma mulher negra que acabaram se separando, foi engraxate, entregador de jornais e vendedor de porta em porta numa área industrial de Montevidéu, onde começou a jogar bola. Eram doze irmãos. Jogavam na rua e um dia, quase por acaso, Obdulio foi convidado a defender um time. Assim chegou ao Deportivo Juventud, onde seus companheiros de equipe lhe arranjaram um emprego como pedreiro. "Um dia, disseram que tinham me vendido ao Wanderers por duzentos pesos. Sem perguntar nada, me venderam como um saco de batatas. Quando descobri, fui falar com os dirigentes do Wanderers e lhes perguntei: 'Quem vai defender o clube a partir de agora, eu ou o Deportivo Juventud?'. Consegui que me dessem os duzentos pesos. Nesse dia, comprei de tudo. Quando apareci em casa, minha mãe não podia acreditar que tinham me dado todo aquele dinheiro... Ela pensou que eu estava andando pelo mau caminho", lembrou em uma entrevista.

Asmático e sem um bom toque de bola, Obdulio nunca se destacou em algo em particular, mas, quando se tratava de competir, era o melhor. Era um moleque de rua, forte e resistente. Ninguém o superava em campo. Ninguém batia nele. Nasceu pobre, mas nasceu chefe. Seus primeiros passos como jogador de futebol, no Deportivo Juventud e no Montevideo Wanderers, formaram um jogador implacável e duro, que jogou no meio de campo na posição que os uruguaios chamavam de *centrojás*, resultado da deformação do anglicismo *center half*. Em seguida, o Peñarol o contratou por um recorde de 16 mil pesos. E então começou a lenda.

Obdulio batia, gritava e reclamava. Usava o sobrenome materno para não esconder sua condição de negro, sujeito humilde e batalhador. "O jogo bonito não ganha partidas. Para ganhar, é preciso luta, garra. Você tem que jogar para ganhar e querer ganhar." E ele sempre queria vencer. Com seu imponente corpo de lutador, liderou a equipe no Maracanã no dia em que foram coroados campeões. Dizem que os gritos das 200 mil almas brasileiras que povoavam as arquibancadas deixaram alguns uruguaios impressionados. Que teve até quem se mijou. Antes de entrar em campo, o Negro Jefe olhou para seus companheiros e gritou: "Não fiquem pensando em

---

perspectiva de perder seu lugar no time e, no dia 5 de março de 1918, pisou no gramado de um estádio Parque Central vazio e suicidou-se com um tiro no peito. O uruguaio tinha 25 anos e se tornou um símbolo do Nacional, homenageado até os dias de hoje pelos torcedores.

toda essa gente, não olhem para cima; o jogo é aqui embaixo e, se vencermos, não vai acontecer nada, será como se nunca tivesse acontecido nada. Os que estão do lado de fora são (feitos) de pau e no campo somos onze contra onze. O jogo se ganha com os colhões na ponta das chuteiras." De acordo com alguns, a frase "Os que estão do lado de fora são de pau" foi dita por Schubert Gambetta. Para outros, por Negro Jefe. Seja como for, é parte da história do futebol uruguaio. Algumas horas depois de ter sido proferida, os que estavam do lado de fora não só não invadiram o gramado como ficaram petrificados por terem assistido à maior tragédia do futebol brasileiro. O Negro Jefe recebeu a taça das mãos de Jules Rimet. Nos bares uruguaios, contam que ele disse ao francês: "Me dá a taça e vai cagar." Rimet tinha uma lembrança diferente: "Tudo estava previsto, exceto o triunfo do Uruguai. No fim da partida, eu tinha que entregar a taça ao capitão do time vencedor. Uma vistosa guarda de honra se formaria do túnel até o centro do campo, onde o capitão da equipe vencedora estaria me esperando. Preparei meu discurso e saí para o vestiário alguns minutos antes do fim da partida, que estava 1 × 1. Mas, enquanto caminhava pelos corredores, a gritaria infernal de repente parou. Ao sair do túnel, um silêncio desolador dominava o estádio. Nem guarda de honra, nem hino nacional, nem discurso, nem entrega solene. Eu me vi sozinho, com a taça nas mãos e sem saber o que fazer. No tumulto, acabei encontrando o capitão uruguaio, Obdulio Varela, e quase às escondidas lhe entreguei a estatueta dourada, apertei sua mão e saí sem poder dizer uma única palavra para felicitar sua equipe." Obdulio arrancou a taça daquele senhor desnorteado e a levou para o Uruguai.

Foi um dia longo, como são os dias em que grandes batalhas são travadas. O Negro Jefe arrancou pela manhã contemplando sozinho o nascer do sol na praia do Flamengo. Sentado na areia, tentou imaginar como seria a partida. No caminho de volta para o hotel Paysandu, observou algo. O jornal *O Mundo* tinha uma foto dos brasileiros na capa com a frase: "Estes são os campeões do mundo." Indignado, comprou todos os exemplares, por volta de vinte. Quando chegou ao hotel, foi ao banheiro, estampou os jornais nas portas de cada cabine e, com um pedaço de giz, escreveu: "Mijem nos jornais." Seus companheiros obedeceram.

Obdulio não era particularmente alto, mal chegava a 1,80 metro de altura, mas suas costas largas o faziam parecer uma rocha. Era um líder. Quando a equipe chegou ao Maracanã, estava calmo, até um funcionário da federação uruguaia entrar no vestiário e os parabenizar por terem chegado até ali. "Chegar à final é um sucesso!" O Negro Jefe tomou a palavra: "Se for para entrarmos derrotados, é melhor não jogar. Tenho certeza de que vamos ganhar. E se não ganharmos, também não vamos perder de quatro", como o dirigente insinuou que aconteceria. O Brasil vinha de goleadas contra Suécia e Espanha, o Uruguai havia sofrido contra os mesmos adversários. Poucos acreditavam nos uruguaios. Depois do jogo, todo mundo passou a adorá-los. Mas Obdulio zombava da fama. "É uma mentira", dizia.

Em cada entrevista, em cada crônica, as palavras ditas por ele naquele dia mudam, assim como existem diversos evangelhos para narrar os mesmos eventos. Durante muitos anos, Obdulio, que não era muito chegado aos jornalistas, se divertiu divulgando várias versões. De acordo com seus companheiros de equipe, também contradisse o treinador Juan López, que havia pedido, antes do jogo, para atuarem fechados na defesa. Ao sair do vestiário, fez uma careta, olhou para os colegas e disse: "Juancito é um bom sujeito, mas desta vez ele está errado. Se jogarmos atrás, vai ser igual contra a Suécia e a Espanha." Ele se lembrava de como haviam sofrido nos outros jogos do quadrangular final: contra os suecos, venceram por 3 × 2; contra a Espanha, empataram em 2 × 2, com Obdulio marcando um gol em Ramallets para evitar a derrota, empate que obrigava a Celeste a ganhar o último jogo. Só valia a vitória. E o Uruguai venceu.

Ganhou porque não tinha outra opção, porque o empate dava a Copa aos brasileiros, porque estava escrito no destino de Negro Jefe. Ganhou porque o Negro Jefe jogava de celeste. Obdulio passou a partida toda motivando seus companheiros e jogando com os nervos de seus adversários. O jornalista catalão Joan Voltas o entrevistou em São Paulo alguns anos depois daquela final, e o capitão uruguaio admitiu que, no primeiro lance do jogo, disse ao brasileiro Jair: "Se você jogar bem esta tarde, eu arranco suas bolas". Jair não fez um bom jogo.

Apesar de o empate dar o título aos donos da casa, Friaça marcou o 1 × 0 no começo do segundo tempo. O Maracanã explodiu, e os jogadores brasileiros olharam com sangue nos olhos para seus adversários, prontos para atacar a presa ferida. O Brasil havia vencido os espanhóis e os suecos sem piedade (por 6 × 1 e 7 × 1, respectivamente), e a multidão pedia outra goleada. Mas o Negro Jefe venceu o jogo. Ele pegou a bola, colocou-a debaixo do braço e perseguiu o árbitro inglês com a intenção de impedir que o jogo se reiniciasse. Sabia que tinha que quebrar a magia do momento, transformar a euforia do gol em nervosismo, quebrar o ritmo. "Atravessei o campo para falar com o assistente e reclamei de um suposto impedimento inexistente. Então o árbitro veio até mim e ameaçou me expulsar, mas fiz de conta que não o entendia, pois não falava inglês. Enquanto eu conversava e as arquibancadas rugiam, vários dos jogadores adversários me insultaram, muito nervosos. Essa atitude dos adversários me fez abrir os olhos: eles tinham medo de nós", lembrou. Ele pediu até um tradutor. Quando, mais de cinco minutos depois, a bola estava rolando novamente, o Uruguai havia se recuperado do golpe. "Venham comigo", gritou Negro Jefe. Obdulio largou algumas bofetadas e, apesar de estar atrás no placar, provocou alguns adversários ao pé do ouvido. No fim, pegou a caneta e escreveu o final da história com as próprias mãos.

O Negro Jefe terminou aquele dia bêbado. Seus companheiros de equipe fizeram uma vaquinha para comprar cervejas e comemorar a vitória no hotel, pois ninguém havia previsto o triunfo. Eles não tinham nada preparado. Os dirigentes foram a um cabaré, mas pediram aos jogadores que não deixassem o hotel para evitar problemas com os torcedores locais. Obdulio não queria comemorar com o time: escapou do hotel e foi para Copacabana com um massagista de confiança, Matucho. Passou por bares cheios de brasileiros chorando suas mágoas. "Minha pátria é o povo que sofre", disse certa vez. As lendas sobre o que aconteceu naquela noite encheriam livros inteiros.

Centenas afirmaram ter tomado um drinque com o Negro Jefe naquela noite maldita. Ele lembrou desta maneira: "Comecei a beber rezando para que eles não me reconhecessem. Pensei que, se isso acontecesse, me matariam. Mas me reconheceram imediatamente e, para minha surpresa, me parabenizaram, me abraçaram e muitos deles ficaram bebendo comigo até altas horas da madrugada." Voltou ao hotel bêbado, sem pagar por bebida alguma. No saguão, encontrou o goleiro Roque Máspoli, que lhe perguntou: "É verdade que ganhamos ontem?" Obdulio se livrou dele, pegou alguns cruzeiros e voltou ao bar para pagar a dívida contraída na noite anterior. Levou consigo, além disso, flâmulas assinadas por alguns dos jogadores.

O capitão retornou para Montevidéu quase triste, irritado pelo fato de os dirigentes terem se apropriado da vitória, triste por aqueles brasileiros que o trataram tão bem: "Se ganhamos, foi um milagre. Eles nos fuzilaram. Se jogássemos cem vezes um jogo assim, ganharíamos só aquele." Negro Jefe sempre afirmou que o Brasil era melhor. "O futebol brasileiro é o melhor, o que tem mais ritmo", lembrou em 1969, quando contou como se divertiu assistindo aos jogos do Brasil no Maracanã durante aquela Copa do Mundo. "Nenhum futebol tem o ritmo do futebol brasileiro. Eles tinham a Copa do Mundo ganha e perderam porque quebramos o ritmo deles por alguns minutos."

Obdulio Varela foi amado e odiado. Um eterno rebelde, nunca escondeu suas origens: a mesa sem comida, o abandono escolar, os anos que passou limpando botas ou entregando telegramas pela cidade... Seu tesouro era uma fotografia ao lado de Carlos Gardel, de quem ele cantava repetidamente "Recordándote", seu tango preferido. Negro Jefe amou loucamente o futebol e odiou com todas suas forças de titã a burocracia, os dirigentes e os empresários. Tornou-se um verdadeiro tormento para os presidentes e homens engravatados. Liderou a greve de sete meses de 1948, com vitória para os jogadores, que conseguiram melhorar suas condições. No final, os clubes não aguentavam mais e cederam. Obdulio negociou com eles e, para deixar claro que não tinha medo, voltou a trabalhar como pedreiro. Sua esposa, dona Cata, o ajudou durante esses meses difíceis. Uma heroína silenciosa, ela sempre apoiou Negro Jefe, mesmo não gostando de futebol. Uma vez, quando foi vê-lo em um clássico Peñarol × Nacional, confundiu-o com outro jogador negro, Rodríguez Andrade. Obdulio ficou tão irritado que dona Cata nunca mais pôs os pés em um estádio.

Negro Jefe lutou incansavelmente para melhorar as condições dos jogadores, inspirado pelo lema "a fama não alimenta". Atacou os dirigentes que nunca tiveram a decência de organizar uma homenagem coletiva aos heróis do Maracanã. A cada 16 de julho, ele convocava seus velhos companheiros de batalha e faziam um churrasco juntos, longe dos funcionários da federação. Sua luta contra os altos escalões deixou mil histórias, como a do dia em que o Peñarol, depois de derrotar o River Plate argentino, ofereceu a todos os jogadores 250 pesos. Para Obdulio, ofereceram quinhentos. "Eu joguei igual a todos os outros. Se vocês acham que eu mereço quinhentos pesos, então são quinhentos para todos; se eles merecem 250, então é o que eu mereço também", disse. Todos receberam quinhentos, claro. O *centrojás* nunca valorizou as bonificações e, se lutou por elas, foi mais para honrar seus companheiros do que pensando em si mesmo. Sempre morou em uma casa modesta que comprou nos seus últimos anos como jogador. Com a premiação que ganhou na Copa do Mundo, adquiriu um carro de segunda mão. Foi roubado uma semana depois. Não foi o único carro que Negro

Jefe perdeu. Uma vez, bêbado, saiu da estrada e mergulhou seu Ford 1937 no rio da Prata. Escapou por um milagre.

Obdulio jogou até 1955, quando se aposentou precisamente no Maracanã, defendendo o Peñarol. Jogou essa partida com sua velha camisa aurinegra, sempre lavada por sua esposa Catalina. Negro Jefe entrou em campo com essa camisa centenas de vezes; inclusive, quando o Peñarol estampou um patrocínio em alguns amistosos, Obdulio disse que não usaria aquela camisa "manchada": "Antes, nós negros éramos puxados por uma argola no nariz. Esse tempo já passou", argumentou. Outras vezes, ele se recusou a posar para a foto do time antes dos jogos, porque queria irritar os jornalistas — os quais, dizia, não tinham alma. Às vezes, seus companheiros de equipe lhe pediam para aparecer nas fotos e Negro Jefe saía nas imagens de perfil e olhando para o céu.

Ele faleceu em 1996, devastado e triste pela morte de sua amada dona Cata, a mulher húngara com quem compartilhou cinquenta anos de casamento. Um gigante de coração mole, não durou muito tempo sem a esposa. Sem dinheiro no banco, Obdulio se preparou para morrer: sabia que, sem dona Cata, que havia conhecido quando era pedreiro nos tempos do Deportivo Juventud, duraria pouco.

Alguns amigos o ajudaram a pagar o tratamento médico de que precisava. Ele morreu no mesmo ano e foi enterrado em uma sepultura modesta no Cementerio del Norte, longe de sua esposa, até que uma campanha promovida por torcedores e pelo jornalista Franklin Morales mudou o destino de Negro Jefe. O presidente Julio María Sanguinetti autorizou o Estado a pagar pela transferência dos restos mortais de Obdulio e de sua esposa ao cemitério de Buceo, dedicado aos campeões olímpicos de futebol de 1924 e 1928. Ali, ao lado de outros campeões, ele foi enterrado com sua amada, Catalina Keppel de Varela.

3
SAILEN MANNA

Os ingleses que foram nos ver queriam tocar nossos pés.
Acreditavam, talvez, que tivessem poderes mágicos.
Sailen Manna, zagueiro da seleção da Índia

Em 20 de maio de 1950, os brasileiros deram forma e cara à Copa do Mundo. Depois de tantas notícias, de ver o esqueleto do Maracanã ser lentamente montado e das visitas das autoridades, o povo brasileiro pôde dar um rosto a seus adversários. O sorteio da fase de grupos naquele dia fez com que subitamente se perguntassem sobre o nível de iugoslavos, suíços e mexicanos, seus rivais na primeira fase. O sorteio foi conduzido por um italiano, Ottorino Barassi. Presidente da federação italiana, Barassi foi encarregado pela Fifa de viajar ao Brasil para ajudar as autoridades locais em seus preparativos para a Copa do Mundo. Barassi foi creditado com o sucesso organizacional da Copa de 1934, quando não decepcionou Mussolini e mostrou ao mundo estádios e organização quase modelo. Em 1950, Barassi era o poder nos bastidores no Rio de Janeiro. Foi ele quem comandou o sorteio.

Uma das propostas defendidas pela equipe liderada por Barassi era organizar a competição em um formato diferente daquele da Copa do Mundo anterior, a de 1938 (as de 1942 e 1946 não foram realizadas devido à Segunda Guerra Mundial). Foi prevista uma fase com quatro grupos de quatro equipes. Os campeões de cada grupo entrariam em um quadrangular final, e o campeão sairia dessa fase. A ideia era estender o torneio o máximo de tempo possível para maximizar o retorno econômico. Entretanto, no dia do sorteio, faltava uma seleção. Em vez de dezesseis, apenas quinze participaram, já que a Turquia anunciara que não faria a viagem por motivos econômicos. A Fifa passou semanas tentando convencer várias seleções a preencher a vaga, mas a sequência de desistências se prolongou eternamente: a Áustria se retirara das Eliminatórias e classificara os turcos. A Turquia, por sua vez, renunciara e abrira a porta para as equipes derrotadas em outras fases das Eliminatórias, como Portugal e Irlanda, mas ambas renunciaram e a Áustria foi convidada novamente, permanecendo firme em sua decisão de não participar. No dia do sorteio, no Grupo 4 ficaram Uruguai, França, Bolívia e uma equipe que supostamente poderia ser a Áustria ou a Irlanda. No fim das contas, ninguém ocupou esse lugar. Os franceses, aliás, inicialmente derrotados nas Eliminatórias pelos iugoslavos, também se recusaram a participar, e o grupo acabou sendo formado apenas pelas seleções uruguaia e boliviana.

No terceiro grupo ficaram Itália, Suécia, Paraguai e Índia. Barassi anunciou, ao final do sorteio, que o grupo provavelmente disputaria seus jogos em São Paulo porque a comunidade italiana na cidade era muito numerosa. "Suecos, paraguaios e indianos seguirão os passos da Itália até São Paulo", escreveu o jornal *Crônica*. Mas não foi bem assim: a Índia também desistiu de participar. O motivo da decisão ainda hoje é objeto de controvérsia.

Sailen Manna, talvez o melhor jogador indiano da época, contou sua versão antes de morrer, em 2012: "Nós não viajamos por falta de dinheiro." Terra privilegiada em termos de oratória, relatos e imaginação, a Índia renunciou àquela que teria sido sua primeira e única Copa do Mundo por falta de orçamento, mas criou uma lenda em torno dessa recusa: a de que teria se negado a jogar o Mundial por orgulho, já que a Fifa os havia instado a jogar com chuteiras. E os indianos jogavam descalços.

Sailendra Nath Manna, conhecido como Sailen Manna, jogou descalço quase toda sua vida. Ele penteava o cabelo com gel e tinha olhos negros profundos e perturbadores. Apesar de ser um sujeito magro, conseguiu se tornar um dos melhores defensores do futebol asiático de todos os tempos. Quando morreu, seus parentes contaram que, ao longo da carreira, nunca fora expulso, nunca recebera um cartão amarelo e nunca cometera uma falta dura. Já idoso e fragilizado, recordou as façanhas da sua geração quase sem levantar a voz, com a musicalidade de um bengali salpicado de anglicismos: *keeper*, *midfielder*, *goal*.

Manna cresceu em Bengala durante os últimos anos do domínio britânico, quando o futebol era o esporte da moda na região. Naqueles dias, as façanhas futebolísticas rapidamente se tornavam lendas, como a que contava o triunfo do Mohun Bagan na copa local de 1911. Nesse dia, o Mohun Bagan derrotou uma equipe inglesa. Eles jogaram descalços; os britânicos, de chuteiras. No fim, um brâmane (membro da casta sacerdotal indiana) se aproximou do capitão Shibdas Bhaduri e disse: "Vocês venceram os britânicos hoje, mas chegará o dia em que vencerão a *Union Jack*." Bhaduri respondeu que isso aconteceria quando eles ganhassem a copa pela segunda vez. O segundo título do clube veio em 1947, com Sailen Manna no time. Em 15 de agosto do mesmo ano, a Índia declarou sua independência e a *Union Jack*, como é conhecida a bandeira britânica, foi arriada dos mastros. A profecia se cumprira.

A independência da Índia deu início a uma era turbulenta, marcada pela guerra com o Paquistão e por violência interna. Milhões de mortos e refugiados encheram as ruas e os trens das cidades. O governo decidiu que, apesar das duras circunstâncias, o país precisava de algo do qual se orgulhar, de modo que defendeu veementemente o envio de uma delegação para os Jogos Olímpicos de 1948, em Londres. Oitenta e seis atletas, todos homens, partiram para disputar nove modalidades diferentes. Uma delas era o futebol. Os jogadores ficaram concentrados em Mumbai, de onde zarpou em junho o *SS Empire*, um velho navio britânico usado durante a Segunda Guerra Mundial como hospital. A viagem durou três semanas, e os atletas foram na terceira classe, pois o governo dispunha de um orçamento escasso. "O convés do navio se tornou nosso campo de treinamento. Corríamos de proa a popa e de popa a proa e treinávamos com bolas de pano amarradas com cordas aos mastros para não as perder. Os outros passageiros assistiam estupefatos", lembrou Manna numa entrevista em 2006.

"Naquela época, o futebol era muito popular, talvez devido à herança dos britânicos. Era uma geração maravilhosa que havia jogado — e vencido — alguns amistosos contra equipes estrangeiras. O problema era a falta de condições. Já foi um milagre poder ir aos Jogos Olímpicos", afirmou o jornalista Somnath Sengupta. "O capitão do time, Talimeren Ao, era um renomado médico procedente do nordeste, do estado de Nagaland. Seus companheiros de equipe vinham principalmente do leste, mas também do sul e do norte. Nessa época, o futebol era o esporte mais popular dessas regiões, porque, em Mumbai e nos arredores, reinava o críquete", explicou Debayan Sen, autor de um documentário sobre o futebol indiano. Após alguns dias concentrados em Shillong, a equipe partiu. Governos regionais, administrações locais, times de futebol e até indivíduos haviam sido abordados para conseguir o dinheiro. Além disso, foram organizados jogos amistosos para levantar fundos.

A expedição chegou ao porto de Southampton, onde ganhou uma calorosa recepção. Os britânicos trataram bem os indianos, com paternalismo imperial. A imprensa inglesa rapidamente expôs a falta de condições dos esportistas, que jogavam e treinavam descalços, enfaixavam seus pés para protegê-los de eventuais pisões das chuteiras com travas e haviam desenvolvido suas próprias técnicas de controle de bola. O público britânico já havia visto jogadores descalços antes, como Mohammed Salim, o bengali que jogou algumas partidas pelo Celtic, em 1936. Entretanto, a notícia se espalhou como um incêndio e uma empresa local ofereceu-lhes chuteiras como manobra publicitária. Os jogadores não aceitaram, em parte por orgulho, em parte porque não sabiam como jogar com elas. "Apenas dois ou três haviam usado esse tipo de chuteiras antes. Um ou outro atuava confortavelmente de chuteiras, mas o resto de nós não tinha dinheiro para comprá-las", lembrou Manna. Dos onze jogadores convocados para Londres, apenas Balaram Parab, defensor que jogava pela direita, usou chuteiras. Parab, estrela em vários times de Mumbai, era filho de uma boa família e podia comprar o calçado.

A equipe fez sua estreia contra a França, nas oitavas de final, no modesto estádio Lynn Road, em Ilford, ao leste de Londres. Os franceses tentavam se reencontrar depois de ver toda uma geração de jogadores ser dizimada pela guerra. Em Ilford, escalaram um time destinado ao esquecimento. Mesmo assim, eram claramente os favoritos, e René Courbin fez 1 × 0 com trinta minutos de jogo. Manna nunca esqueceu essa partida. Afirmava que a Índia jogou melhor, e, antes do intervalo, os indianos foram premiados com um pênalti. O próprio Manna chamou a responsabilidade e pediu para bater: mandou nas nuvens. No segundo tempo, Sarangapani Raman conseguiu empatar. A torcida inglesa, claramente a favor dos indianos, comemorou atirando chapéus e bonés militares ao céu de Londres. "Muito perto do final, o árbitro marcou um pênalti. Eu olhei para [Talimeren] Ao e ele me disse para bater, mas eu não quis. Devia ter batido", explicava Manna. No final das contas, Prasad bateu, mas a bola acabou nas mãos do goleiro. No último minuto, os franceses marcaram o segundo gol graças a René Persillon, atacante do Bordeaux. A Índia estava eliminada. A glória ficou com a equipe indiana de hóquei de grama, que ganhou a medalha de ouro ao derrotar os britânicos por 4 × 0 na final.

Apesar disso, os futebolistas indianos conquistaram os corações do público local e, antes de voltarem para casa, o Rei Jorge VI os convidou para uma recepção junto com outros atletas que se destacaram nos Jogos. "A [futura] Rainha Elizabeth nos disse que estava muito surpresa com o que lhe haviam contado sobre nós, e a Princesa Margaret me perguntou: 'Por que vocês jogam descalços?'. Como eu não queria admitir que era por falta de dinheiro, apelei para a desculpa de ser mais confortável", lembrou Manna. Antes de retornar, a equipe jogou alguns amistosos para terminar de financiar a viagem. Dizem que venceu o Ajax em Amsterdã.

O retorno para casa foi difícil, apesar do apoio popular e da fama. A Índia ainda estava procurando seu rumo, Gandhi havia sido assassinado em janeiro daquele ano e o conflito com o Paquistão tinha terminado em dezembro. Manna voltou para Calcutá, onde liderou o Mohun Bagan nos clássicos contra o East Bengal, que muitas vezes terminavam com incidentes nas arquibancadas. A rivalidade de Manna com Ahmed Khan, o melhor jogador do East Bengal, tornou-se lendária, embora os dois fossem amigos fora de campo. O futebol pouco a pouco se viu superado pelo hóquei de grama como o esporte do momento, especialmente depois da medalha de ouro em Londres. Foi então que a federação, registrada na Fifa logo após a proclamação da independência, recebeu o convite para participar das Eliminatórias para a Copa do Mundo do Brasil. De repente, surgiu uma esperança. Uma luz se acendeu. E ainda mais quando as outras seleções asiáticas, Birmânia, Indonésia e Filipinas, retiraram-se por falta de orçamento. Sem ter que jogar, a Índia havia se classificado para o Mundial de 1950.

"A Fifa ainda sustenta que a razão pela qual a Índia não quis jogar foi a carta que enviou aos indianos lembrando-os da obrigação de jogar de chuteiras. É provavelmente mais correto dizer que a Aiff [All India Football Federation] nunca levou o convite a sério porque viajar para o Brasil naquela época era financeiramente inviável. Foi uma pena. Até hoje, a Índia ainda não participou de uma Copa do Mundo", explicou o jornalista Debayan Sen. Os jogadores resignaram-se ao seu destino. Em vez de jogar contra suecos e italianos em São Paulo, concentraram-se nos Jogos Asiáticos em Nova Delhi, em 1951. Os indianos não decepcionaram e conquistaram o ouro ao derrotar o Irã na final com um gol de Sheoo Mewalal. Nehru, o presidente da República, compareceu ao jogo e os parabenizou.

Mas Manna e sua geração ficaram com o sabor amargo da Copa do Mundo. "A federação decidiu que [o Mundial] não era importante o suficiente para fazer um esforço de arrecadação de fundos", lamentou Manna. Em uma época de nacionalismo exacerbado, considerou-se como algo positivo que os indianos não jogassem por orgulho, defendendo seu direito a atuarem descalços. Manna, que nunca se profissionalizou e trabalhou no *Geological Survey of India*, permaneceu envolvido com o futebol e, em 1952, embarcou outra vez para participar das Olimpíadas de Helsinque. A primeira e única partida disputada pela seleção aconteceu no dia seguinte a uma noite fria. O gramado tinha vestígios de gelo. "Jogar descalço lá foi um suplício. Nossos pés estavam frios", lembrou um dos jogadores. A Índia foi derrotada por 10 × 1 pelos iugoslavos, equipe que ganharia a medalha de prata. O ouro foi para a Hungria.

Manna faleceu em 2012. Cerca de 2 mil pessoas participaram da cerimônia de incineração do seu corpo no crematório de Keoratala. As cinzas foram jogadas no rio Hugli, afluente do Ganges. Sua família disse à imprensa que, antes de morrer, ele assistiu pela televisão às Eliminatórias da Copa do Mundo da África do Sul. Mas não pôde assistir ao Mundial propriamente dito. Tampouco conseguiu atuar no Brasil. No entanto, houve um dia, em maio de 1950, em que sonhou em jogar contra os italianos em São Paulo.

4
ANTONI RAMALLETS

Este é Ramallets, o dono do campo.
Josep Samitier, jogador,
treinador e dirigente do Barcelona

Ramallets era vaidoso, como quase todos os goleiros da época. Muito vaidoso. Sempre jogou com a roupa bem passada e com camisas verdes ou pretas, imitado por dezenas de arqueiros. Foi batizado como "Antonio", mas viu o sotaque catalão do bairro barcelonês de Gràcia, onde nasceu e viveu seus primeiros anos, transformá-lo em "L'Antoniu". Gostava de contar histórias e se emocionava facilmente. Basora e os irmãos Gonzalvo, os outros catalães da seleção espanhola de 1950, costumavam provocá-lo no Rio de Janeiro: "*Antoniu, que estàs casat!*" [Antoniu, você é casado!], diziam-lhe quando as garotas brasileiras na entrada do hotel pediam autógrafos ao goleiro do momento.

L'Antoniu era um cara de sorte. Apesar de que essa sorte demorou a chegar. Sob o céu de Berna e em uma das partidas mais importantes de sua carreira, ela lhe virou as costas naquele gol incrível que ele aceitou na decisão da Copa dos Campeões da Europa contra o Benfica, em 1961. E então, já veterano, Ramallets percebeu que sua trajetória no futebol estava perto do fim, mas ainda teve tempo de protagonizar uma defesa espetacular — no chute de Uwe Seeler na partida contra o Hamburgo, no Camp Nou, em 1962 — que seria lembrada pelas gerações futuras. Ramallets era atormentado particularmente por dois gols: o de Berna e o marcado pelo

Negro Jefe, Obdulio Varela, na Copa do Mundo de 1950. "Nós, goleiros, lembramos dos títulos e temos pesadelos com os gols que marcaram contra nós", admitia.

Ramallets foi um nome que se tornou sinônimo de segurança. Um desses que durante gerações foi pronunciado com respeito. Era sério e raramente sorria nas fotos. Tinha um coração enorme e era muito paciente. Assim era Ramallets.

A Copa do Mundo do Brasil mudou sua vida. Ele chegou quase como um desconhecido e voltou como um herói. "Me apelidaram de 'o gato do Maracanã'; um gato com asas... ou com chuteiras. Naquela época, havia um gato de desenho animado muito famoso que parecia ter asas. Depois de fazer uma defesa contra os chilenos saltando com o peito para frente, Matías Prats disse que eu tinha voado como um gato com asas", brincou Ramallets anos mais tarde. Esse corajoso voo em direção ao atacante chileno abriu-lhe as portas da eternidade, com a colaboração da voz de Prats, que sempre cuidou dele em suas crônicas. Depois, pegou tudo contra os ingleses na terceira partida da Espanha na Copa, embora essa bravura também o tenha feito levar uma forte pancada contra os uruguaios que o deixou prejudicado na rodada seguinte. "Era um arqueiro muito corajoso", recordou o goleiro chileno Livingstone. "Foi ele quem salvou a bola do jogo, depois de Parra invadir a área. Ele pegou tudo, até os nossos atacantes o abraçaram para parabenizá-lo. E depois o Zarra fez um gol em mim no momento chave do jogo", acrescentou, resignado, lembrando aquele Espanha × Chile no Maracanã que marcou a estreia do grande Ramallets em Mundiais.

O goleiro não estava destinado a disputar aquela competição. No entanto, foi eleito por alguns o melhor do torneio na posição. Outros escolheram Barbosa, embora seu destino tenha sido verdadeiramente trágico, pois falhou na jogada que decidiu o título. Em alguns jornais brasileiros da época, Barbosa é apontado como o melhor goleiro da competição; em outros, Ramallets. A imprensa espanhola, é claro, só menciona o do Barcelona. O Mundial de 1950 catapultou Ramallets à glória. No caso de Barbosa, enviou-o direto ao purgatório.

A sorte quase sempre funcionou a favor de Ramallets. "Mas a sorte tem que ser aproveitada", ele costumava acrescentar. Quatro anos antes da Copa do Mundo, estava jogando na terceira divisão e conseguiu dois acessos consecutivos com o Valladolid, até alcançar a elite do futebol espanhol. Depois de dar os primeiros passos no Club Esportiu Europa, o time do seu bairro,

Ramallets passou por San Fernando e Mallorca, até que, aos 22 anos de idade, foi contratado pelo Barça. Primeiro o emprestaram ao Valladolid, depois retornou para ser reserva do murciano Juan Velasco, "um goleiro excepcional", segundo Ramallets. Aos 25, L'Antoniu parecia destinado a viver sempre à sombra de outros goleiros, até que Velasco sofreu uma terrível lesão ocular em uma partida contra o Celta, menos de um ano antes do torneio no Brasil. Foi no dia 20 de novembro de 1949. Velasco mergulhou nos pés de Germán Waidele Figueiredo, conhecido como "Mekerle", e foi duramente atingido. O arqueiro deixou o campo com a pálpebra inferior de seu olho esquerdo rasgada, o que levou ao início de um descolamento de retina. Após o Barça ser derrotado por 6 × 4 no estádio de Balaídos, em Vigo, Velasco começou uma peregrinação junto a diferentes especialistas. Quando voltou aos campos, Ramallets já era uma estrela, e Velasco, nascido em Murcia e criado perto de Barcelona, passou a ser seu reserva. "Velasco foi minha referência e meu amigo, e tive que ocupar o lugar dele. Minha outra referência era Eizaguirre, e eu também tive que assumir sua posição naquela Copa do Mundo", lembrava Ramallets.

L'Antoniu chegou ao Mundial pensando que seria o terceiro goleiro e acabou disputando os jogos importantes. "Tive um bom ano no Barça, apesar de não termos conseguido ganhar nem a Liga, nem a Copa. Fui convocado para dois amistosos pela seleção no México, antes do Mundial. Era meu primeiro ano como titular no Barça e eu sabia que tinha outros goleiros à minha frente. Então fiz parte desse grupo que foi ao México, junto daqueles que não tinham vaga cativa na equipe. Foi como um teste, e eu me dei bem. De volta à concentração, em El Escorial, algumas pessoas me disseram que o treinador, o bom e velho Benito Díaz, achava que eu deveria ser o reserva do grande Eizaguirre. Eu não tinha tanta certeza disso." Naqueles dias, no jornal *Marca* já era possível ler que "Ramallets, que até muito recentemente era o modesto reserva de Velasco, revelou-se no estádio [Olímpico de] Insurgentes como um goleiro de nível internacional. Com a viagem ao México, ele conquistou honrosamente a viagem ao Rio". Ramallets tentou, em vão, controlar sua euforia.

O goleiro se entusiasmava ao receber qualquer ligação ou carta do Brasil. Durante anos, recebeu-as de pessoas que se lembravam de seu grande papel em 1950. Depois, pararam de chegar. L'Antoniu gostava de saber que era recordado. Uma vez lhe contei que no Bar Gelida, de Barcelona, há uma foto do "Barça das cinco Copas" (conhecido assim pelos cinco títulos conquistados no ano de 1952) no alto do salão. É uma foto enorme, uma dessas tiradas antes de uma partida. Estão todos lá: Kubala, Basora, Biosca... Mas no dia em que a foto foi tirada Ramallets não jogou, e sim Velasco, de modo que haviam recortado uma foto dele e a colocado ao lado — aparecia como se estivesse suspenso no ar. Havia, portanto, dois goleiros. "Dois goleiros? Acho que ganhamos", brincou ele. Ramallets ficava tocado por esses detalhes e chorava pela consideração que seu colega de posição Víctor Valdés tinha por ele.

Lembrado por gerações, seu sucesso teve início nas partidas que jogou no México. Ele voltou de lá com um *sombrero* mexicano e alguns discos de *rancheras*.[1] Em seguida, a Espanha fez as últimas partidas de preparação para a Copa do Mundo em Madri contra o Hungaria, um time formado por refugiados do Leste Europeu, treinado por Ferdinand Daučik, sogro de um certo Kubala. Ramallets não participou daqueles jogos e tampouco sabia que Josep Samitier, dirigente do Barça, estava nas arquibancadas. Pouco depois, Samitier contratou o atacante húngaro, que passaria a ser a grande estrela do clube catalão. "Naqueles amistosos, vimos que ele era um jogador diferente. Era fantástico", lembrou Ramallets. Depois da Copa do Mundo, o goleiro catalão e Kubala já jogavam no mesmo time. No filme que o húngaro protagonizou em 1954, recriaram uma cena no antigo estádio de Les Corts, com Samitier apresentando o grande Ramallets como "o dono do campo". Um marcava gols e o outro os evitava. Um era barcelonês e o outro, um astro internacional.

Depois dos jogos contra o Hungaria, a Espanha foi para a concentração e Ramallets soube que estava na lista de convocados. Voaram para o Brasil com três goleiros. Credenciado por anos maravilhosos no Valencia, onde ganhou três Ligas e uma Copa, o basco Ignacio Eizaguirre[2] era o titular, mas naquela temporada não disputara todos os jogos — pois andava brigando com a diretoria por uma renovação de contrato que nunca chegou — e nos amistosos não esteve no seu melhor. O selecionador Guillermo Eizaguirre, que apesar de compartilhar o sobrenome não tinha nada em comum com o goleiro, discutia com seu assistente Benito Díaz

---

1 Gênero musical popular e folclórico do México.

2 Era comum na época a nomenclatura "selecionador", que definia o responsável por convocar os jogadores e definir o time titular. Na prática, Eizaguirre era o técnico principal, e Benito Díaz, que também era treinador, trabalhava como seu assistente na seleção.

se era uma boa ideia sacrificar o arqueiro do Valencia. A alternativa era o galego Juan Acuña, do Deportivo La Coruña. Um sujeito com personalidade, talvez um pouco acima do peso, mas tremendamente intuitivo debaixo das traves. E depois vinha Ramallets, que começara aquela temporada como reserva de Velasco no Barça.

A estreia da Espanha na Copa do Mundo foi contra os Estados Unidos, em Curitiba. Todos os jogadores viajaram, apesar de não se poder fazer substituições. Ramallets, ciente de que seria reserva, tentava olhar pelo lado positivo. "A comunidade espanhola nos recebeu com flores. Nos sentíamos favoritos, principalmente porque aqueles que viram os norte-americanos treinando disseram que eles eram muito ruins. Mas como lutaram!", lembrou Ramallets. A partida foi em "um campo pequeno, com umidade e muito calor. Um lugar ideal para passar férias, mas não para jogar", acrescentou. E como sofreram os europeus: a Espanha foi para o intervalo atrás no placar. "*Qué desastre!*", exclamou Carlos Pardo na *Radio Nacional de España*, comentando a partida com Matías Prats.

Os espanhóis acabaram vencendo por 3 × 1, mas o gol norte-americano custou caro a Ignacio Eizaguirre. "A bola quicou estranha, subiu muito e bateu no meu ombro antes de entrar", argumentou em sua defesa. Ao longo da vida, o goleiro basco alegou que tinha sido um lance de azar, mas seus companheiros não viram dessa maneira. Aquela jogada marcou a vida de dois goleiros. Eizaguirre ficou obcecado para sempre com a tarefa de cuidar do terreno de jogo na grande área. Quando jogou na Real Sociedad e no Osasuna, enchia sacos com areia da Playa de la Concha e os esvaziava antes do apito inicial com a ajuda de um ancinho. Meia hora antes de a bola rolar, entrava no campo com um regador e ajeitava a superfície. Ramallets, por sua vez, tornou-se um dos jogadores mais famosos do futebol mundial graças às suas defesas no Maracanã.

Vinte e quatro horas antes de enfrentar os chilenos na segunda rodada, no monumental estádio do Rio de Janeiro, o selecionador Eizaguirre anunciou que Parra e Panizo, ausentes por lesão contra os Estados Unidos, iriam jogar. E que Ramallets seria o titular. O catalão falou ao microfone da *Radio Nacional*: "Sei a honra que me foi dada e farei tudo o que estiver ao meu alcance para estar à altura. Eizaguirre é um magnífico goleiro. Eu o admiro e o tenho em grande estima. Acho que sou muito inferior a ele, mas vou fazer meu trabalho". Eizaguirre, entristecido, se defendeu: "Se eu estou atualmente em má forma, é por causa da falta de treinamento. Não joguei praticamente nenhuma partida durante a temporada, e isso é culpa do meu antigo clube e do seu treinador". Seu destino estava selado.

Quem não disse nada foi Juan Acuña. Relegado à condição de terceiro goleiro, o galego não se surpreendeu com a decisão do selecionador Eizaguirre. No hotel Riviera, em Copacabana, ele era o mais desgostoso dos três. Quando se perguntava à comissão técnica sobre seu estado, diziam que ele havia se apresentado à seleção um pouco lento, e o treinador apalpava a barriga, insinuando que estava gordo. Acuña tinha outra versão. Quando a delegação espanhola deixou o aeroporto de Barajas em dois aviões diferentes, o selecionador Eizaguirre, brincando, gritou: "Deixem que mala quem carrega é galego!", referindo-se ao número de galegos que então trabalhavam no aeroporto carregando e descarregando bagagens. "Quem vai carregar as malas é a porra da sua mãe!", respondeu Acuña, que era um sujeito temperamental. Eizaguirre ficou louco e começou a gritar que Acuña não entraria no avião. Benito Díaz e o presidente da federação, Muñoz Calero, lembraram-lhe que, caso isso acontecesse, haveria um escândalo, pois Acuña era o goleiro preferido de Franco. Sendo assim, o arqueiro do Deportivo La Coruña embarcou, mas em outro voo, que transportava o grupo espanhol via Lisboa e Açores. Eizaguirre já havia decidido que Acuña não jogaria nem um minuto.

Acuña era um sujeito com má reputação. Ele nunca quis sair do La Coruña e nunca teve o apoio da imprensa de Madri. O homem que era tão frequentemente recebido nos estádios com insultos sobre sua barriga, era também um sujeito corajoso, famoso por suas saídas nos pés dos atacantes, o que mais de uma vez lhe causou lesões nas costas. Foi durante uma dessas jogadas que, em 1949, quebrou a perna de um jogador do Valladolid e viu sua reputação piorar. Recebeu uma punição, e parte da imprensa pediu que não fosse convocado, mas Franco dizia que apreciava sua coragem. Assim, o jogador, que ainda havia sido preso em 1936 por participar de uma manifestação socialista, acabou indo ao Brasil, embora relegado à condição de terceiro goleiro.

Ramallets brilhou contra os chilenos na vitória da Espanha por 2 × 0 e se consolidou de vez no confronto contra os ingleses, que decidiria o destino do grupo. Foi a partida que fez aquela geração de jogadores alcançar a imortalidade. O triunfo por 1 × 0, com gol de Zarra. Ramallets pegou tudo. Pelo resto da vida, L'Antoniu recordou o lance que garantiu a classificação: "Defendi uma bola fácil. Passei para o lateral direito, Alonso, que correu pela direita e cruzou para Gaínza. Ele tocou para o meio e Zarra colocou para dentro com sua perna direita — ou foi o joelho?" Terminada a partida no Maracanã que classificou a Espanha para a fase final, o técnico Benito Díaz, que normalmente não era muito expressivo, saiu correndo para abraçar efusivamente Zarra. Enquanto os bascos festejavam no gramado com grande entusiasmo, Ramallets aproximou-se dos rivais para cumprimentá-los. Quando encontrou o goleiro inglês, Bert Williams, este propôs uma troca de luvas. Williams viajou para o Brasil com muitos pares, mas L'Antoniu jogava com as mãos nuas, de modo que só puderam apertar as mãos um do outro. "Fiquei surpreso, especialmente porque mal tinha ouvido falar dele. Pegou tudo. Era um goleiro forte, corajoso e muito ágil", lembrou Williams, anos mais tarde.

No vestiário, Ignacio Eizaguirre e Juan Acuña parabenizaram L'Antoniu: "Que *partidazo* que ele fez. Enquanto assistia ao jogo do banco de reservas, eu pensava que sonho teria sido jogar essa partida, mas a verdade é que a atuação de Ramallets foi perfeita", recordou o goleiro do Valencia. Ramallets saiu cabisbaixo, um pouco irritado com a maneira de jogar dos adversários. "Eles me empurraram mais do que nunca. Os atacantes ingleses são excessivamente agressivos. Um deles me empurrou e eu me choquei contra a trave. Felizmente, o árbitro viu tudo e marcou todas as faltas." Enquanto Muñoz Calero dedicava a vitória a Franco, Ramallets foi abraçado pelos outros goleiros. Até mesmo *Sir* Stanley Matthews, a grande estrela inglesa, reconheceu que "o goleiro deles foi um muro. Criamos mais oportunidades, mas não conseguimos superar Ramallets".

A Espanha havia alcançado o quadrangular final, e a pressão começou a se fazer sentir. "Os jornais brasileiros, que até então tinham nos tratado maravilhosamente bem, começaram a difamação: falaram que iríamos para a farra, que Zarra sempre usava a mão para dominar a bola... até publicaram que tocávamos castanholas no hotel", reclamava Ramallets.

No estádio do Pacaembu, em São Paulo, a sorte de Ramallets mudou. A Espanha foi surpreendida por um gol de Ghiggia aos 29 minutos. "Ele meteu a bola no único buraco que havia", recordou Ramallets. Antes do intervalo, porém, Basora marcou duas vezes. "Em uma das primeiras jogadas do segundo tempo, eu me machuquei. Saí do gol para pegar a bola e me joguei nos pés de Schiaffino, o centroavante deles, e ele me deu uma pancada que era para cartão amarelo, vermelho, verde ou azul. Naquela época não havia cartões, e os jogadores batiam com força. Os uruguaios eram violentos, muito duros, e isso nos obrigava a estar à altura deles, o que fez com que eu acabasse lesionado. Como não eram permitidas as substituições, tive que aguentar até o final do jogo." O Uruguai partiu furiosamente atrás do empate e, aos 25 da etapa complementar, o capitão Obdulio Varela dominou a bola, avançou alguns metros e, ignorando os companheiros de equipe, chutou a trinta metros de distância da meta. A bola saiu dura, seca, mas ninguém estava bloqueando a visão de Ramallets. O goleiro do Barça se preparou, mergulhou e caiu desajeitado, sem poder agarrar a bola: 2 × 2. Ele ficou deitado no chão. Virou a cabeça e viu a bola dentro do gol. Levantou-se, tirou a grama da roupa e observou como seus companheiros o olhavam decepcionados. "Eu sonhei tantas vezes com aquela bola! Poderíamos ter vencido e chegado ao segundo jogo empatados com os brasileiros. Mas ela entrou. A verdade é que eu estava todo dolorido, não estava bem. Foi por causa da pancada de Schiaffino", lamentava Ramallets. A poucos metros dele, Varela comemorava, lançando-se ao chão e batendo no gramado com as mãos, gritando: "Tinha que ser, tinha que ser!" O Uruguai era pura fé.

"Não conseguíamos entender por que os uruguaios saíram do jogo tão felizes. Para nós, a única chance de ganhar a Copa do Mundo era vencer os suecos e os uruguaios, e dar a vida contra o Brasil. E eles estavam comemorando. Eram assim. Achavam que poderiam ganhar no Maracanã. Quanto a nós, acho que tínhamos certeza de que poderíamos derrotar todos, mas o Brasil... o Brasil impressionava. Ninguém o verbalizou, mas toparíamos tranquilamente ficar em segundo lugar", admitiu Ramallets, duramente criticado depois do empate em São Paulo. O segundo gol uruguaio foi o início do fim.

A segunda partida do quadrangular final, contra o Brasil, terminou num desastre. Os brasileiros jogaram o seu melhor futebol e a Espanha foi engolida: 6 × 1. "Depois do primeiro gol, fiquei nervoso. Já havíamos jogado no Maracanã, mas não contra os anfitriões. Parecia as *Fallas*.[3] Eles lançavam milhares de rojões quando entrávamos em campo, cada vez que marcavam... Para alguns de nós, aquele barulho lembrava a guerra, quando, na infância, ouvíamos as bombas caindo", dizia Ramallets. O Brasil goleou sem piedade, destroçando a defesa e finalizando com facilidade ante um Ramallets que falhou em alguns dos gols. "Todos falhamos. Eles nos

3 Festa típica da cidade de Valencia, celebrada no mês de março.

superavam em todas as jogadas, era inacreditável. Chegavam como queriam, realmente nos assustaram." O sonho de ganhar a Copa do Mundo acabava. No vestiário ouviram-se gritos e algumas repreensões. Muñoz Calero falou que a derrota não manchava o triunfo de terem chegado tão longe, apesar de dizer aos jogadores que era inadmissível que tivessem baixado a guarda. Panizo respondeu acusando o dirigente de não saber nada de futebol.

A Espanha terminou o torneio contra os suecos, com quem, curiosamente, dividiam o mesmo hotel. O treinador dos escandinavos, George Raynor, propôs a organização de campeonatos de sinuca e de dardos entre as duas seleções, o que surpreendeu os espanhóis. "Ele era um sujeito engraçado, sabia como se fazer entender, mesmo sem falar a mesma língua. Os suecos eram uma bagunça. Entravam na piscina, bebiam cerveja e estavam sempre brincando. Quanto a nós, éramos vigiados o dia todo e não nos deixavam nem nadar para evitar que acontecesse algo, por isso tínhamos certeza de que iríamos ganhar e terminar em terceiro lugar. Eles venceram por 3 × 1."

Ramallets não jogou aquela partida. O selecionador Eizaguirre havia declarado sua intenção de colocar todos que viajaram ao Brasil para jogar pelo menos uma vez. Nos dias que antecederam o duelo contra os suecos, quatro jogadores em particular — Asensi, Silva, Juncosa e Acuña — estavam na expectativa de ter a chance de jogar na Copa do Mundo.

Um dia antes da partida, o selecionador anunciou a lista de atletas. Acuña ficou fora e Ignacio Eizaguirre voltou ao time titular. Os escolhidos voaram para São Paulo, onde perderam em um estádio meio vazio. Naquele mesmo dia, no Rio de Janeiro, Acuña, o único que não jogara um minuto sequer, viu milhares de brasileiros chorando nas ruas depois de perderem para os uruguaios.

Acuña voltou ao Deportivo La Coruña, lutou para evitar o rebaixamento e se tornou o goleiro menos vazado da Liga, com 36 gols tomados em 26 jogos. Ignacio Eizaguirre retornou à sua terra natal, San Sebastián, onde não conseguiu novos títulos, mas pôde viver perto dos seus. E Ramallets, que havia se tornado uma estrela, começou uma nova vida: naquele ano, a Copa, e, no seguinte, a Liga. Nascia o Barça das cinco Copas, o Barça de Ramallets, o gato do Maracanã. Um gato que sempre se lembrou de tudo daquele Mundial de 1950. As defesas contra os ingleses, o gol de Varela e um detalhe que sempre comentava: "Eles nunca nos pagaram nem os ordenados, nem as 35 mil pesetas de bonificações". Memória de elefante, reflexos felinos.

5

JACQUES FATTON

Um dos melhores jogadores que atuaram pelo lado esquerdo na história do futebol.

Karl Rappan, treinador austríaco que comandou a seleção da Suíça

Jacques Fatton era o clássico jogador de lado do campo dos anos 1950: pequeno, com cara de travesso e aquele olhar intrigante de quem sinalizava respeito ao adversário, quando, na realidade, estava pensando na melhor maneira de humilhá-lo: "Pela esquerda ou pela direita?"

Fatton tinha pernas rígidas e musculosas, e jogava olhando para os pés, com a cabeça baixa, como faziam nos velhos tempos, para proteger a bola. Não precisava ver o gol. Sabia exatamente onde estava a meta em todos os momentos.

"Saint Jacky", como a imprensa o batizou, mereceria uma estátua em cada praça suíça, porém seus conterrâneos não são o povo mais megalomaníaco do mundo, e Fatton ficou sem sua efígie. E olha que ele protagonizou uma das maiores proezas da história das Copas do Mundo, apesar da infelicidade de, poucos dias depois, um uruguaio, Ghiggia, ter superado suas façanhas, tornando as do suíço apenas anedóticas.

Mas não mereceria um lugar mais destacado nos livros o fato de a pequena Suíça ter arrancado um empate contra os brasileiros na Copa do Mundo *deles*, na casa *deles*, debaixo dos narizes *deles*? Fatton merecia um destino diferente, sem dúvida.

O Brasil estreou na *sua* Copa do Mundo contra os mexicanos no Maracanã: goleada fácil; fim de expediente. A segunda partida dos anfitriões foi a única a ser disputada em outro palco: no Pacaembu, em São Paulo.

A rivalidade Rio-São Paulo sempre deu sentido ao futebol brasileiro. Essa hostilidade entre cariocas e paulistas foi a base para a ascensão da seleção canarinho. O eterno amor e ódio entre as duas cidades e seus times melhorou o nível dos jogadores, ao mesmo tempo que criou obstáculos administrativos, como quando enviaram para o Mundial de 1930 uma equipe formada apenas por atletas do Rio de Janeiro. Vinte anos depois, os organizadores do certame procuraram uma forma de evitar ferir ainda mais o orgulho dos paulistas — doídos por todos os elogios irem para o novo estádio do Maracanã — e colocaram uma partida da fase de grupos para ser disputada na capital paulista. Especificamente, a segunda partida: Brasil × Suíça. Os helvéticos haviam sido derrotados na estreia pelos iugoslavos e, se quisessem seguir com chances de ir ao quadrangular final, tinham que realizar uma proeza: ganhar. Não conseguiram, mas empataram por 2 × 2.

Jacques Fatton foi o autor dos dois gols que gelaram os torcedores no Pacaembu. O primeiro, com instinto de malandro, ao aparecer na segunda trave e completar sorrateiramente um cruzamento que a defesa brasileira pensava ser inofensivo. O veterano Fredy Bickel, o único suíço a jogar sua segunda Copa do Mundo, depois da disputa de 1938, colocou a bola no meio da área. Fatton aproximou-se de Baltazar em silêncio, como um gatuno se aproxima de sua presa antes de roubar a carteira por trás, esticou o pé e empatou. Sim, Fatton tinha cara de ladrão habilidoso, de batedor de carteira.

O Brasil entrou nos minutos finais ganhando por 2 × 1. O treinador Flávio Costa havia colocado em campo uma equipe formada por mais paulistas do que na estreia, como recompensa aos torcedores da casa, que receberam os craques dos seus times com foguetes e rojões. A seleção brasileira dominou, e Baltazar marcou o segundo em uma cabeçada soberba, depois que Alfredo tinha aberto o placar. Mas Georges Stuber, o fantástico goleiro do Lausanne, pegou quase tudo. Seu esforço foi recompensando quando Fatton bateu Barbosa com um tiro cruzado aos 43 do segundo tempo e comemorou pulando como uma criança. Apesar de saber que aquele 2 × 2 os tirava do páreo, os helvéticos se reuniram no centro do campo e permitiram que os fotógrafos e as câmeras de cinema os imortalizassem. Sorriam como um time infantil que acaba de ganhar o torneio do bairro e posa orgulhosamente para as fotos pela primeira vez. Em seguida, os jornalistas procuraram Fatton. Fizeram seus registros para a posteridade ali mesmo, no meio do Pacaembu. O suíço, um daqueles que sempre sabiam o que fazer em campo, não soube como reagir a esse assédio. Ficou de pé estoicamente, mexendo-se, nervoso, esboçando um meio sorriso. Naquele dia, Saint Jacky assinou autógrafos para os mesmos brasileiros que atiraram pedras no carro que escoltava o técnico carioca Flávio Costa. Muitos no Brasil ainda acreditam que Costa saiu disfarçado de mulher para não apanhar.

Se Fatton jogou aquela Copa do Mundo com a cruz branca sobre a camisa vermelha, foi graças à Segunda Guerra Mundial. Ele era francês, nascido em Exincourt. Com a França pisoteada pela suástica, seus pais aproveitaram que tinham um familiar suíço para solicitar o visto e buscar a sorte do outro lado da fronteira, onde o pequeno Fatton chegou aos 12 anos. Cinco anos depois, fazia sua estreia com os profissionais do Servette, de Genebra, e, aos 21, pela seleção helvética. O jornalista Jacques Ducret lembra do impacto que ele gerou: "Formou um ataque temível com Facchinetti, Tamini e Pasteur na equipe grená, e ganhou o apelido de *tourbillon* [turbilhão]". Em 1950, Fatton foi o artilheiro do campeonato suíço com 32 gols, e o Servette conquistou seu terceiro título nacional em seis anos.

Em 1950, a Suíça já sabia que iria sediar a Copa do Mundo de 1954. No congresso da Fifa em Luxemburgo, em 1948, decidiu-se que o Brasil receberia o torneio em 1950 e depois seria a vez dos europeus. A federação suíça criou um comitê de três treinadores, composto por William Baumgartner, Severino Minelli e Franco Andreoli, para se preparar para o certame brasileiro, tendo em mente, também, a *sua* Copa do Mundo. Nas Eliminatórias, com Andreoli de técnico, a Suíça superou facilmente os luxemburgueses, com Fatton marcando três gols em dois jogos. Então a sorte sorriu quando os belgas, adversários no quadrangular final, se retiraram com o argumento de que não tinham condições de financiar a viagem. Em 1949, a Bélgica ainda estava reconstruindo suas cidades, destruídas pelas bombas.

Os suíços encararam o Mundial mais como um torneio para ganhar experiência, pensando no futuro. A estreia contra os iugoslavos em Belo Horizonte foi caótica, com atraso para começar após o desaparecimento repentino das bandeirinhas de escanteio. O jogo preocupava a delegação suíça. "Eles eram finalistas olímpicos, então perder era uma possibilidade, mas rapidamente ficou claro que nossa preparação não era a melhor", admitiu Fatton em uma entrevista, recordando a primeira partida da Copa do Mundo disputada no estádio Independência. Os iugoslavos ganharam por 3 × 0, sem esforço.

Depois veio o empate com os brasileiros, e a vitória contra os mexicanos, em Porto Alegre, melhorou os ânimos, apesar de a maioria dos jornais suíços não ter dado muita importância ao acontecimento, publicando apenas breves crônicas dois ou três dias após o jogo. Fatton, que marcou 307 gols em 440 partidas na carreira, 29 deles com a seleção, foi um dos que saíram mais fortalecidos daquela aventura. "Quando voltei, ganhei um aumento e me chamaram de 'o herói de São Paulo'", recordou anos mais tarde.

O Brasil levou Fatton ao topo, e ele passou a ser titular indiscutível da seleção. Ainda ajudou na mudança de rumo da federação, que nomeou o austríaco Karl Rappan como técnico na preparação para a Copa do Mundo de 1954. Rappan, que havia treinado Fatton no Servette, descreveu-o como "um dos melhores jogadores que atuaram pelo lado esquerdo na história". Com seu 1,66 metro de altura, Saint Jacky participou daquela partida maluca nas quartas de final da Copa do Mundo de 1954, o 7 × 5 da Áustria sobre a Suíça que fechou a porta para os anfitriões — os suíços já venciam por 3 × 0 até os dezenove minutos de jogo. Na *sua* Copa do Mundo, Fatton marcou o último gol da histórica vitória por 4 × 1 sobre os italianos na Basiléia. Foi, então, para o Lyon, clube pelo qual marcou 33 gols em três temporadas. "Talvez tenha lhe faltado um pouco de ambição para triunfar no futebol francês", lembra Jacques Ducret. Fatton voltou ao Servette e se aposentou aos 38 anos de idade em 1962, decepcionado com seu amigo Rappan, que não o havia convocado para a Copa do Mundo no Chile naquele mesmo ano, apesar de seus 25 gols no campeonato nacional. Treze anos depois do seu primeiro prêmio como artilheiro da liga suíça, Fatton, convertido em meio-campista, repetiu o feito. A torcida do Servette se despediu dele naquela temporada com o canto de "*Au Chili, au Chili!*", em referência ao local onde seria disputado o Mundial. Mas Rappan não compartilhava da mesma opinião.

Quando Fatton pendurou as chuteiras, o tempo já havia prateado seus cabelos. Abriu um restaurante na rue Chantepoulet, em Genebra, para onde afluíam inúmeros amantes do futebol, que conheciam o lugar como *Chez Jacques*. Um dos jovens que passaram por aquelas mesas em seus dias de estudante foi um certo Joseph Blatter. O ex-presidente da Fifa, banido do futebol pela entidade após envolvimento em escândalos de corrupção, compareceu ao funeral de Fatton em 2011. "Foi um privilégio poder presenciar alguns de seus últimos jogos", declarou.

Fatton morreu com 86 anos. Sua última paixão foi a petanca, esporte similar à bocha. Dizem que, nesse jogo, ele também era o melhor.

6 GEORGE RAYNOR

Um profeta sem reconhecimento em seu próprio país.
Geoffrey Green, jornalista do The Times

George Raynor era um gênio. Tinha um olhar profundo, penetrante, como o daqueles místicos que vagueavam por vilarejos medievais anunciando o fim do mundo, apesar de, na sua época, ter lutado precisamente para evitar o fim de um mundo que estava se extinguindo; um mundo em que o futebol britânico era o melhor. Não conseguiu.

Raynor tinha um quê de gênio e um quê de louco. Tinha também um nariz vermelho e um sorriso perturbador. Para muitos, foi um visionário; para seus vizinhos, um velho enlouquecido, um mendigo que vivia de antigas batalhas nas quais poucos acreditavam, embora, no final, tenham se revelado certeiras. O futebol inglês, orgulhoso de suas proezas do passado, costuma homenagear os homens que trabalharam duro nos seus campos. Raynor, porém, foi injustiçado repetidas vezes, de modo que precisou sair de casa para ser respeitado. Ele só conseguiu ser "Mr. Raynor" na Suécia, onde ainda são contadas as suas façanhas. Não foi profeta na sua própria terra.

Filho de um mineiro de Yorkshire, ele treinou a seleção sueca em três momentos. Com exceção de um breve período em 1961, este inglês elevou o futebol sueco ao céu. Em 1948, ganhou o ouro olímpico justamente em Londres. Em 1950, alcançou o terceiro lugar na Copa do Mundo com uma equipe amadora e, em 1958, a final. No Brasil, perdeu apenas duas partidas: contra os donos da casa e diante dos uruguaios. E deu um bom susto nos campeões.

Nascido em um vilarejo chamado Wombwell, de cuja escola ele escapava para chutar bolas de futebol, Raynor era um menino feio com cara de travesso. Seu nome aparece nos elencos do Elsecar Bible Class, do Mexborough Athletic e do Wombwell, times em que se jogava por amor e nos quais ninguém poderia imaginar que um dia disputaria uma Copa. Convencido de que o esporte o tiraria do buraco, conseguiu um contrato profissional no Sheffield United, apesar de ter disputado apenas uma partida por lá. Dizem que não era bom, mas lutava e entendia o jogo. Vestiu muitas camisas. Chegava, suava e ia embora. Não deixou muitas recordações em Mansfield, Bury, Rotherham e Aldershot. Raynor precisava de um golpe de sorte. E ele veio graças à Segunda Guerra Mundial.

Membro da 9ª Divisão do Exército britânico, em 1941 foi enviado ao Iraque, onde uma revolta acabara de eclodir. O Reino Unido não queria distrações e ordenou que a insurreição fosse aniquilada para se concentrar na guerra contra os nazistas. Raynor e os companheiros atravessaram metade do mundo: Londres, Durban, Bombaim, Karachi, Basra... Quando chegaram, a revolta já havia terminado. Um rapaz de Yorkshire o atraiu para a Missão Militar Britânica em Bagdá, onde lhe propuseram ser jogador e técnico de uma equipe formada por militares britânicos e funcionários locais, uma miscelânea de nacionalidades: gregos, árabes, indianos... Enquanto metade do mundo morria nos campos de batalha, Raynor atuava em amistosos nos locais mais inusitados do Golfo Pérsico. Uma das histórias contadas por Raynor em sua biografia foi a de um amistoso em Damasco, que terminou com incidentes nas arquibancadas. Os jogadores ingleses tiveram que fugir da multidão saltando uma cerca e se metendo num rio, perseguidos por tiros. "Oito pessoas morreram e duzentas ficaram feridas", recordou. Aquelas partidas mudaram sua vida. Nuri-as-Said, o primeiro-ministro iraquiano, um fantoche dos britânicos, enviou uma carta ao presidente da federação inglesa de futebol, *Sir* Stanley Rous, elogiando o trabalho desse inglês com sotaque do norte.

Terminada a guerra, Raynor retornou à Inglaterra. Rous, o futuro presidente da Fifa, escreveu-lhe dizendo que não lhe faltaria trabalho. Em 1945, o futebol inglês estava tentando voltar à normalidade e a federação recomendava treinadores para preencher os diversos cargos deixados vagos pela guerra. Entretanto, o único emprego oferecido a Raynor foi o de assistente técnico no Aldershot, clube onde ele já havia jogado no passado. Ficou lá por um ano, até que a federação sueca de futebol enviou uma série de telegramas a Londres com um pedido particular: precisavam de um novo treinador britânico para pôr ordem no seu futebol desorganizado. Stanley Rous lembrou-se de Raynor e sugeriu seu nome para os suecos. Em 1946, ele desembarcou em Estocolmo.

O comitê de boas-vindas foi horrível. Poucas semanas antes de sua chegada, o Birmingham City havia feito uma excursão pela Suécia e, em um almoço de confraternização, os representantes do clube admitiram não ter ideia de quem era esse tal Raynor do qual os suecos tanto se gabavam. A imprensa local repercutiu a história e se perguntou como poderia a seleção do país contratar um treinador desconhecido, sem grandes conquistas no currículo. Raynor foi cutucado antes da estreia, mas conseguiu resistir ao temporal. Entrou em contato com Stanley Matthews e George Hardwick, dois velhos conhecidos que estiveram em um amistoso contra a Suíça representando um combinado da Força Aérea britânica, e pediu um relatório sobre a equipe helvética, seu primeiro adversário. Os conselhos foram úteis: goleada sueca por 7 × 2. A opinião pública se acalmou e os integrantes da federação em Estocolmo ficaram maravilhados com o conhecimento que o inglês tinha dos rivais. Raynor, que não era bobo, convidou jornalistas aos treinamentos e aproveitou a ocasião para contar que planejava lançar como atacante um jovem chamado Knut Nordahl. No ano seguinte, em 1947, o entusiasmo redobrou após um amistoso em Wembley contra a poderosa Inglaterra. Os suecos deram um susto nos inventores do futebol, que acabaram ganhando por 4 × 2 com um *hat trick* de Stan Mortensen.

Raynor deparou-se com uma equipe deslumbrante, de potencial incrível. Depois dos primeiros treinos, viu que tinha ouro nas mãos. Jogadores como Nils Liedholm, Gunnar Nordahl e Gunnar Gren, os três atacantes que pouco depois marcariam época no Milan, formando o tridente "Gre-No-Li", eram capazes de fazer estrago em qualquer defesa. Uma equipe disciplinada, atlética, que escutava atentamente suas orientações. Ali, ninguém zombava do seu sotaque; ninguém o via como um anônimo.

Em 1948, Raynor e seus rapazes partiram para as Olimpíadas de Londres com a promessa de que voltariam com uma medalha. Conquistaram o ouro. Os suecos ficaram hospedados num acampamento militar em Richmond, perto do Tâmisa, e destruíram seus oponentes, um após o outro: austríacos, coreanos, dinamarqueses e, por fim, na decisão, vitória por 3 × 1 sobre os iugoslavos, diante de 60 mil torcedores. O jogo da Suécia encantou tanto que Raynor foi forçado a proteger sua concentração de jornalistas e representantes de clubes, que queriam contratar aqueles jovens nórdicos. Antes da semifinal contra os dinamarqueses, deparou-se no vestiário com um grupo de italianos apresentando propostas a seus atacantes. Quando tentou tirá-los dali, eles contra-atacaram e fizeram ao treinador uma proposta milionária. Naquele momento, ele constatou que muitos de seus atletas acabariam indo para a Itália. E isso era um problema: a seleção da Suécia era formada por amadores.

Raynor tentou convencer seus rapazes de que tinham uma oportunidade única de ganhar a Copa do Mundo do Brasil, e, durante um ano, ele conseguiu manter o elenco unido para a estreia nas Eliminatórias, em setembro de 1949. O grupo em que caíram não era difícil: Irlanda e Finlândia. Liedholm e Gren participaram das goleadas no estádio Rasunda contra finlandeses e irlandeses, mas, quando a equipe venceu em Dublin, ambos já haviam partido para o Campeonato Italiano. A Suécia tinha agora que se preparar para o Mundial sem seus melhores jogadores, pois eles, ao se transferirem para a Itália, viraram atletas profissionais.

Os métodos de Raynor impressionaram os suecos. Ele aprendeu a língua, viajou por todo o país e, para conhecer melhor os atletas, conciliou o cargo de treinador da seleção com o de técnico de várias equipes, como o GAIS, o AIK Solna e o Atvidaberg. Motivador nato, fazia apostas com seus comandados, como quando, antes de jogar em Budapeste contra a maravilhosa Hungria de Puskás, Czibor e Kocsis, prometeu pintar de vermelho o bigode de uma estátua de Stálin se ganhassem. Por sorte, a Suécia não venceu.

A preparação para a Copa foi talvez a mais completa entre as seleções da Europa. Raynor comprou cinquenta pares de chuteiras brasileiras, mais leves do que as europeias, e doze bolas também brasileiras para poder treinar com os jogadores em casa. Além disso, entrou em contato com uma sueca que morava no Rio de Janeiro, Lise Petersen, pagou-lhe um salário e pediu a ela que se informasse sobre o que havia de mais saudável para comer no país. Os suecos deixaram Estocolmo carregados de carne, biscoitos e queijo. Em terras cariocas, quem cozinhava era Mrs. Petersen.

Antes de estrear, Raynor quis que seus garotos conhecessem o Maracanã, apesar de sua estreia na fase de grupos ser em São Paulo. Os escandinavos surpreenderam a todos ao aparecerem no primeiro jogo do Brasil no novo estádio. "Isso é uma Copa do Mundo. Queremos jogar aqui, não é mesmo?", disse o inglês a seus jogadores. Em seguida, viajaram de trem e ônibus para a capital paulista, onde a Itália, então campeã mundial, os esperava. Os italianos chegavam com uma equipe inexperiente após o acidente aéreo de Superga que matara o elenco do Torino; a Suécia, sem seus profissionais. Ainda assim, a imprensa considerava como favorita a *Azzurra*, que contava com o apoio dos milhares de italianos que viviam em São Paulo. A Suécia venceu por 3 × 2.

No dia seguinte, a primeira coisa que Raynor fez ao acordar foi comprar os jornais locais. Mandou traduzi-los. Falava-se da "maior surpresa da Copa do Mundo" e de "uma Itália irreconhecível". As matérias serviram para motivar ainda mais seus rapazes. "Eles ainda não nos levam a sério", disse ele antes da segunda partida, contra o Paraguai. Com um empate no estádio de Curitiba, a Suécia estaria no quadrangular final. Os gols de Sundqvist e Palmer colocaram os suecos em vantagem por 2 × 0, mas os paraguaios lutaram e conseguiram igualar o placar. O que não foi suficiente para impedir a Suécia de se garantir na fase decisiva ao lado de Brasil, Uruguai e Espanha.

Raynor foi talvez o primeiro técnico da história a reservar pessoalmente os hotéis onde ficariam hospedados seus jogadores. Ele havia se informado sobre a situação em conversas com empresários suecos que viajavam ao Brasil. Estabeleceu sua base em um hotel na estrada que leva ao Corcovado, um lugar tão tranquilo que só era acessível por funicular. Ele programou cada treinamento, cada dia. Promoveu disciplina, mas também organizou jogos para quebrar a monotonia. Chegou até a pedir relatórios médicos para estudar qual poderia ser o efeito do clima brasileiro sobre seus garotos escandinavos.

A estreia na fase final foi no Maracanã, contra o Brasil. Raynor recordava essa partida como a que "tivemos duas chances que poderiam ter mudado tudo". Seja como for, os brasileiros atropelaram seus rapazes por 7 × 1. Depois, a Suécia perdeu por 3 × 2 para os uruguaios e derrotou os espanhóis pelo placar de 3 x 1, conquistando o terceiro lugar.

No retorno a Estocolmo, o técnico inglês foi aclamado, mas nos meses seguintes viu quase todos os seus melhores jogadores serem levados para o Campeonato Italiano: Jeppson, Andersson, Sundqvist, Palmer... O Calcio ficou cheio de nórdicos.

Raynor tinha que renovar a equipe constantemente, pois seus jogadores amadores sonhavam com o dinheiro da *Serie A*. Em 1952, ganhou o bronze nas Olimpíadas de Helsinque, apesar da goleada de 6 × 0 que sofreu da maravilhosa Hungria na semifinal. O treinador ficou impressionado com as inovações táticas daquela equipe, que se movia muito, pressionava o adversário e tinha Hidegkuti atuando como falso nove. Em 1953, a Suécia empatou em 2 × 2 com os húngaros em Budapeste. Raynor não pintou o bigode de Stálin, mas demonstrou ter aprendido a enfrentar o rival. Com efeito, pouco antes de a Hungria visitar Wembley naquele ano, ligou para seus amigos da federação inglesa e os avisou de que tinham de marcar Hidegkuti homem a homem. Os treinadores ingleses zombaram: "Você realmente quer que a gente diga ao Stanley Matthews que ele precisa voltar pra marcar?" A Hungria venceu por 6 × 3 e se tornou a primeira equipe de fora do Reino Unido a triunfar no estádio londrino.

Em outubro, após a derrota por 2 x 0 para os belgas em Bruxelas, Raynor perdeu qualquer chance de classificar os suecos para a Copa do Mundo da Suíça. Pouco tempo depois, aceitou uma oferta para trabalhar na Itália, mais precisamente na Juventus, com outro treinador inglês: Jesse Carver. Giovanni Agnelli, o proprietário da *Vecchia Signora*, levou-o para a fábrica da Fiat e disse: "Escolha o carro que você mais gostar."

Em 1954, Raynor assinou com a Lazio. Um ano depois, cansado de um futebol ao qual nunca se adaptou, concordou em voltar para casa e ajudar Jesse Carver novamente, desta vez no Coventry, da terceira divisão inglesa. Durou cinco meses e retornou à Suécia, onde viveu seu grande momento de glória ao conduzir os suecos à final da Copa do Mundo de 1958, quando foram os anfitriões. Apesar da derrota por 5 × 2 para o Brasil de Pelé na decisão, Raynor havia alcançado o sucesso e foi condecorado com uma distinção da Casa Real da Suécia.

Com essa proeza como cartão de visita, Raynor pensou que choveriam propostas da sua Inglaterra, mas não foi o caso: só conseguiu encontrar trabalho no Skegness, que jogava numa liga regional. O técnico que havia levado os suecos ao vice-campeonato mundial viveu dois anos em um modesto bangalô de uma cidadezinha decadente, onde ajudava numa loja no centro da cidade para ganhar algum extra. Ferido em seu orgulho, acabou treinando um time de refugiados políticos húngaros. Em sua autobiografia, disparou contra a federação inglesa e o então técnico da equipe nacional, Winterbottom. Sua terra tinha mais uma vez virado as costas para ele.

A Suécia, pelo contrário, permitiu que voltasse a sorrir. Em 1959, dirigiu a seleção por alguns meses e levou os suecos a uma vitória por 3 × 2 sobre a Inglaterra em Wembley. O país nórdico passou a ser a segunda seleção de fora do Reino Unido a derrotar os ingleses em sua casa. Após a partida, Raynor declarou que "gostaria de ter conseguido trabalhar assim no meu país. Quero trabalhar na Inglaterra, para a Inglaterra. Tive ofertas de Gana, Israel, México e Suécia. Sou um Cavaleiro Real na Suécia, tenho uma medalha de ouro graças ao Rei Gustavo e uma carta de recomendação do primeiro-ministro do Iraque. Tenho um currículo incrível, não fumo, não bebo. Vivo somente para o futebol". Tudo o que conseguiu foi um contrato com o Doncaster, que durou sete meses. Quando foi demitido, aos 61 anos, ele disse chega. Morreu em 1985, com 78 anos. Vivia sozinho em uma casa de modéstia inapropriada para um homem do seu valor. Nenhum jornal inglês noticiou sua morte naquele dia. Os jornalistas suecos que perguntaram sobre seus últimos momentos descobriram que ele costumava passear pela rua com seu velho agasalho de treino que estampava a bandeira sueca. Reza a lenda que, quando morreu, era assim que estava vestido.

7 HORACIO CASARÍN

Filho de Don Venancio!

Grito popular no futebol mexicano

Horacio Casarín Garcilazo chegou a seu quarto de hotel no Rio de Janeiro e olhou ao redor com resignação. Os organizadores da Copa do Mundo haviam acomodado a seleção mexicana em um local modesto. Casarín, a grande estrela mexicana, o homem que se hospedara nos melhores hotéis do México, escutou no saguão as reclamações dos companheiros. "Viemos aqui para jogar, e não de férias", gritou e seguiu em frente.

Casarín é tão lembrado quanto as grandes estrelas do cinema e da canção popular mexicana das décadas de 1930 e 1940. Foi imortalizado nas fotografias em preto e branco vestindo a camisa do Necaxa. Estava destinado a nunca ser esquecido, a deixar de ser real para se tornar uma lenda.

Em 2005, quando o maior astro da era amadora faleceu, dezenas de ex-jogadores se reuniram em torno de sua família. Hugo Sánchez ficou indignado com a ausência de dirigentes da federação. Um jornalista veterano afirmou que Casarín havia triunfado no Barça em partidas acirradas contra o Real Madrid. Na realidade, Casarín nunca jogou uma partida oficial pelo Barça, apenas alguns amistosos em 1948, antes de voltar, sem deixar saudades nos catalães, à sua terra natal, o México.

Tudo é distorcido quando se trata de Don Horacio. Ele foi tão amado que a memória popular não permite mancha alguma. Em seu funeral, apareceram dezenas de velhinhas com seus mantos e peles douradas, as quais recordaram a época em que ele era o grande galã do futebol nacional, sua época de sedutor. Várias mulheres imploraram pelo seu amor e choraram a seus pés quando não dava nada além de um autógrafo. Das damas que conheceu no Brasil durante a Copa do Mundo, não se falava, pois Casarín foi um dos poucos a não sair para a noite. Alguns jogadores mexicanos foram suspensos por meses por causa das festas em solo brasileiro. Ele, que poderia ter escapado do hotel quando quisesse pelo peso que tinha na seleção, não o fez. "Bem, ele era o melhor e foi um dos poucos que jogaram bem... O problema era que outros se embebedavam todas as noites e depois não conseguiam nem trotar na praia", lembrou "La Tota" Carbajal, goleiro daquela equipe mexicana que perdeu suas três partidas na Copa do Mundo.

Casarín já tinha 32 anos quando jogou sua primeira e última Copa. Era um de seus sonhos e acabou sendo um desastre. A Segunda Guerra Mundial paralisou as competições internacionais justamente quando ele vivia seus melhores anos como jogador. Casarín aguardou pacientemente que o principal torneio de seleções voltasse a ser disputado. Esperou até 1950 e, quando finalmente chegou a Copacabana, pouco lhe importava que fosse modesto o lugar em que se hospedaria. Queria apenas jogar. "Diziam que o México não era uma potência e que tínhamos muitas carências. Nada de voos fretados, o pagamento era precário e levamos apenas um uniforme. Além disso, o hotel era muito modesto; correto, sem piscina, jardim ou telefone no quarto. Éramos obrigados a descer à recepção para falar com nossas famílias, e cada jogador tinha que pagar por seus próprios telefonemas", recordou Carbajal. Infelizmente, nem todos tinham o mesmo entusiasmo de Casarín, escolhido o capitão da equipe. Inclusive, ele foi um dos responsáveis por tomar medidas contra alguns dos atletas no retorno da seleção para casa, indignado com a falta de profissionalismo. O México jogou três partidas e perdeu todas. Pelo saldo de gols, terminou em último, ficando atrás até da Bolívia, que jogou só uma partida e perdeu por 8 × 0. No total, o México sofreu dez gols e marcou dois: um de pênalti, anotado por Héctor Ortiz, o ídolo do Club Deportivo Marte; o outro, o único com a bola rolando, por Casarín, contra a Suíça.

Ele sonhava com a chance de jogar uma Copa do Mundo desde 1938. Naquele ano, o México planejava ir à França com uma equipe "A". A outra, a "B", jogaria um campeonato nas Américas. Casarín, ainda jovem, pediu para fazer parte da equipe A, mas foi enviado para a B. De qualquer forma, o México acabou boicotando a Copa do Mundo, assim como outras federações americanas, por considerar que a Fifa favorecia os europeus.

Era o velho rancor, a tensa relação com a Europa; no caso do México, com os espanhóis, uma relação que pode ser resumida naquele grito de "*Mueran los gachupines!*"[1] dos tempos das guerras de independência que chegou aos estádios quando o España se tornou um dos grandes times do futebol mexicano. Casarín escutou aquilo muitas vezes quando jogava com a camisa do España contra equipes consideradas puro-sangue, como o Necaxa ou o Atlante. Conheceu os dois lados, pois fez sucesso tanto no Necaxa como no Atlante, assim como no hoje extinto España.

Com cabelo cacheado e curto, bigode e um sorriso sedutor, Casarín levou a velha rixa entre mexicanos e filhos de espanhóis ainda mais longe. Em 1944, estrelou um filme dirigido por Joaquín Pardavé chamado *Los hijos de Don Venancio*. Na produção, Don Venancio é um torcedor espanhol do Club España cujo filho preferido, interpretado por Casarín, é jogador de futebol. Quando o personagem interpretado pelo craque assina com o Atlante, seu pai passa a torcer para o time 100 por cento mexicano, numa reivindicação de sentimento patriótico. O filme foi um sucesso e Pardavé, diretor e ator no papel de Don Venancio, filmou em seguida uma continuação intitulada *Los nietos de Don Venancio*. Neste filme, Casarín marca um golaço de bicicleta. A cultura picaresca mexicana foi alimentada pela memória daquele primeiro filme e, por muitos anos, quando Casarín perdia um gol, os rivais gritavam, zombando: "*Hijo de Don Venancio!*"

No entanto, ninguém no Brasil gritou isso para ele, embora os mexicanos tenham gritado de tudo na partida inaugural. Ainda assim, o pior não foram os insultos. "Durante os primeiros minutos, La Tota gritava aos brasileiros para chutarem mais, pensando que iria agarrar tudo. E depois vieram os gols e ele ficou quietinho", lembrou Casarín em uma entrevista. O México teve a honra de jogar a partida de abertura no Maracanã contra o anfitrião. Perdeu por 4 × 0. "Poderia ter sido mais, era um timaço. Se no fim eles perderam [o título], foi porque os uruguaios, que não tinham mais time, eram muito machões. Como eram corajosos!" Casarín foi um dos jogadores mexicanos que ficaram no Rio de Janeiro para assistir ao desfecho do torneio. "Todo mundo chorava, não dava para acreditar", recordou ele,

---

1 "Gachupín" é como os mexicanos se referem de forma pejorativa a quem nasce na Espanha. O termo remete ao período da colonização, quando havia um forte ressentimento em relação aos privilégios dados aos espanhóis simplesmente porque haviam nascido na Europa.

depois de ver o Uruguai vencer o Brasil em seus domínios.

"Que estádio mais bonito! Naquela época, nós, mexicanos, não tínhamos o Azteca, e aquele estádio era diferente de qualquer outro que tínhamos visto. Era perfeito para assistir ao futebol. Quando jogava lá embaixo, você se sentia pequenininho e pensava... mamãe, onde é que eu fui me meter?", brincava Casarín, que tocou poucas vezes na bola. "Como jogava o Zizinho! E o Ademir, que matador! Eles eram melhores, é verdade, mas nós não estivemos nada bem durante todo o torneio", admitia o melhor jogador mexicano da época.

O México chegava à Copa do Mundo com grande expectativa. A equipe havia se saído bem nas Eliminatórias, um triangular contra Estados Unidos e Cuba, no qual os dois primeiros colocados carimbavam os passaportes para jogar no Brasil. Todas as partidas foram disputadas no Estadio de los Deportes de México e a *tricolor* não decepcionou: 6 × 0 e 6 × 2 nas duas partidas contra os ianques, com três gols de Casarín no segundo jogo, e 2 × 0 e 5 × 2 contra os cubanos, com outro gol dele. Antes da viagem para o Brasil, a federação organizou uma viagem à Espanha, onde o México foi goleado pelo Real Madrid (7 × 1) e pelo Athletic (6 × 3), surras que custaram o cargo ao treinador Rafael García Gutiérrez. "Em Madri fomos recebidos com canções mexicanas, como estrelas. Depois, eles nos golearam. Acabou que o atacante do Real Madrid, Pahiño, marcou quatro gols. Era um craque e eles não o levaram para a Copa do Mundo porque se dizia que estava envolvido na política contra Franco", lembrou Casarín em uma entrevista na década de 1990, impressionado pelo talento goleador do atacante galego, que ficou fora da seleção por causa da fama de "vermelho".

Casarín, por sua vez, pôde jogar no Brasil, mas foi tudo um pesadelo. Nas arquibancadas do Maracanã, Fernando Marcos e Agustín González Escopeta transmitiam o jogo por meio de um aparelho de rádio de ondas curtas enquanto os gols brasileiros saíam. "Poderia ter sido mais", admitiram eles. Casarín e seus companheiros encararam as partidas seguintes sabendo que jogavam pela honra. "Pela camisa... e nem assim jogamos bem", lembrou ele, um jogador que nunca se escondeu, do tipo que se divertia jogando, que divertia o público com suas acrobacias, mas que também dava a vida em campo. "Não consegui ganhar dinheiro com o futebol até o final da minha carreira. Nos contratos que eu negociava, estipulava que, paralelamente, poderia trabalhar no setor bancário, onde fazia mais dinheiro do que jogando futebol", costumava dizer. Apesar de ser a estrela, Casarín foi o primeiro a se lançar à areia da praia do Rio de Janeiro perto do hotel para treinar, quando os mexicanos receberam a notícia de que todos os campos de treinamento oferecidos pela organização estavam ocupados. "Parados é que não vamos ficar", afirmou ele, e começou a correr, com os outros vindo atrás. Quando os treinamentos terminavam, Casarín ficava dando chutes de bicicleta para divertir as crianças brasileiras e para que a imprensa local, que o apelidou de "o mexicano mais brasileiro", o fotografasse.

No entanto, Casarín era um mexicano puro-sangue. Nascido na colônia Roma da Cidade do México, uma área sem problemas econômicos, ele começou no Necaxa, onde o húngaro Sigfrid Roth — um sujeito que havia sido treinador do Marte e conquistara o campeonato em 1929 — posicionou-o como defensor devido a seu chute potente, ideal para afastar o perigo lá de trás. Depois, descobriu que era melhor contar com aquele chute como arma ofensiva, afundando a meta adversária. Aos 17 anos, em 1936, ele fez sua estreia no time principal do Necaxa, marcando um gol na partida contra o España. Aquele Necaxa, conhecido como "os onze irmãos", foi a escola ideal para um atacante rápido, que passou a gostar de comemorar os gols com a torcida e conquistou o apoio das arquibancadas. Naquela época, ele se apaixonou por uma garota do bairro, María Elena Quinn. Casarín a esperava na saída da escola. Ela tinha 15 anos e ele, 17. Quando os colegas de classe de María Elena lhe pediam para jogar uma partida com eles, nunca dizia não. A garota, que sempre o entendeu, não lhe pedia para ir ao cinema. Ela colocava as chuteiras e jogava com eles, formando uma dupla de ataque com seu amor. "Mostra como você dá o passe mortal", dizia ele em tom de brincadeira à sua futura esposa, a quem sempre foi fiel, apesar de ter milhares de admiradoras. Aliás, Casarín morreu em 2005, dois meses depois de perder o amor da sua vida, Dona María Elena. Sem ela, sua luz se apagou.

Em 1937, aos 18 anos, Casarín estreou brilhantemente na seleção de Rafael Garza Gutiérrez que participou dos Jogos Centro-Americanos realizados no Panamá. O mundo parecia se curvar aos seus pés, até que veio o tal jogo, talvez o mais polêmico de toda a história do futebol mexicano.

No dia 29 de março de 1939, o Necaxa enfrentava o Asturias, o outro time dos espanhóis, dos *gachupines*. O Asturias, que conquistaria a primeira liga profissional mexicana pouco depois, era um verdadeiro gigante, com dinheiro e sócios suficientes para construir um lindo estádio de madeira na década de 1930. O Parque Asturias, localizado na região de Tlalpan e com capacidade para 30 mil pessoas, era um dos campos mais modernos da época. Lá, Casarín havia marcado gols nos muitos jogos da seleção dos quais participara. Jogando como visitante naquele dia, Casarín sofreu marcação pesada de um time disposto a fazer qualquer coisa para parar seus ataques. Laviada, León e Soto, três dos defensores do Asturias, caçaram Casarín no mesmo joelho durante os primeiros vinte minutos do jogo. A torcida do Necaxa que estava presente atirou garrafas e objetos no campo, e o time com dez jogadores quando Casarín teve que abandonar a partida. Aos 35 do segundo tempo, o Asturias perdia por 2 x 1 e o árbitro Fernando Marcos marcou um pênalti a favor do time da casa que, de acordo com as crônicas, foi justo. Mesmo assim, a torcida do Necaxa, enfurecida, começou a queimar jornais nas arquibancadas de madeira em protesto. O fogo rapidamente se descontrolou e incendiou o placar, uma torre com um relógio e duas arquibancadas inteiras. O incêndio do Parque Asturias, que foi praticamente destruído, passou a ocupar um lugar de destaque na iconografia do futebol mexicano. Casarín ganhou ainda mais fama, mas passou quase dois anos sem poder jogar, com o joelho quebrado em mil pedaços. Ele foi operado pelo dr. Velasco Zimbrón, que lhe prometeu o retorno ao futebol. E foi o que aconteceu.

Em 1942, começou a treinar em um bom nível, e tanto o Club América quanto o Atlante tentaram contratar o jogador, que ainda era muito amado. O general José Manuel Núñez, presidente do Atlante, finalmente o atraiu com a promessa de um emprego bem remunerado no Banco do México. Numa época em que o futebol ainda era amador, Casarín voltou aos gramados e marcou dois gols na vitória por 5 × 2 dos *potros* sobre o Club América. "Os gols de Casarín não têm preço", disse o militar quando o craque, com suas bicicletas e suas cabeçadas impossíveis, mostrou que estava totalmente recuperado. Não demorou muito para ele ser chamado novamente para a seleção, enquanto de manhã atendia os clientes no banco.

Casarín jogou em altíssimo nível naquele Atlante, onde também brilhavam dois catalães, Martí Ventolrà e Julio Munlloch, que haviam jogado no Barcelona e, depois de chegarem ao México em 1937, permaneceram ali para evitar a Guerra Civil. Com a camisa do clube, Casarín viveu o início da era profissional no México. Ele deixou seu trabalho, concentrou-se no futebol e estreou no cinema. Em 1948, tentou a sorte na Europa com o Barça, onde não conseguiu um contrato porque era estrangeiro; nem chegou a fazer uma partida oficial. De volta, circularam mil rumores sobre o porquê de não ter tido sucesso: que lhe pagavam menos porque era mexicano, que tinham inveja dele, que tinha saudades de casa... Com o tempo, acabou ficando a versão de que sua passagem pelo Barça havia sido gloriosa, quando, na verdade, ele praticamente não jogou. Casarín voltou ao México e assinou com o España até 1950, o ano da Copa do Mundo, o mesmo em que o clube, um dos de maior sucesso até então, abandonou o futebol profissional. Sendo assim, depois do Mundial, ele voltou ao Necaxa. Em seguida, veio outro retorno, desta vez ao Atlante, onde conciliou o trabalho de jogador e o de treinador. Não só isso: durante as Eliminatórias para a Copa de 1954, na Suíça, Casarín foi o treinador da seleção mexicana enquanto ainda jogava. Antes disso, dirigiu a equipe num amistoso contra o Haiti em 19 de julho de 1953, vencendo por 8 × 0. Ele não durou muito no cargo. Com pouco tempo de trabalho, foi demitido por causa das desavenças internas na federação, e o espanhol Antonio López Herranz passou a ocupar o posto.

Casarín continuou com sua carreira de goleador até pendurar as chuteiras no Monterrey em 1957, com 174 gols marcados na primeira divisão. Seu último momento de glória foi quando, como técnico da seleção juvenil, levou o México ao vice-campeonato mundial, após eliminar o Brasil e perder a final para a União Soviética, nos pênaltis, em 1977. Naquela ocasião, deixou escapar a glória como treinador, glória que nunca chegou a saborear como jogador em uma Copa do Mundo. "Na Copa do Brasil nos sentimos inferiores. Não tínhamos sequer um preparador físico. Os europeus eram mais fortes e mais organizados; os brasileiros, mais técnicos; os uruguaios, mais machos", lamentou.

O astro mexicano nunca perdoou muitos de seus companheiros de equipe pela atitude que tiveram naquela Copa do Mundo depois de terem sido goleados pelos brasileiros. O grupo se concentrou em Porto Alegre, onde jogou as duas últimas partidas no estádio dos Eucaliptos: primeiro, perderam para os iugoslavos por 4 × 1; depois, foram derrotados por 2 × 1 pelos suíços. Então, antes da última partida, a imprensa mexicana começou a publicar matérias afirmando que o México era a equipe que menos treinava e que os jogadores passavam o dia na farra. O massagista da equipe, Uriarte, admitiu, após ter sido questionado por jornalistas, que tratava mais de ressacas do que de lesões. O lateral direito Gregorio Gómez acabou se envolvendo numa briga quando soube que seria punido pelas escapadas noturnas. "Fizemos tudo errado. Nem sequer jogamos com as nossas camisas", reclamou Casarín, referindo-se à derrota contra os suíços, quando ambas as equipes apareceram com camisas vermelhas e o México concordou em atuar com a camisa do pequeno clube gaúcho Cruzeiro. Foi naquele jogo que, aos 44 do segundo tempo, no último minuto de Casarín em uma Copa do Mundo, ele dominou uma bola no meio da área e, com aquele chute potente que já tinha quando era defensor no infantil do Necaxa, mandou a bola para o fundo da rede. Casarín se despediu das Copas com a cabeça baixa, caminhando para o centro do campo, sem comemorar o gol. Ele estava vestindo uma camisa da qual rapidamente se esqueceria. "No Brasil, a coisa não começou nem acabou bem", afirmou.

Casarín, provavelmente, merecia melhor sorte. Se ao menos pudesse ter marcado aquele gol com a camisa mexicana...

8
RAJKO MITIĆ

Apesar do infame acidente de Mitić, fizemos um grande jogo.
Se a sorte tivesse estado do nosso lado, poderíamos ter vencido.
Vladimir Beara, goleiro da Iugoslávia em 1950

Aca Obradović, o massagista da seleção iugoslava, liberou os jogadores. Do vestiário do Maracanã, escutava-se o alvoroço dos mais de 100 mil torcedores brasileiros. A Iugoslávia sabia que, se empatasse aquela partida, eliminaria o Brasil e se classificaria para o quadrangular final. Os nervos estavam à flor da pele. Obradović percebeu isso pelos músculos dos atletas, mais tensos do que o habitual, enquanto os massageava antes de entrarem em campo. Após a gritaria ouvida durante o aquecimento, todos tinham os semblantes fechados.

Milorad Arsenijević, o treinador, lembrou aos rapazes a partida da Copa do Mundo de 1930, quando os iugoslavos derrotaram os brasileiros por 2 × 1, confronto do qual tivera a honra de participar como jogador. Os iugoslavos não puderam assistir aos dois primeiros jogos do Brasil no Mundial, pois tiveram que jogar em Porto Alegre e Belo Horizonte. Eles haviam recebido relatórios, e Arsenijević vira os brasileiros treinarem na véspera. A fama os precedia. No entanto, eram eles, os iugoslavos, que chegavam para a partida final da primeira fase na liderança do grupo. O empate dos brasileiros contra os suíços lhes permitia sonhar com a glória. Só precisavam não perder.

Obradović viu os jogadores se dirigindo ao campo. Ficou sozinho no vestiário reunindo o equipamento, nervoso, imaginando como seriam recebidos no gramado.

De repente, um estrondo o tirou de seus devaneios: a porta se abriu e Rajko Mitić, o capitão, entrou correndo com a cabeça ensanguentada. O sangue escorria pelo pescoço, ensopando a camisa azul. Obradović não estava entendendo nada. A partida ainda nem havia começado e já tinham um lesionado. Mitić gritou para que fizesse algo, não poderiam jogar sem ele. Naquela época não eram permitidas as substituições, então o árbitro, o galês Sandy Griffiths, decidiu que os iugoslavos deveriam começar com dez homens. Obradović fez o seu melhor para parar o sangramento, de modo que Mitić pudesse voltar a campo. Chamou o pessoal da Cruz Vermelha para ajudá-lo, em vão. Lentamente, o chão do vestiário se tingiu de vermelho.

Quando Mitić retornou ao gramado, corriam vinte minutos de jogo e sua equipe já estava perdendo. A partida terminaria com derrota por 2 × 0. Durante décadas, os iugoslavos lamentaram o maldito acidente. Sonhavam que seu capitão entraria em campo no início da partida, que alcançariam o empate e que eles, em vez dos uruguaios, seriam os responsáveis por assinar o Maracanazo.

Rajko Mitić era a alma daquela Iugoslávia, sujeito duro com sorriso explosivo, competitivo no jogo e incansável na hora de festejar; um homem com duas caras: uma de assassino e a outra de humorista.

Moreno de origem sérvia e criado entre o gado, brincava pelos prados, correndo em trilhas de terra entre sérvios e ciganos, perto de Nis. De família humilde, seu pai se matava de trabalhar com um carrinho de mão a serviço da empresa ferroviária estatal. Em Belgrado, Mitić aprendeu a jogar futebol nos campos naturais do bosque de Košutnjak, onde foi recrutado por um modesto clube com o mesmo nome. Foi lá que calçou chuteiras pela primeira vez o iugoslavo que poderia ter calado o Maracanã se a sorte estivesse do seu lado.

Imortalizado em muros pelos torcedores do Estrela Vermelha, Mitić entrou para a história como um atacante competitivo, mas que jogava limpo, do tipo que nunca era expulso. Um esportista corajoso, como os que enfrentaram os bombardeios sobre Belgrado e nem por um segundo se renderam. Como os que sobreviveram a uma guerra.

Depois de ter sido contratado pelo BSK, o time da moda em Belgrado antes da guerra, ele teve que vestir o uniforme da equipe de futebol do corpo de artilharia, onde acabou alistado durante os conflitos. Em 1945, foi para o recém-formado Estrela Vermelha e logo se tornou o capitão. Acabaria fazendo mais de 580 partidas pelo clube em todas as posições do ataque. Quando a seleção nacional iugoslava organizou seu primeiro jogo hasteando a bandeira com a estrela vermelha no centro, Mitić foi convocado. Quase toda a equipe era proveniente do Partizan, do Estrela Vermelha e do Hajduk Split. O ano era 1946. A Iugoslávia venceu a Tchecoslováquia por 2 × 0 em Praga. Mitić marcou um gol.

Ele e Bobek eram os cérebros da seleção; Bobek pela direita, Mitić pela esquerda. Técnicos com a bola nos pés, tinham muita personalidade e faro goleador. Eternos rivais nos clássicos entre Partizan e Estrela Vermelha, vestidos de azul, mostravam sintonia perfeita. Em 1948, a Iugoslávia ganhou a prata nos Jogos Olímpicos de Londres depois de derrotar os ingleses em Wembley nas semifinais com um gol de Bobek — que marcou em todos os jogos do torneio — e outro de Mitić. Somente os suecos foram capazes de vencê-los na final, por 3 × 1. O próximo desafio seria o Mundial.

"Na Copa, a espinha dorsal da nossa equipe era formada pelos jogadores que ganharam a medalha de prata nas Olimpíadas de Londres. Já tínhamos alguma experiência internacional. Todos nós vínhamos de dois ou três clubes. Treinávamos e jogávamos juntos, e isso deveria dar frutos. Antes de irmos para o Brasil, jogamos um amistoso contra os suíços. É engraçado, porque os suíços acabaram sendo nossos adversários no mesmo grupo algumas semanas depois", recordou Mitić.

A Iugoslávia começou sua aventura brasileira em Belo Horizonte, no estádio Independência, que a imprensa inglesa afirmava, sem fundamento algum, ter sido construído sobre os alicerces de uma antiga arena de touros (como se houvesse touradas no Brasil). O adversário: a Suíça. Apesar da longa viagem, os iugoslavos venceram confortavelmente em um jogo estranho, pois Giovanni Galeati, o árbitro italiano que já havia apitado a partida em que a equipe iugoslava se classificara para a Copa do Mundo (contra a França), descobriu que as bandeirinhas de escanteio não estavam no lugar. Passou meia hora até elas aparecerem. E o primeiro tempo terminou sem gols. No segundo, vieram três. O primeiro, de Mitić, aproveitando uma bola na marca do pênalti. Depois marcaram Tomašević e Ognjanov, que terminou o jogo lesionado.

Na partida seguinte, em Porto Alegre, a Iugoslávia destruiu o México. Bobek e Cajkovski marcaram antes do intervalo. Depois Cajkovski novamente e Tomašević bateram La Tota Carbajal. Os mexicanos só marcaram no último minuto, quando o goleiro Srdjan Mrkušić, após agarrar uma bola e chutá-la para longe, deu um soco na barriga do mexicano Ortiz, que antes o havia acertado com uma joelhada. O árbitro, Reginald Leafe, viu e, embora não tenha expulsado o goleiro croata do Estrela Vermelha, Ortiz não desperdiçou a cobrança. "Como os suíços, os mexicanos tentaram responder com a força ao nosso jogo técnico", lembrou Mitić.

Naquele mesmo dia, a Suíça empatou com o Brasil. A Iugoslávia tinha a oportunidade de colocar os anfitriões de joelhos. "Não sabíamos quão bons eram os brasileiros. Antes da partida, a imprensa se referiu a nós como a 'grande descoberta'. Eles nos respeitavam." *O Globo Sportivo* definia Mitić como "um marechal dotado de técnica". A imprensa e muitos curiosos não deixaram os jogadores em paz no hotel em Copacabana antes do jogo final do grupo. "Ficou imediatamente claro que o Brasil era um país de futebol e não apenas de café. O Rio de Janeiro parecia uma colmeia, com os bondes cheios de torcedores, as arquibancadas lotadas, os gritos, os cânticos, as danças em transe... A visão do maior estádio do mundo era de tirar o fôlego", recordou o sérvio, que estava a caminho do seu encontro com o destino.

"Chegamos cedo ao estádio. Aquecemos. Vimos a multidão fora de si. Ficamos surpresos com a maneira como se comportavam. Estávamos com um pouco de medo, preciso admitir. Antes do início, como eu costumava fazer, fui o último a entrar em campo. Enquanto atravessava o túnel, muito concentrado, levantei a cabeça e bati em uma viga. Senti o sangue escorrer pelo meu pescoço. Dei meia volta e retornei ao vestiário, onde o doutor Obradović me recebeu pasmo." Mitić tinha sido vítima do estado desastroso da zona de vestiários do Maracanã, que ainda estava em obras. Seus companheiros de equipe ficaram perplexos e alertaram o árbitro sobre o acidente. "O galês Griffiths insistiu que a partida deveria começar. Ele ameaçou dar o apito final e desclassificar nosso time se não começássemos. Então Cajkovski chamou os demais jogadores, que ameaçavam voltar ao vestiário, para entrarem em campo. Assim, a partida começou sem mim."

Na tribuna de imprensa, os jornalistas não acreditavam. Vittorio Pozzo, treinador e bicampeão da Copa do Mundo em 1934 e 1938 com a Itália, escrevia a crônica para o jornal *La Stampa*. "Os iugoslavos foram esportivamente aplaudidos. Depois dos hinos e das formalidades, as equipes tomaram suas posições. Fazia um calor equatorial. Alguém contou os iugoslavos: eram dez. Como poderia ser? Mais tarde nos disseram que Mitić, ao passar pelo túnel de saída, havia batido com a cabeça e retornado ao vestiário para ser atendido."

Obradović estava com dificuldades para fechar o corte de Mitić. Os ajudantes da Cruz Vermelha demoraram a chegar. "Eles deram pontos na minha cabeça, fizeram um turbante de ataduras e, para terminar, colocaram um boné com a cruz vermelha emprestado por um enfermeiro brasileiro." Só então Mitić parou de sangrar. Enfaixado, voltou correndo ao campo. Sem se abalar, ocupou sua posição e tentou tranquilizar os companheiros. Eles não poderiam falhar: bastava um empate e estariam no quadrangular final.

"No intervalo, ouvi alguns colegas de equipe discutindo. Estavam criticando nosso goleiro, Mrkušić. Eu disse: 'O que é que está acontecendo? Por que vocês estão brigando? Não é vergonha alguma empatar por 0 × 0 diante de 200 mil torcedores locais e contra um rival como este!'" Mitić levantou a voz e os outros jogadores se calaram. "Eles me olharam surpresos. Achavam que, por causa da pancada, eu não estava bem, que delirava. Mas eu simplesmente ainda não sabia que os brasileiros, aos três minutos de jogo e enquanto eu estava no vestiário, haviam marcado um gol contra nós. Perdíamos por 1 × 0 e eu achava que estava 0 × 0!"

No segundo tempo, com onze contra onze, a Iugoslávia teve suas chances. Mitić, raçudo, passou a jogar centralizado e finalizou com perigo em duas ocasiões. Durante os primeiros minutos da etapa final, a partida foi um monólogo iugoslavo, mas eles desperdiçaram todas as oportunidades que tiveram, e o Brasil decidiu com um gol de Zizinho aos 24. A partida terminou 2 × 0. Apesar da lesão de Mitić, Pozzo o destacou em sua crônica como um dos melhores em campo: "Os iugoslavos tiveram uma meia hora fantástica, depois foram superados pela qualidade do adversário. Foram melhores do que no jogo de classificação contra os franceses em Florença."

O croata Bernard Vukas sempre defendeu que "no Brasil, tivemos a oportunidade de surpreender os donos da casa. Entretanto, a lesão de Mitić nos impediu de fazê-lo. Perdemos para os *cariocas*, mas não fomos inferiores". E ele não era o único que pensava dessa maneira. A sensação de que a confusão causada pela lesão de Mitić foi a culpada pelo primeiro gol era profunda entre todos os integrantes daquele time. Quatro minutos de jogo e o Brasil vinha tocando a bola como queria diante de Mrkušić, que também não saiu para fechar o ângulo de Ademir. "Poderíamos ter vencido, sem dúvida", lamentou Bobek.

Apesar da decepção, a Iugoslávia voltou para casa de cabeça erguida. A imprensa local os elogiou, e Mitić ficou impressionado com o jogo dos brasileiros, dos quais ele tentou incorporar conceitos. "O que eu mais gostei foi da forma de jogar de Jair e de Zizinho, talvez porque eu jogava na mesma posição deles. No entanto, o centroavante, Ademir, também era fenomenal: de muita mobilidade, excelente saltador... um atacante perigoso. Também o primeiro volante Bauer. Além da técnica, eu gostava dos brasileiros pelo seu jogo limpo e não violento." Vladimir Beara, goleiro reserva naquela Copa do Mundo, também voltou impressionado. "Vi os *cariocas* em ação pela primeira vez em 1950. Era uma equipe fantástica! Viajei para o Brasil como reserva. A atmosfera e a temperatura nos desconcertavam. Tantas experiências novas nos deixaram impressionados, e era difícil concentrar no futebol. Apesar do infame acidente de Mitić, fizemos um grande jogo. Embora os brasileiros tivessem craques como Ademir e Zizinho, nós não fomos inferiores. Se a sorte tivesse estado do nosso lado, poderíamos ter vencido."

Beara, que viria a se tornar uma lenda no Hadjuk e no Estrela Vermelha, ficou espantado com a personalidade dos sul-americanos. "Fiquei confuso com o temperamento desenfreado deles. Jogamos muito bem contra os suíços e os mexicanos, mas, num dos jogos, os uruguaios chegaram inclusive a sair na mão." O comportamento era raro na Europa. Uma coisa era uma pancada isolada; outra, uma confusão generalizada. No Brasil, a personalidade dos iugoslavos também foi apreciada e, antes de voltarem para casa, eles foram convidados para um amistoso no estádio da Ilha do Retiro, em Recife, contra um combinado de jogadores pernambucanos. Vukas anotou três gols, Mitić e Tomašević também marcaram, e os balcânicos venceram por 5 × 2, com o jovem Beara no gol. "

Vimos poucos jogos tão atrativos. Como jogam os iugoslavos! Ora passes curtos, ora longos... sempre visando o gol adversário", escreveu o jornalista Norberto Valle no *Esporte Ilustrado*.

Durante as décadas seguintes, era normal que as equipes iugoslavas fossem convidadas para jogar no Brasil. A admiração era mútua. Em Belgrado, o estádio do Estrela Vermelha foi batizado de "Maracanã". Foi lá que Mitić jogou seus últimos anos, o homem que abriu a cabeça no outro Maracanã, o grande.

Anos mais tarde, Mitić triunfou como treinador e chegou a levar os iugoslavos ao vice-campeonato na Eurocopa de 1960.

9
AMEDEO AMADEI

Olha, Amedeo. Superga. Já chegamos.
Eusebio Castigliano, jogador do Torino
falecido na tragédia de Superga

A risada de Amedeo Amadei era contagiante. Seu rosto se iluminava e rejuvenescia muitos anos quando sorria. Mas ele também xingava e resmungava. A palavra que mais vezes usou para recordar a Copa do Mundo de 1950 foi "*schifo*" (desgosto, nojo). Se outros recordavam com alegria aqueles dias no Brasil, o bom e velho Don Amedeo se enervava com a lembrança. "Uma péssima viagem", sentenciava ele. "*Che schifo.*"

Amadei era um atacante robusto e baixinho, do tipo que se virava de costas e aguentava a carga do defensor. Era também mais do que um atacante; um vencedor. Nunca se esqueceu da partida que não jogou contra os suecos, em São Paulo. "Ninguém consegue explicar", afirmou. A aventura da Itália no Brasil durou noventa minutos: uma derrota e a eliminação. A segunda partida foi para limpar o escudo, salvar a honra, porque já estavam fora. Dessa vez, Amadei jogou. Foi contra o Paraguai. A Itália ganhou.

Com a vista cansada, Don Amedeo ainda supervisionava o seu negócio familiar nos últimos anos de vida. Suas *ciambelline al vino*, biscoitos típicos dos vilarejos perto da capital, estavam havia muito tempo nas lojas e nas mesas de muitas casas romanas. Filho da comuna de Frascati, Amedeo era romano e romanista. E também herdeiro de uma antiga casta de malandros que encontra sempre o equilíbrio justo entre trabalhar o necessário e desfrutar dos prazeres da vida, como os biscoitos do Forno Amadei. "As bombas destruíram o negócio da família durante a guerra. Com o que ganhava jogando na Roma, conseguimos construí-lo de novo."

Don Amedeo vivia de lembranças, muitas delas tristes. Ele as embelezava com uma animada conversa, adoçando suavemente a rude sonoridade do dialeto romano. Com mais de 90 anos, não esquecia os rostos dos milhares de imigrantes italianos que encheram as arquibancadas do Pacaembu no dia em que a Itália fez sua estreia na Copa do Mundo do Brasil. Perderam para uma seleção sueca que havia viajado apenas com jogadores amadores. Aquela derrota destronou a seleção que, por doze anos, foi a detentora do título mundial. Enquanto metade do planeta sangrava nos campos de batalha franceses, russos ou do Pacífico, a Itália manteve seu status de campeã. Até aquela derrota contra os suecos no Pacaembu. "Que caras, que olhares! Fora do estádio, estava cheio de italianos que viviam lá e queriam nos ver. Nunca vou esquecer. Pareciam cachorros que tinham apanhado. Eles nos insultaram... e com razão."

Goleador implacável na sua Roma, no Inter e no Napoli, Amedeo era uma das estrelas daquela Itália marcada pela tragédia. A *Azzurra* foi a única seleção europeia a viajar de barco para o Brasil. "Apenas dois jogadores acharam que não fazia sentido, que uma viagem de barco tão longa não era normal. Mas o medo causado pela tragédia da Superga foi maior", recordou ele. O resto da equipe entendeu. O esporte unia um país dividido, uma Itália pós-guerra onde ainda se podia ouvir os tiros noturnos de militantes fascistas ou comunistas. Humilhada, a nação olhava para o mundo pedindo perdão pelo seu papel na Segunda Guerra Mundial. Somente o esporte os unia. As façanhas de Gino Bartali e Fausto Coppi no Tour de France, os gols de Valentino Mazzola... e a saudade de Mazzola. A tragédia de Superga deixou o país de luto. As mulheres sicilianas que pouco se importavam com o futebol se vestiram de preto quando as estações de rádio informaram que o avião que trazia o Grande Torino para casa havia se chocado contra Superga, a colina nos arredores de Turim. Dezoito jogadores faleceram. Treze jogavam na seleção. Depois dessa tragédia, era impensável enviar a equipe nacional para o Brasil de avião. Zarparam de Nápoles num pequeno barco cheio de imigrantes. Chamava-se *Sises* e era propriedade da família Agnelli, a mesma que presidia a Fiat e controlava a Juventus. "Maldito nome", resmungava Amedeo.

Ele era um dos poucos convocados para o Mundial que atuara pela seleção antes do acidente. Os jogadores do Torino haviam monopolizado de tal forma o time nacional que a maioria dos incluídos no grupo que viajou ao Brasil não tinha nem estreado antes daquele voo infeliz. Em 1947, a Itália enfrentou os húngaros com todos os dez jogadores de linha do Torino; a única exceção entre os titulares foi o goleiro, Sentimenti IV, da Juve. Don Amedeo também foi uma dessas exceções em jogos da *Azzurra* antes do ocorrido em Superga. "Em 1949, jogamos em Madri. Como quase todos os jogadores da equipe eram do Torino, o voo nos deixou em Turim. Eu jogava na Inter e depois tive que ir para Milão pela estrada. No avião, sentei com [Eusebio] Castigliano, um fantástico meio-campista, um sujeito duro. Lembro que ele me disse: 'Olha, Amedeo. Superga. Já chegamos.' E alguns dias depois, o avião com Castigliano e os rapazes se chocou contra Superga. Lembro disso e ainda choro. Nunca vi nada parecido com aquele time. Mazzola era um craque... para mim, o melhor. Aqueles jogadores destruiriam os de agora."

Nas fotos de seu tempo como jogador, Amedeo tem o cenho franzido e a cara séria; seu nariz é reto e desafiador. Filho de uma cidade conhecida por seus vinhos e biscoitos, ele cresceu como torcedor da Roma, até que um dia se mandou de bicicleta para tentar transformar sua paixão em algo mais. "Meu pai tinha uma padaria. Descobri pelos jornais que a Roma estava organizando 'peneiras' no campo deles, no bairro de Testaccio. Escapei de bicicleta e fui. Naquela época, eu pedalava o tempo todo. As pessoas do clube de ciclismo local me diziam que eu tinha que ser ciclista. Mas o futebol era o meu forte. Quando voltei, depois dos testes, lembro que estava tendo uma festa na rua, música... Minha irmã apareceu e disse para eu ir para casa, que meu pai queria me matar. Falei que tinha me perdido fazendo entregas." O pai planejava fazer de Amedeo um bom padeiro, mas, no final, ele não teve escolha a não ser aceitar a paixão do filho pelo futebol. "No início, ele não queria. Até que um dia me deu uma mala para colocar minhas coisas quando fôssemos jogar fora de casa. Foi a maneira de me dar sua bênção." Do pai, herdou a capacidade de trabalhar duro, o amor pelo ofício e o apelido com o qual foi batizado: *Il Fornaretto*. Depois de ganhar o *scudetto* com a Roma, a torcida inventou outro: "O oitavo rei de Roma."

Amadei cresceu numa época estranha. Mussolini decidira que os jogadores faziam mais sentido em campo do que na frente de batalha. Enquanto milhares de jovens italianos participavam dos conflitos na Grécia, na África e no sul da Itália, o campeonato de futebol nunca parou. "A maioria de nós, jogadores da Roma, estávamos com os *bersaglieri*. Que tempos aqueles! A caminho de Gênova para enfrentar a Sampdoria, fomos bombardeados e nos escondemos em um túnel", lembrou Amadei, que apareceu nas fotos de comemoração do título da Roma em 1942 usando o boné emplumado dos *bersaglieri*, o corpo de elite do Exército onde a maioria dos jogadores romanos, como Pantò, Andreoli, Borsetti, Jacobini e Coscia, tinha sido alistada. Outros times alistaram seus atletas na Marinha. O Spezia ganhou um campeonato com seus futebolistas inscritos como bombeiros. Os jogadores do Grande Torino conseguiram trabalho na Fiat, e assim evitaram lutar na frente de batalha. Era uma época dura. "Uma vez, numa viagem de trem com a seleção, Gino Capello e eu comemos o salame que ele havia roubado de um companheiro de equipe. Levávamos nossa própria comida e nem sempre tínhamos o suficiente", recordou Amedeo.

Assinou contrato, posteriormente, com a Inter, que foi convencida a não colocá-lo para jogar as partidas contra a Roma. Ele se tornou um dos jogadores mais populares da Itália e foi um dos pilares da reconstrução da seleção depois de Superga, ao lado de Boniperti e Parola. Ao contrário deles, Amedeo protestou contra a decisão de viajar de barco para o Brasil. "Chegamos tontos em Las Palmas, onde fizemos um jogo-treino entre nós. Jogamos tão mal que o melhor jogador foi Sentimenti IV, o goleiro, que jogou de ponta-direita." A Itália passou mais de duas semanas em alto mar treinando com "aquelas bolas medicinais horríveis" e perdendo bolas de futebol, que caíam no oceano. Osvaldo Fattori, meio-campista da Inter, recordava-se de ter chegado ao Rio sem bolas oficiais: "Perdemos todas". Amedeo negava. "Quase não tocamos nelas! Nós só treinávamos com bolas medicinais... Chegamos tontos. Nos últimos dias, quase não treinamos, apenas dormimos. Estávamos muito mal da barriga. Quando finalmente chegamos ao Rio de Janeiro, nos mandaram para Santos e depois para São Paulo, onde fomos recebidos por 200 mil imigrantes italianos. Chegamos cinco dias antes da primeira partida. *Che schifo di preparazione*." Fattori, companheiro de equipe de Amadei na Inter, tinha uma recordação mais positiva. "Sou de um vilarejo, de San Michele Extra, no meio do Vêneto... e lá estava eu, em alto mar. Para mim, era tudo maravilhoso. Eu contemplava o porto de Nápoles como se fosse Nova York. Foi divertido." Cinco dias depois, Fattori também se irritou. Nem ele, nem Amadei jogaram contra os suecos.

A federação italiana nomeou um trio de técnicos para a Copa do Mundo. Vittorio Pozzo, o treinador campeão mundial em 1934 e 1938, tinha sido demitido pela colaboração com o fascismo e viajou para o Brasil como jornalista. Assim, apostou-se em três homens que, na verdade, não eram treinadores. O cabeça era Ferruccio Novo, presidente do Torino. Ao seu lado estavam Aldo Bardelli, repórter do jornal *Stadio*, de Bolonha, e Roberto Copernico, um advogado que um dia havia atuado como árbitro. Muitos dos jogadores lembraram, depois da Copa do Mundo, que os técnicos montavam as escalações de acordo com os interesses dos clubes, a fim de valorizar certos nomes. Terminado o torneio, *La Gazzetta dello Sport* publicou uma carta anônima em nome dos atletas, na qual se acusava os dirigentes de falta de apoio e tato, de organizar uma viagem muito dura por mar e de não priorizar o interesse coletivo na tomada de decisões. Antes da partida contra a Suécia, Amadei recebeu no seu quarto a camisa de titular. "Eles te traziam antes do jogo e era assim que você sabia que seria titular. Mas naquele dia voltaram para buscá-la e a tiraram de mim. Me disseram que iriam decidir o que fazer comigo no estádio. Acontece que queriam escalar o Campatelli porque o Bologna queria vendê-lo, e assim poderiam pedir mais por ele. Me tiraram do time vinte minutos antes do jogo começar." Bardelli, o jornalista de Bologna, levou a melhor sobre Novo e Copernico. Campatelli jogou. E a Itália perdeu.

O posterior empate entre suecos e paraguaios transformou a segunda rodada em mera formalidade para os italianos: a Suécia já havia se classificado. "Passamos os dias no hotel em São Paulo, num bairro barulhento e cheio de bares. Nas primeiras noites, dormíamos três jogadores em quartos com duas camas. Para passar o tempo organizaram excursões, fomos a terrários ver cobras e ao cinema. Quase nunca podíamos ligar para casa. Carapellese soube do nascimento do seu filho por uma rádio de São Paulo, que nos deixava fazer ligações." À noite, alguns conseguiam fugir. "Moro escapava pela janela", lembrou Fattori. "Depois de tanto tempo sem comida, um lanche caía bem. Apesar de alguns de nós termos saciado o apetite no final do torneio", ironizou Amadei, relembrando seus *affaires* com mulheres brasileiras. Don Amedeo e Fattori jogaram a segunda partida contra o Paraguai.

"Ganhamos por 2 × 0. Os jornalistas locais disseram que, se eu tivesse jogado contra os suecos, não teríamos sido eliminados. Depois voltamos para casa. Foi um desastre. Só Benito 'Veleno' Lorenzi quis voltar de barco, e passou um mês inteiro dando voltas para chegar em casa. Aportou em Marselha numa embarcação tão velha que, quando atracou, foi para a sucata. Pobre Veleno! O resto voltou de avião do jeito que deu, porque naquela época não era fácil encontrar passagens, e era um ano de Jubileu, então muitos brasileiros estavam indo a Roma para ver o Papa. Os brasileiros sugeriram que ficássemos para disputar alguns amistosos, mas nós dissemos que nem pensar. Fui um dos primeiros a voltar, não aguentava mais; me mandei assim que encontrei uma passagem. Voltei sozinho. Passei 36 horas em aviões para conseguir chegar em casa. *Che schifo di Mondiale!*"

10
ADEMIR DE MENEZES

Hoje — coisas do tempo — que o futebol na minha vida é mais saudade que esperança, mestre Ademir costuma aparecer no telão das minhas insônias mais artilheiro do que nunca. E com que alegria revejo, agora, aqueles gols arrebatadores que ele fazia com a veemência de um predestinado! Gols que ontem sangravam e que hoje só enternecem o meu coração.

Armando Nogueira

"No final do jogo, perdi uma oportunidade muito clara. Minha cabeçada passou por cima do travessão." Ademir Marques de Menezes era goleador de ofício. Ninguém marcou mais gols que o atacante naquela Copa do Mundo de 1950, mas ele perdeu a chance que teria dado o título ao Brasil, quando seu cabeceio subiu demais e passou por cima do gol defendido pelo uruguaio Roque Máspoli. "Aquela jogada continua me perturbando. Não consigo esquecê-la", lamentava.

Ademir fez nove gols no torneio. Dois no México, um na Iugoslávia, dois no goleiro Ramallets, da Espanha, e quatro nos suecos. Contra os suíços, na primeira fase, não entrou em campo. Marcou em todos os jogos que disputou, exceto no último, o mais importante.

Na infância, foi uma criança feia. Nasceu na Vila do Bico do Motocolombó, perto de uma bela praia do Recife. Foi naquelas paisagens maravilhosas do nordeste do Brasil que começou seu caso de amor com a bola. Colegas de escola o apelidaram de "Queixada", pois sua mandíbula se tornava cada vez mais protuberante. Eventualmente, as zombarias se tornavam uma tortura insuportável, e Ademir só encontrava consolo no futebol. Como todos os meninos, ele chutava qualquer coisa. Descalço, de meias ou até com as meias-calças da mãe, jogava com uma bola improvisada nas areias das praias. Seu pai, Antônio Muriçoca, um homem de braços fortes e pele morena, trabalhava de carro como vendedor ambulante e era esportista. Dirigia a seção de remo do Sport Club do Recife. Mas o filho queria jogar futebol. Na praia, estava mais interessado em bater bola na areia do que em entrar na água. Sendo assim, o pai o inscreveu no departamento de futebol de seu clube.

Queixada contava que, em 1938, todo o Recife parou para receber o navio a vapor *Arlanza*. Vindo do Rio de Janeiro, levava a seleção brasileira rumo à Europa, onde disputaria a Copa do Mundo da França. O país estava enlouquecido com aquela equipe. O Banco do Brasil havia feito arrecadações, emitido selos comemorativos e até um dentista prometeu que não cobraria nada dos jogadores por seus serviços se retornassem com a taça. As pessoas gastaram o que não podiam para que os atletas pudessem ir ao torneio com tempo suficiente para se prepararem. Era uma questão de orgulho nacional. O jovem Ademir, de 15 anos, assistiu a um treino da seleção no dia em que estiveram na cidade. Fascinado pela elasticidade de Leônidas, o "Diamante Negro", prometeu a si mesmo que seria um jogador de alto nível.

No Sport, já era um goleador temível e seria bicampeão juvenil. Precisava de pouco espaço para armar o chute. Arrancava com velocidade, sempre um segundo mais rápido do que o defensor. Era como se controlasse o tempo à sua maneira. Os outros sempre chegavam alguns décimos atrasados para o encontro de Ademir com o gol. Em 1941, o treinador uruguaio Ricardo Díez fez dele a estrela do time profissional do Sport. Queixada brilhava no Campeonato Pernambucano aos sábados e domingos. No resto da semana, estudava medicina. Tirou diploma na universidade e nos estádios, principalmente quando fez uma excursão com o clube rubro-negro em 1942, passando por São Paulo, Paraná e Rio de Janeiro. Em um Vasco × Sport, marcou três gols. O cruzmaltino decidiu seduzir seu carrasco daquela tarde. A operação foi um sucesso.

Ademir deixou sua terra para se tornar ídolo no Rio. Primeiro no Vasco da Gama, onde marcou 301 gols em 429 jogos, depois no Fluminense. Musculoso e elástico, com seu bigode fino e não mais traumatizado por aquele imenso maxilar, aos poucos se tornou o rapaz que as mães querem para suas filhas, o sonho noturno das meninas adolescentes, o filho que todo pai deseja. Durante a década de 1940, passou a ser habitual que muitas crianças fossem batizadas com o nome de Ademir. As marcas publicitárias viviam atrás dele. Todo mundo amava Ademir. Algumas semanas antes da Copa, um pai chegou a abordar o técnico da seleção, Flávio Costa, pedindo que o artilheiro escapasse algumas horas para dar uma força para seu filho, prestes a enfrentar uma cirurgia complicada. O treinador deu sua permissão a Ademir, que esteve presente na operação. Trinta anos depois, aquele menino abordou o astro, então comentarista esportivo, para ver se o atacante ainda se lembrava dele. "Que força você me deu", disse. Ademir irrompeu em lágrimas.

"Ele jogava em todas as posições do ataque: pelos dois lados e por dentro. Foi o primeiro centroavante puro do nosso futebol, mas podia jogar em outras posições", recordou Jair. A torcida do Vasco o amava, e não demorou muito para que fizesse sua estreia pela seleção. O tempo, seu grande aliado, tinha uma surpresa reservada: em 1945, estreou e pôde ser escalado num ataque onde ainda jogava seu ídolo de adolescência, Leônidas. Com Tesourinha, Zizinho, Leônidas da Silva, Ademir e Heleno de Freitas no ataque, o Brasil destruiu seus adversários na Copa América. "Era um homem muito bom. Calmo, generoso, mas agressivo em campo. Era o jogador do momento", admitiu Zizinho. Ademir certamente se destacava pela sua personalidade. Anos mais tarde, Garrincha, um de seus melhores amigos, que Ademir quis internar numa clínica devido a seus problemas com o álcool e até se ofereceu para arcar com os gastos, deu-lhe uma surra. Ademir voltaria para tentar ajudar três vezes o amigo, que morreu pobre e doente. Queixada não deixou de ir ao funeral, onde foi visto extenuado e destruído.

O Brasil amava Ademir. Nessa época, a Bayer realizou uma pesquisa para descobrir quem era o brasileiro mais famoso. Ademir ganhou com 5.304.935 votos, 1,5 milhão a mais do que o segundo colocado, o presidente da República, embora o levantamento tenha sido realizado três meses após o Maracanazo. Apesar de tudo, o Brasil não culpava Ademir. Curiosamente, ele é que se culpava por aquela cabeçada.

Diferentes jornais escolheram sua imagem como capa no dia da estreia do Brasil na Copa do Mundo. Era lógico. Entre 1945 e 1950, os clubes disputavam Ademir — o Fluminense o contratou e ganhou o título carioca, depois o Vasco o comprou de volta — e ele aparecia em filmes e na rádio. Seu rosto estava por todos os lados. Tocado pelos deuses, Ademir marcava gols sem parar. Em 1949, o Brasil venceu o Campeonato Sul-Americano de seleções, além de três torneios anuais em que os brasileiros enfrentavam seus vizinhos: a Copa Roca, contra os argentinos, a Copa Rio Branco, contra o Uruguai e a Copa Oswaldo Cruz, contra o Paraguai. Com seu rosto nas capas dos jornais, Queixada não decepcionou e anotou o primeiro gol em jogos oficiais do Maracanã, contra o México. Ele o marcou na baliza onde algumas semanas depois Ghiggia enterraria os sonhos brasileiros.

Ademir passou a vida inteira lembrando aquela cabeçada que errou nos últimos minutos da partida final. O artilheiro botava a culpa da derrota nos dirigentes, que obrigaram os jogadores a assistirem a uma missa no dia da decisão, às sete horas da manhã. "Nos jogos anteriores, nunca se havia celebrado uma missa. Não descansamos bem naquele dia", lamentou. As horas que antecederam o confronto foram um desastre. Ademir posou para fotógrafos com suas chuteiras e prometeu que marcaria seu gol de número dez no torneio. Jair afirmou ter sonhado com a volta olímpica. Políticos e caçadores de autógrafos não deixavam os jogadores em paz.

Mas Queixada quase nunca contou qualquer outra versão dos eventos. Ele não contou, por exemplo, sobre o boicote de seus companheiros de equipe, que passaram o jogo inteiro o evitando. Aparentemente, Ademir havia aceitado, naquela mesma semana, o agrado que uma empresa lhe oferecia em troca de estampar sua marca na camisa. Quando descobriram, os demais se sentiram excluídos e ficaram furiosos. O centroavante argumentou que era uma proposta feita exclusivamente para ele, e o técnico Flávio Costa teve que intervir para evitar uma situação de maiores proporções. Só que a ferida estava aberta. Como um empate era suficiente, evitaram passar a bola para Ademir. Até que o Uruguai fez 2 × 1. Então, um suor frio começou a escorrer pelas costas dos brasileiros, que se esqueceram de sua inveja. Se Ademir tinha que ser o herói, que assim fosse e que ele marcasse. Mas sua cabeçada subiu demais.

Queixada conviveu sempre com o gosto amargo daquela derrota, apesar de nunca deixar de ser amado pelo povo. O goleiro Barbosa e os defensores foram acusados. Os outros jogadores procuraram maneiras diferentes de lidar com a culpa. Ademir, conversando com Zizinho, um de seus melhores amigos — ainda que não tenha passado a bola para ele naquele dia —, decidiu enfrentar os fantasmas do passado cara a cara. Perguntava: "Como deve estar aquele filho da puta?". Referia-se ao capitão uruguaio, Obdulio Varela.

Algo unia vencedores e vencidos: uma certa camaradagem, uma certa dor. Os uruguaios que calaram o Brasil inteiro sempre se sentiram um pouco culpados por terem causado tanto sofrimento; os brasileiros, culpados por terem fracassado. Um dia, Ademir ligou para Obdulio e eles combinaram de se encontrar em Montevidéu. Conversaram por horas e horas, como dois velhos amigos. Chegaram até a organizar um amistoso beneficente no estádio Centenário de Montevidéu entre os protagonistas da final de 1950. Mais gordos, mais lentos e mais calvos, os brasileiros perderam novamente, desta vez por 4 × 2. No entanto, algo havia mudado. Eles haviam encontrado interlocutores com quem compartilhar suas tristezas e falar sobre aquele dia fatídico. Os algozes tornaram-se seus amigos.

11 GEORGE ROBLEDO

Chegava no vestiário e tomava banho de água fria em pleno inverno. Vinha com todo o ímpeto do futebol inglês.
Sergio Livingstone, goleiro chileno em 1950

"Sem o futebol, eu não teria dinheiro nem para comer. Esta é uma terra muito dura." Manuel Muñoz vende empanadas em seu restaurante em Arica, ao norte do Chile. Nas paredes estão penduradas fotos antigas de seu tempo como atleta no Colo-Colo e na seleção. Sua pele é bronzeada pelo sol e seus olhos são serenos.

Ali, o aspecto da região pode levar o turista a crer que se trata de outro continente, mas é o mesmo no qual estão Recife e Rio de Janeiro.

O ex-jogador deixou para trás uma infância difícil à beira do deserto do Atacama graças ao futebol. E graças a seu ídolo, "Rata" Rojas. Tomás Rojas era uma instituição da nortista Tocopilla nos anos 1940. Ele, que nasceu na cidade, havia feito sucesso com a camisa do Colo-Colo na capital. Quando voltou para casa, as pessoas o convidavam para ir aos cafés e pediam que contasse histórias das partidas que jogara pela ala esquerda com os *albos* de Santiago.

No norte do país, a riqueza da terra sempre vai para outros lugares e pouco permanece no local. Isso vale também para o futebol. Se Muñoz queria ser como Rojas, tinha que ir embora. E foi justamente Rata quem deu a ele essa oportunidade.

Manuel Muñoz cresceu em Tocopilla ouvindo pelo rádio os relatos dos jogos de seu ídolo. "Minha casa dava para o mar. Meu pai trabalhava com o salitre, que ele carregava para os navios ingleses ou americanos que atracavam no porto. Eram os anos da guerra. A cidade estava cheia de marinheiros e prostitutas. Bebia-se muito. A família era pobre." Muñoz chutava tudo o que fosse redondo. Foi assim que conseguiu estrear com a seleção de Tocopilla em uma tradicional partida contra Iquique, outra das cidades importantes ao norte do Chile. Tocopilla venceu por 3 × 0, com Rojas nas arquibancadas. Muñoz foi o autor dos três gols.

Naquela noite, bateram à porta da modesta casa de Muñoz. Era Rata Rojas, que perguntou: "*Negrito*, você quer jogar em Santiago?". Muñoz respondeu que era seu sonho, sem pensar que aquilo pudesse ser sério. Algumas semanas depois, chegou um dirigente do Colo-Colo. "Chamava-se Alejandro Torres. Ele veio todo elegante, de chapéu. Então minha mãe pensou que devia ser da polícia e, quando abriu a porta, gritou que eu não tinha feito nada." Dois anos depois, Muñoz estava jogando a Copa do Mundo no Brasil.

Entre 1948 e 1958, Manuel "Colo-Colo" Muñoz ganhou dois campeonatos e se tornou um dos jogadores mais queridos do Chile. Hoje, ele vive do dinheiro de seu modesto restaurante de empanadas. "Nos meus tempos de jogador, você não ganhava a vida só com o futebol. Sendo estrela no Colo-Colo e na seleção, era ajudante de uma oficina mecânica na esquina da rua Cueto com San Pablo", recordou.

Muñoz, com a cara fechada quando jogava e o sorriso sincero fora de campo, presenciou aqueles dias caóticos que antecederam a Copa do Mundo, nos quais o Chile trocava sistematicamente de treinador. Em janeiro de 1949, a seleção formalizou sua inscrição no Mundial com José Luis Boffi à frente da equipe. Alguns meses depois, Waldo Sanhueza foi escolhido como seu auxiliar, e a equipe teve um desempenho decente no Campeonato Sul-Americano. No entanto, a dupla durou pouco devido às disputas internas entre os diferentes clubes, que queriam um comandante afinado às suas cores, e, em janeiro de 1950, Sanhueza ficou como o único técnico. Mas a situação não melhorou depois de dois empates contra clubes, um com o brasileiro Bangu e outro com o uruguaio Rampla Juniors. No intervalo dessa segunda partida, Sanhueza perdeu a paciência ao ouvir as vaias dos torcedores e pediu para usar os alto-falantes do estádio, pois queria se dirigir ao público. Através do sistema de som, explicou que Mario

Lorca, um dos melhores jogadores da época, não estava jogando por causa de uma lesão. Algumas semanas depois, tendo o Chile se classificado para a Copa sem participar das Eliminatórias devido à renúncia da Argentina, a federação optou pelo húngaro Francisco Platko, ex-goleiro do Barcelona, que estava em fim de contrato com o Boca Juniors. Platko voltava ao Chile, onde já era conhecido pela sua passagem anterior no Colo-Colo. Pediram a ele que formasse uma dupla com Waldo Sanhueza, mas a parceria também não deu certo, com discussões e divergências que acabaram afetando a equipe — vitoriosa no amistoso contra o Uruguai, por 2 × 1, e batida pelo América do Rio. Primeiro, cortaram a cabeça de Sanhueza. Depois de um empate por 2 × 2 com o Fluminense, a de Platko.

Menos de dois meses antes do início da Copa do Mundo, em maio, a federação chilena escolheu Alberto Bucciardi, o técnico da Universidad Católica, então campeã nacional e que acabava de realizar uma excursão pela Europa. Os jogadores da Católica o aplaudiram. Os do Colo-Colo, como Muñoz, não. "Nunca entendemos por que tiraram o gringo Platko. Bucciardi colocou vários jogadores da Católica que não haviam feito a preparação." A equipe não teve tempo nem de jogar amistosos contra equipes estrangeiras, mas o técnico trabalhou duro nos treinos, tentando transmitir a seus rapazes o desafio que representava enfrentar seleções europeias. O Chile pegaria Espanha e Inglaterra. "A maioria de nós não havia jogado contra europeus. Eles jogavam de outra maneira", lembra Muñoz. Na Europa, Bucciardi tinha visto como o uso do corpo nas divididas defensivas e nas bolas paradas era diferente. Ele precisava adaptar sua equipe às novas regras do jogo. Trabalhou de forma incansável.

A seleção ficou concentrada nas instalações do Country Club de Santiago. Bucciardi convocou novos jogadores, como Ibañez, Díaz e um garoto chamado Jorge Robledo, que rapidamente se tornou a estrela. "Ele não falava espanhol. Mal conseguíamos nos comunicar com ele!", lembrou Muñoz. "Tudo o que fazia era diferente. Muitos pensam que o futebol chileno teve um antes e um depois da chegada do Gringo."

Jorge Robledo. Ou George. Baixinho, forte, era daqueles atacantes que conduzia a bola com a cabeça baixa. Tinha o olhar astuto dos mestiços; a elegância de quem comprou a roupa em Londres e desfila orgulhoso com ela por Santiago.

Era filho de um chileno e de Elsie Oliver, uma garota de Yorkshire que, aos 18 anos, conseguiu um trabalho para cuidar dos filhos de uma família inglesa que vivia na Argentina. Elsie os acompanhou quando eles se mudaram para Iquique, ao norte do Chile, para trabalhar na administração de uma mina. Lá, conheceu Aristides Robledo, que trabalhava nos escritórios da empresa. Eles se casaram e tiveram três filhos, todos nascidos no norte, como Muñoz, mas destinados a crescer longe.

Em 1932, Elsie decidiu retornar à Inglaterra. O pai ficou em Iquique; a família foi desmembrada. Com os três filhos pequenos, Elsie voltou para casa num navio chamado *Reina del Pacífico* e chegou a Liverpool sabendo que teria que começar do zero e sem marido. Conseguiu um emprego e lutou muito para matricular as crianças numa escola privada. Foi no pátio da escola que Jorge Robledo, rebatizado "George", começou a se destacar como jogador de futebol. Seus irmãos Ted e Walter também, embora Walter tivesse que desistir porque era míope e não podia jogar de óculos. Aos 16 anos, George assinou com o Barnsley e estreou — na primeira temporada pós-Segunda Guerra Mundial — com um *hat-trick* contra o Nottingham Forest. Em 1947, seu irmão Ted também chegou ao clube. Mas craque mesmo era George, que, em 1949, recebeu uma proposta do poderoso Newcastle. Colocou apenas uma condição: que também levassem seu irmão. "A família inteira terminou indo para Newcastle. George insistiu muito na contratação de Ted. Minha mãe encontrou emprego, nos mudamos para uma casa que o clube alugou para nós e eu fui matriculado numa escola local de Newcastle", lembrou Walter, o terceiro irmão.

A contratação de George foi um sucesso. Apelidado de "Pancho" por seus companheiros de equipe, Robledo formou uma temível dupla com Milburn no ataque dos *Magpies*. A presença de um jogador com nome castelhano e pele morena era uma novidade na época. Por isso, naquele ano, ele se tornou um dos jogadores do momento, e a fama permitiu que a embaixada chilena soubesse de sua existência. Um telegrama saiu de Londres para Santiago. Logo depois, Robledo recebeu uma oferta para defender o Chile na Copa do Mundo do Brasil.

Mesmo com passaporte britânico, George aceitou jogar pela seleção da terra de seu pai, a quem pôde conhecer pessoalmente durante a preparação para o Mundial, em Santiago. Foi o único dos irmãos a vê-lo vivo, pois morreu pouco tempo depois. Robledo, rapidamente batizado Jorge pela imprensa, chegou à capital chilena sem entender quase nada do que lhe diziam. "Ele andava com um tradutor. Depois começou a entender palavras, mas no início só compreendíamos seus gritos indicando que chutássemos", contou Muñoz. Os companheiros de seleção começaram a fazer piadas com seus gritos de *shoot*, mas ele se fazia respeitar. "Era um craque", acrescentou o ex-colega.

A chegada de Robledo ajudou Bucciardi a trabalhar novos conceitos de jogo. O técnico sabia que ingleses e espanhóis praticavam um futebol mais físico do que os chilenos e treinou muito as divididas com o ombro, legais na Europa. Mas ele também pediu aos jogadores que não dessem entradas por trás, o que era permitido no Chile, mas não pelos árbitros da Fifa. Durante aquelas semanas, os chilenos trabalharam duro em aspectos defensivos, adotando ideias europeias. Antes de partir para o Brasil, disputaram três amistosos. Contra um combinado local, no qual Robledo brilhou, contra a Universidad Católica e diante do Colo-Colo, partida que terminou em derrota e briga entre os jogadores. "Platko estava treinando novamente o Colo-Colo e tomou aquilo como algo pessoal, pois tinha sido demitido da seleção. No final do jogo, os torcedores do clube o carregaram nos ombros para deixar claro que o queriam como técnico", lembrou Muñoz.

O Chile chegou ao Rio de Janeiro algumas semanas antes da estreia contra os ingleses. Muitos dos jogadores conheciam a cidade por causa do Campeonato Sul-Americano de 1949. "Algumas noites, os veteranos saíam sorrateiramente e, na volta, nos contavam que tinham estado com mulheres", contou com um sorriso no rosto Muñoz. George não era desses. "Ele era um sujeito muito profissional. Chegava no vestiário e tomava banho de água fria em pleno inverno. Se o treinamento fosse suspenso, o Gringo iria de qualquer forma por conta própria. Vinha com todo o ímpeto do futebol inglês", lembrou o goleiro Sergio Livingstone sobre Robledo, o jogador com dois nomes: na seleção era Jorge, no Newcastle, George. Tinha também os seus apelidos: na Inglaterra o chamavam de Pancho, no Chile, de Gringo.

O Chile fez sua estreia no Maracanã. Era a segunda partida oficial no estádio e os operários ainda estavam trabalhando nos túneis dos vestiários. "Naquela época, jogar num campo tão grande não era normal. Ficamos impressionados. Os espectadores pareciam tão distantes, tão pequenininhos", brincou Muñoz. Contra um dos favoritos ao título, os chilenos fizeram um bom jogo, mas desperdiçaram suas chances e perderam por 2 × 0 para a Inglaterra. Muñoz sempre suspeitou que Robledo não quis anotar um gol contra os ingleses porque sentia que era um deles. "Eu o vi jogar por muitos anos. Talvez algo não o tenha deixado marcar um gol. Ele era meio inglês, então nem nos entendia." Naquele dia, Robledo conversou animadamente com seus companheiros da liga inglesa e os visitou em seu hotel. Muitos chilenos olharam torto para ele por isso, mas suas atuações contra Espanha e Estados Unidos o ajudaram a limpar seu nome.

"Tínhamos um bom time, mas sofríamos para fazer gols. Contra a Espanha, finalizamos mais do que eles. Tivemos chances cara a cara com Ramallets. E desperdiçamos. Zarra teve uma, e a aproveitou", contou Muñoz. O Chile perdeu a segunda partida, novamente por 2 × 0, e foi eliminado. Mais uma vez, o goleiro adversário brilhou. Ramallets deixou o jogo com o apelido de *El Gato de Maracanã* por suas defesas nos chutes de Robledo e Muñoz, que deixaram o campo de cabeça baixa.

A redenção veio no último jogo, contra os Estados Unidos, no estádio da Ilha do Retiro, no Recife. "O lugar era maravilhoso, com as palmeiras, a praia... Encontramos os norte-americanos um dia antes, passeando. Estavam usando paletós muito elegantes, tirando fotos. As crianças iam atrás deles, não de nós", lembrou Muñoz. Os Estados Unidos haviam acabado de derrotar os ingleses e ainda tinham chance de ir para o quadrangular final. O Chile, não, mas ainda assim venceu por 5 × 2. "Robledo fez uma partida maravilhosa. Ele deixou os gringos malucos."

Foi uma espécie de vingança de um garoto meio-inglês contra a equipe que havia humilhado a Inglaterra. Durante a partida, Robledo não parava de trocar insultos com os adversários. "Falava inglês como eles e nós não entendíamos nada. Depois perguntamos o que estavam dizendo, mas ele ainda não falava bem espanhol e não nos entendíamos", recordou Muñoz aos risos.

Robledo voltou à Inglaterra depois da Copa do Mundo com um par de chuteiras brasileiras, mais leves do que as europeias. Embora alguns jogadores ingleses — como Stanley Matthews — também tenham comprado algumas, seus companheiros de time zombaram dos calçados. Com Robledo e suas chuteiras leves, o Newcastle se tornou o time do momento. George marcou 32 gols numa única temporada, e o clube venceu as edições de 1950/51 e 1951/52 da Copa da Inglaterra, em Wembley. Na segunda final, ele jogou com seu irmão Ted no time titular. O Newcastle ganhou por 1 × 0, e George marcou o único gol contra o Arsenal. Aquela foi uma das imagens do ano. Tanto que um garoto de Liverpool chamado John Lennon desenhou o momento do gol de George em seu caderno. Anos mais tarde, usaria o desenho para ilustrar a capa de seu álbum *Walls and Bridges*.

Em 1953, o Colo-Colo fez uma proposta para que os irmãos Robledo voltassem ao Chile. "Ofereceram mais dinheiro do que poderiam ganhar na Inglaterra em muitos anos. O clube comprou uma casa para a família e pagou a passagem deles", lembrou Walter, que viajou com os dois irmãos e a mãe para Santiago. "A chegada de George foi espetacular. Ele estreou contra a Universidad de Chile e seu estilo conquistou todos. Tínhamos um time maravilhoso, e ele nos ajudou muito com o que nos contou sobre como se treinava na Inglaterra", recordou Muñoz, que compartilhou o vestiário com o Gringo. Em 1955, o Chile ficou a um passo de ganhar a Copa América, perdendo a final para a Argentina. Muñoz e os irmãos Robledo atuaram naquela partida.

Depois seus caminhos se separaram. George jogou no O'Higgins, foi treinador e acabou sendo também professor numa escola inglesa em Viña del Mar. Em 1962, participou da organização da Copa do Mundo do Chile, acompanhando a seleção da Inglaterra. O destino de Ted foi dramático e misterioso. Ele casou com uma bailarina famosa e mais tarde voltou para o Reino Unido, onde fracassou no Notts County. Seu casamento foi um desastre e acabou trabalhando numa empresa petrolífera britânica no Golfo Pérsico. Em 1970, embarcou num petroleiro em Dubai e desapareceu em alto mar. O capitão do navio foi julgado por supostamente tê-lo atirado para fora da embarcação, mas terminou absolvido por falta de provas. Nunca se soube o que aconteceu ou as razões da suposta briga, nem seu corpo foi encontrado. George morreu em 1989, aos 63 anos, e a imprensa chilena dedicou páginas inteiras a ele. Já a inglesa, nem uma única linha.

Manuel "Colo-Colo" Muñoz vive com sua esposa em Arica e é o único sobrevivente da seleção chilena que teve a oportunidade de enfrentar os ingleses no Maracanã. Muñoz ainda se lembra das chances perdidas por Jorge. Ou George.

12

ANTONIO PUCHADES

Graças aos campos de arroz, você triunfará nos campos de futebol.
Luis Casas Pasarín, técnico de Puchades no Valencia

Em Sueca, nunca haviam visto um televisor. Até então, a rádio ligava o vilarejo ao mundo e, nos dias de jogos importantes, as pessoas levavam os aparelhos às janelas para que os vizinhos se reunissem nas ruas. Assim, logo após o retorno de Antonio Puchades a Sueca, a televisão que trouxe consigo na bagagem acabou eclipsando o próprio jogador. "Tonico" Puchades voltou da Copa do Mundo como um herói, e não apenas pelas façanhas em campo. Foi lá, no Rio de Janeiro, que comprou aquele negócio movido a pilhas. Durante anos, gerações de vizinhos se reuniram em torno do aparelho para acompanhar partidas de futebol. Em muitas delas, viram seu compadre dando tudo de si.

Puchades tinha a testa e as mãos desgastadas de quem passou metade da vida torrando sob o sol nos campos de arroz. Em sua casa, essa era a tradição. Ele nunca se esqueceu, e cuidou de corpo e alma das terras da família. Costumava presentear os companheiros de seleção com sacos de arroz. Quando retornou do Mundial como uma estrela, sua mãe ainda o chamava de "*xiquet.*"[1]

O melhor meia-esquerda da Copa do Mundo no Brasil nasceu em uma casa na rua Bernat i Baldoví, em Sueca, onde antigamente os cavalos

---

1 "Menininho", em catalão.

conviviam com os camponeses. Seus pais transmitiram-lhe o amor pela terra, e Tonico, como era conhecido por todos, sempre manteve raízes no local. Entre viagens ao redor do mundo, voltava para conversar horas e horas com sua *mareta*,[2] pescar ou transformar a elaboração de uma *paella* numa forma de arte.

Com o dinheiro que ganhou no Valencia, seus pais compraram uma casa na rua Sequial, em Sueca, onde a mãe, Elodia, expulsava como podia as admiradoras que chegavam desejando conhecer um dos atletas mais batalhadores do futebol espanhol na época. O pai, Bernardo, um sossegado camponês de sábias palavras, saía elegantemente de casa e se dirigia aos campos de arroz. Ele se definia como um "*arroser de Sueca amb un fill que juga amb el baló*", em outras palavras, um arrozeiro com um filho que joga bola. Bernardo demorou a aceitar que o futuro de Tonico não seria ao seu lado. Ele pedia ao filho que desistisse do esporte e se concentrasse em suas tarefas. "Minha irmã me jogava o uniforme pela janela. Só o que eu sabia fazer era gastar as chuteiras. Um desastre", admitiu Tonico.

Puchades impressionou o público brasileiro com sua personalidade, enquanto seu pai, orgulhoso, escutava o rádio e comprava todos os jornais. "O melhor da seleção em campo foi o valenciano Puchades, cuja presença foi suficiente para manter os adversários distantes e de ajuda inestimável no ataque", publicou o *Marca* depois da partida da Espanha contra os Estados Unidos. Bernardo recortou a página e a guardou. No fim da Copa do Mundo, tinha completado um álbum inteiro.

No Brasil, Puchades teve que marcar alguns dos melhores jogadores do mundo, como o brasileiro Zizinho, o inglês Mortensen e o uruguaio Ghiggia. Nada assustava Tonico. Se ele caía, levantava-se na hora; se o adversário era técnico, fixava seus olhos enlouquecidos na bola e se concentrava; se o rival entrava duro, entrava mais duro ainda; se chovia, ele sorria e se lembrava dos campos de arroz da sua *terreta*.[3] No Brasil, Puchades deixou a alma em cada bola.

Tonico era um lutador nato que se apaixonou pelo futebol no pátio do colégio. Foi amor à primeira vista. Com 18 anos, foi escalado como primeiro volante no Sueca, com o qual ganhou o campeonato regional e subiu para a terceira divisão. A cidade comemorou em grande estilo, e Tonico,

---

2 "Mãezinha", em catalão.

3 "Terrinha", em catalão.

emocionado, chorou. Com esta idade, subir à *tercera* era um sonho tornado realidade. Nesse mesmo ano, o Sueca, como campeão regional, participou da Copa Federación e chegou à final, disputada no estádio Metropolitano de Madri. O rival era o histórico Alavés. Entretanto, pouco antes, Tonico havia sido recrutado e designado ao corpo de artilharia em Cartagena para prestar serviço militar. Teve que se virar para conseguir um favor do seu superior e alguns amigos o enfiaram no carro para levá-lo a Madri, onde jogou aquela decisão diante de metade do vilarejo de Sueca, que viajara à capital para acompanhá-lo. O Alavés acabou ganhando por 3 × 2 na prorrogação. Era 20 de junho de 1946. Ninguém imaginava que três meses depois ele faria sua estreia na primeira divisão.

A grande atuação de Puchades contra o Alavés lhe valeu uma transferência para o Valencia. Depois de alguns amistosos e de conseguir a permissão do Exército para que fosse enviado à cidade banhada pelo rio Túria, em setembro estreava na primera, em Vigo. O Valencia ganhou por 2 × 1, e Puchades foi elogiado pela boa marcação sobre o artilheiro dos donos da casa, Pahiño. Choveu naquele dia e o campo estava lamacento. "Prometeram que eu jogaria se chovesse e passei a noite inteira esperando ouvir trovões", recordou ele. O grande Tonico gostava das partidas com chuva; sentia-se em casa por ser filho de arrozeiros. "E, como tal, tenho que andar no meio da água com a lama chegando acima dos meus tornozelos. Tenho os pés largos, adequados para este tipo de superfície. O solo dos campos de arroz é mais escorregadio e deslizante. Um campo de futebol, mesmo que esteja coberto de água, não te faz escorregar", disse Puchades a Pasarín, o técnico do Valencia em 1946. O treinador escutava sem entender muito bem aquele jovem, que se destacou pela capacidade de terminar os jogos em campos lamacentos com a camisa limpa.

Naquela temporada, Puchades dividiu quarto com o goleiro basco Ignacio Eizaguirre, com quem viajaria quatro anos mais tarde para a Copa do Mundo. Eizaguirre cuidou dele como se fosse um filho e, no dia da sua estreia na primeira divisão, levou-o ao restaurante El Mosquito de Vigo para comer frutos do mar. Depois, em campo, era Tonico quem dava a vida protegendo a meta do goleiro nascido em Donostia. As coisas até que não correram mal para os dois, já que na temporada de 1946/47 o Valencia ganhou a liga espanhola.

Pouco a pouco, Puchades se tornava um nome conhecido em toda a Espanha. Foram os anos dourados do clube valenciano, com a vitória na

Copa do Rei de 1948/49, graças ao talento de jogadores como Mundo, Epi e Pasieguito. Em 1948, o selecionador Guillermo Eizaguirre chamou Tonico para participar de alguns treinos da seleção em Madri, embora o jogador de Sueca tenha chegado tarde, pois não puderam encontrá-lo: ao que parece estava no campo, ajudando seus pais. "Eu era lavrador e trabalhei muito com meu pai e meus irmãos, mesmo depois que comecei a jogar profissionalmente", afirmava ele com orgulho.

Finalmente, em 1949, fez sua estreia com a seleção principal, num amistoso contra Portugal. Foi sua primeira viagem ao exterior. Depois vieram os jogos em Dublin e Paris. A Espanha venceu por 4 × 1 os irlandeses e por 5 × 1 os franceses. A euforia foi tanta que os jogadores carregaram nos ombros o técnico Benito Díaz. Quando Puchades voltou para casa, deparou-se com as varandas enfeitadas com bandeiras, como em um dia de festa. Centenas de pessoas o receberam, levaram-no até a prefeitura, fizeram com que realizasse uma oferenda para a Mare de Déu de Sales, a santa padroeira local, e ele desfilou pela cidade. E tudo isso por causa de dois simples amistosos.

De repente, Tonico sabia que tinha chances de ir para a Copa do Mundo. Por isso, na temporada 1949/50, deu tudo de si. O Valencia terminou no terceiro lugar na liga espanhola e chegou às semifinais da Copa do Rei. Nessa edição da Copa, o Valencia disputou um dos confrontos mais épicos da história do torneio. Perdeu por 5 × 1 do Athletic no San Mamés, mas no jogo de volta das semifinais, o Valencia arrancou um 6 × 2. Como o gol fora de casa não era critério de desempate na época, foram para a prorrogação. Os dois tempos de quinze minutos terminaram sem gols. De acordo com o regulamento, deveriam jogar outro terceiro tempo de quinze minutos com "gol de ouro". Quem marcasse se classificaria. No fim das contas, Gaínza marcou para o Athletic, que se classificou com o placar agregado de 8 × 7. Foi uma partida memorável, com um Puchades gigante que acabou devastado com a derrota.

Pouco tempo depois, ele foi convocado para os dois jogos que dariam a classificação à Copa do Mundo. A Espanha goleou Portugal por 5 × 1 e empatou em Lisboa. Nas arquibancadas, o técnico da seleção brasileira, Flávio Costa, de viagem pela Europa para analisar os adversários, o descreveu como um jogador "com disposição, mas sem classe". O valenciano foi elogiado pela imprensa portuguesa, que chegou a escrever que ele tinha o caráter de "um verdadeiro *gentleman* britânico com a força temperamental do espanhol mediterrâneo", um temperamento que desaparecia quando, no meio de um voo de avião, havia turbulência. Na viagem para o Brasil, Puchades entrou em pânico: "Ficamos apavorados e prometemos que, se chegássemos a salvo, faríamos uma missa para a *Virgen de los Desamparados* na semana seguinte. Ninguém faltou", lembrou ele mais tarde.

O espanhol sofreu demais em sua primeira viagem fora da Europa. "Fazia muito calor. Eu perdia peso porque não comia bem e vomitava o tempo todo. Em uma partida, podia perder até três quilos, embora dois dias depois pudesse recuperá-los. Então, só comi *paella*, porque se comesse outra coisa, a barriga desandava. Eu discuti muito com o médico, mas no fim ele concordou. Era *paella* enlatada. Não era muito boa, mas servia."

Tonico foi um dos três únicos da seleção a jogar todas as partidas no Brasil. Os outros foram Zarra e Basora. Depois de vencer os Estados Unidos por 3 × 1 e os chilenos por 2 × 0, a Espanha encarou os ingleses pela classificação. Puchades teve que marcar Mortensen, considerado um dos melhores do mundo na época. Benito Díaz, o técnico espanhol, disse ao seu comandado antes do jogo que, se conseguisse anular Mortensen, a Espanha ganharia. Deu certo para o bom e velho Tonico. "Disseram que foi um dos melhores jogos da minha carreira", lembrava Puchades, que comprou muitos cartões postais e fotos do Maracanã para poder mostrar a seus vizinhos o tamanho do colossal estádio. Pedro Escartín, membro da Fifa, depois de colocar um ponto final na sua trajetória como árbitro, assistiu ao duelo com os ingleses e, em seu livro *Así fue lo de Brasil*, escreveu que Puchades "jogou como os próprios anjos. Formidável! Ele tinha à sua frente Mortensen, o armador da equipe inglesa, seu cérebro e principal jogador. Não lhe deu liberdade alguma e chegou a anulá-lo completamente".

A Espanha venceu por 1 × 0 e avançou para o quadrangular final. Começou com um empate por 2 × 2 com os uruguaios e depois perdeu por 6 × 1 para os brasileiros, além da derrota por 3 × 1 contra os suecos. Puchades, admitiu que, contra os anfitriões, não viram nem a cor da bola, apesar de Zizinho afirmar que ficou impressionado com o valenciano. "Nunca fui marcado por alguém com a segurança, a tenacidade e a nobreza de Puchades. No Brasil, se ele estivesse livre de compromissos, poderia ter assinado um contrato fabuloso", contou anos depois, quando jogou com o Bangu no estádio Mestalla. Mas, naquele dia de 1950, Zizinho deixou o seu e o Brasil ganhou. A Espanha já não podia mais conquistar a Copa do Mundo.

Puchades sempre considerou que a seleção chegou cansada demais após uma temporada exigente dos clubes na Copa e na Liga. Ramallets achava o mesmo: "A gente sentiu a longa temporada, o que reduziu muito nossas chances. Também fazia muito calor. Para treinar, éramos enviados a um campo militar. O Brasil não oferecia boas condições. Embora você visse campos novos no Rio, alguns outros pareciam uma várzea. Tudo isso contribuiu para o fato de que o desempenho não fosse o ideal e necessário."

Além disso, alguns atletas se machucaram ou não renderam o esperado. A Espanha jogou as partidas importantes com dois catalães de pouca experiência internacional: o goleiro Ramallets e o defensor José Parra. Reservas contra os Estados Unidos, eles estrearam contra o Chile jogando em um nível muito alto. O defensor do Espanyol, nascido em Blanes, filho de murcianos, deu o máximo na zaga, formada com Alonso e Gonzalvo II, mas sucumbiram contra o Brasil. Curiosamente, Puchades, Parra e Ramallets, que estavam entre os melhores jogadores da Espanha no torneio, somavam apenas dez jogos oficiais com a seleção antes da Copa do Mundo. No final, acabaram entrando na seleção dos melhores do Mundial. Ou, pelo menos, em algumas versões dela, pois são várias diferentes, dependendo do jornal brasileiro consultado. "Eu era um jogador muito forte, mas não acho que tenha sido para tanto", dizia Puchades.

A Espanha terminou o périplo brasileiro perdendo para os suecos, em São Paulo, no mesmo 16 de julho em que o Uruguai conquistou a taça diante do Brasil. Puchades, com o tempo, exagerava ao falar sobre os detalhes daquele dia, chegando a afirmar que "a equipe uruguaia ficou trancada nos vestiários depois da partida. Havia muitas pessoas com pistolas e fuzis que queriam pegá-los. As pessoas no Rio não podiam tolerar o fato de que o título lhes tivesse sido tomado. Ainda bem que havia cem ou duzentos policiais para detê-los". Na verdade, nenhum brasileiro ou uruguaio se lembra de qualquer ato hostil contra os campeões. Tonico não estava lá, pois jogara no Pacaembu na mesma data. O que ele de fato pôde constatar foi a dor do povo brasileiro. "Havia uma febre nacional no Brasil. Eles se sentiam campeões. Quando nosso avião se aproximava do Rio de Janeiro, não vimos luzes, nem ouvimos barulhos. Parecia uma cidade fantasma. Houve trinta mortos, choro coletivo e luto nacional." Também não há registro dos trinta mortos, apesar de alguns jornais publicarem que foram mais de duzentos.

Puchades, que na década de 1960 se tornaria vereador no conselho municipal da sua querida Sueca, aposentou-se do futebol em 1958, sofrendo com dores nas costas. Na época, chegou a explicar numa entrevista ao jornal *Las Provincias* as causas do incômodo que o levara a pendurar as chuteiras: "Foi tudo porque uma vez eu estava com Wilkes, meu companheiro de equipe no Valencia, e sua esposa numa ilha havaiana, e nesses lugares faz muito calor. Mas uma noite esfriou e eu peguei um frio nas costas que me causou dores terríveis. Eu não conseguia me livrar delas. Os médicos disseram que se operassem minha perna e removessem um osso a dor desapareceria, mas eu disse '*Alto la botifarra!*'".[4] Puchades, que sempre se divertiu nos campos enlameados e nos campos de arroz, só foi sentir frio numa ilha do Havaí.

4 Expressão que mescla o catalão com o espanhol e significa algo como: "Alto lá, não me toquem!".

13

JUAN LÓPEZ

Juancito é um bom sujeito, mas desta vez está errado.
Obdulio Varela

No dia 19 de julho de 1950, Juan López Fontana chegou à porta da empresa Carrau y Compañía. Ele era o encarregado do controle de mercadorias. Seu turno começava às sete da manhã e os companheiros de trabalho o esperavam. López baixou a cabeça, sorriu timidamente e se preparou para um dia nada comum.

Terminava naquela data a licença que a empresa lhe havia concedido para que pudesse faltar ao trabalho e se dedicar à sua paixão: o futebol. Juan tinha sido jogador quando jovem e, de forma mais ou menos amadora, passara a treinar equipes. No entanto, o destino tinha uma surpresa reservada para ele: por uma série de intrincadas coincidências, este modesto treinador que passava as manhãs verificando mercadorias numa fábrica em Montevidéu foi escolhido para comandar o Uruguai na Copa do Mundo do Brasil. López tomou conhecimento disso alguns dias antes do torneio. De repente, ficou famoso. Em um mês, deixou de ser um trabalhador desconhecido para se tornar o responsável pela seleção campeã do mundo. Apesar de tudo, naquele dia 19 de julho, ele voltou ao trabalho; pontual, como sempre. Não fazia nem uma semana do Maracanazo.

"Juancito" López era um homem do futebol, e no futebol uruguaio todo mundo se conhece. De origem humilde, ele iniciou sua trajetória no Club Cerro, onde era jogador e também responsável pelos primeiros socorros, pois costumava ser reserva. No campo do Cerro, passou muitas horas ao lado de Alberto Supicci, o técnico que conquistara a Copa do Mundo de 1930 pelo Uruguai. Nem nos sonhos mais loucos poderia imaginar que seguiria seus passos. O Uruguai é um país pequeno, e ali estavam, juntos, os dois futuros treinadores campeões mundiais; López com um kit de primeiros socorros a seus pés, sentado num banco de madeira.

Supicci era professor de escola. A linha dura para manter sob controle os jovens travessos nas aulas de educação física valia também para domar o ego dos jogadores. Juancito López amava a autoridade e a paixão que Supicci exalava. Depois de pendurar as chuteiras, obteve a licença de treinador e conseguiu um cargo na seleção uruguaia no Campeonato Sul-Americano de 1947. Durou pouco. Em 1948, treinou o Racing, um clube de segundo escalão do país. Afável e generoso, Juan López ganhou a reputação de ser uma pessoa honesta numa época em que os atletas se organizavam para exigir melhorias em suas condições como futebolistas. Como recebiam pouco das equipes que defendiam, necessitavam de outros trabalhos temporários para pagar as contas. A impressão era que todo o dinheiro ficava nos escritórios dos dirigentes. O bom trato de López rendeu a ele certa reputação. Sua presença nas reuniões da Mutual, o sindicato dos jogadores — era um dos poucos treinadores que compareciam aos encontros —, permitiu o cultivo de várias novas amizades durante a terrível greve que paralisou e dividiu o futebol uruguaio na segunda metade da década de 1940. Como prova de reconhecimento, recebeu uma carteira de sócio honorário da Mutual.

O futebol uruguaio estava um caos. Durante a greve, Juancito López ficou do lado dos jogadores. Quando o movimento terminou, em 1949, o Uruguai começou a se preparar freneticamente para a Copa do Mundo no pior clima possível: os atletas odiavam os dirigentes, havia conflitos internos entre quem aderira e quem ficara fora da greve, e os times pressionavam para conseguir colocar na seleção um treinador que atendesse aos seus interesses. López observava os acontecimentos com preocupação. Em fevereiro de 1950, quando o país se candidatou para entrar no torneio, veio à tona o fato de que não teria que participar das Eliminatórias, pois os adversários do grupo, Equador e Peru, tinham desistido de buscar a vaga por razões econômicas e políticas. A disputa fronteiriça entre esses dois países, o alto custo da participação numa Copa do Mundo e as desavenças internas na federação peruana facilitaram a vida do Uruguai. Nesse mesmo mês, a Associação Uruguaia de Futebol, de acordo com o procedimento da época, nomeou uma comissão de quatro membros para escolher o treinador: Julio César de Gregorio, um dirigente do clube Sud América; Juan Jacobo, do Peñarol; Américo Gil, do River Plate; e Manuel Magariños. José Nasazzi, campeão da Copa do Mundo de 1930, e Antonio Campolo os aconselhariam. No entanto, essa comissão nascia marcada pela polêmica ausência de qualquer dirigente do outro gigante do futebol uruguaio, o Nacional.

O Uruguai viveu alguns meses de loucura em busca de um comandante. Enquanto isso, Juancito López trabalhava na fábrica e ficava a par das notícias por meio da imprensa. O Peñarol, time do momento, propunha como técnico o húngaro Emérico Hirsch, artífice do time de 1949 conhecido como "La Máquina", grande campeão do futebol uruguaio. O Nacional, claro, era contra. Ainda sem treinador, a associação convocou 35 jogadores para começar os treinamentos, incluindo o que era considerado o melhor atacante da época, Walter Gómez. O problema era que Gómez cumpria suspensão por ter agredido um árbitro e estava negociando sua saída do Nacional para o futebol argentino. Apesar de tudo, ele começou o período de treinos com o grupo.

No dia 6 de março, a candidatura de Hirsch ainda estava bloqueada. Dois vencedores da Copa do Mundo de 1930 recusaram o convite: Pedro "El Vasco" Cea, que treinava o Racing, e José Nasazzi, que optou por permanecer como dirigente. Nesse mesmo dia, atracou em Montevidéu o navio a vapor *Conte Grande*, onde viajava Enrique Fernández, ex-jogador de sucesso no Nacional e no Independiente de Avellaneda. Fernández tinha acabado de deixar o comando do Barça, e o Nacional o indicou como treinador. A "guerra fria" entre Peñarol e Nacional se intensificou. Finalmente, no dia 15 de março, Fernández comandou dois treinamentos da equipe em preparação para o primeiro amistoso, disputado quatro dias depois contra o clube gaúcho Brasil de Pelotas diante de 16 mil torcedores. O Uruguai perdeu por 2 × 1.

Faltavam apenas alguns meses para o torneio e os problemas não acabavam. Walter Gómez confirmou que estava partindo para o River Plate da Argentina. Uma contratação que traria glórias para o jogador, apesar de tê-lo deixado fora da Copa do Mundo. A Associação Uruguaia tentou naturalizar o mais rápido possível Juan Hohberg, atacante argentino do Peñarol. Num amistoso disputado no interior do Uruguai, Óscar Míguez e Alcides Ghiggia foram testados pela primeira vez num esquema com o jovem Ghiggia jogando aberto. Nessa posição, ele marcaria o gol do Maracanazo.

No dia 21 de março, Juancito López esteve como espectador num amistoso entre Peñarol e Brasil de Pelotas, o time que havia derrotado a seleção. O time uruguaio goleou por 7 × 1, e os dirigentes do clube *carbonero* pressionaram novamente para que Hirsch fosse o técnico, enfatizando a goleada. O Nacional agiu às escondidas e conseguiu que a proposta fosse descartada, mas Fernández, ferido em seu orgulho, pediu demissão depois de declarar que não continuaria no cargo por estar farto de tanta intriga. Nem Hirsch, nem Fernández dirigiriam a seleção, mas se cruzariam nos maravilhosos duelos entre os dois grandes clubes do país na temporada 1950/51, com o Nacional surpreendendo ao vencer o campeonato contra todas as probabilidades, já que oito campeões do mundo jogavam no Peñarol.

Nos dias 7 e 9 de abril, dois meses e meio antes da Copa do Mundo, o Uruguai jogou dois amistosos no Chile sem os jogadores *carboneros*. O Professor Romeo Vázquez foi o encarregado de comandar a equipe em nome da comissão da seleção. Os uruguaios venceram a primeira partida por 5 × 1 e, na segunda, perderam por 2 × 1. No retorno, chegaram as notícias do sucesso do Peñarol numa excursão pelo sul do Brasil. A situação era insustentável a apenas sessenta dias do início do Mundial, e a Celeste teria que jogar duas vezes, nos dias 29 e 30 de abril, justamente contra os brasileiros na chamada Copa Rio Branco, troféu anualmente disputado contra os vizinhos.

Como presságio do que estava para acontecer, o Uruguai, ainda sem um treinador oficial, ganhou dos brasileiros por 4 × 3 poucas semanas antes da Copa, num confronto duro e muito disputado. "Minha primeira partida oficial", lembra Ghiggia. "Foi decisiva, porque depois, na Copa do Mundo, sabíamos que era possível vencê-los, e, além disso, conhecíamos eles." Essa viagem para o Brasil foi fundamental. O rival triunfou no segundo duelo, por 3 × 2, no Rio de Janeiro, e, no jogo de desempate, os donos da casa venceram novamente, desta vez por 1 × 0, no estádio do Vasco da Gama. A Copa Rio Branco acabou sendo conquistada pelo time brasileiro, mas estava plantada a semente da vitória uruguaia no Mundial.

Em um quarto do Hotel Luxor, no Rio, próximo ao canteiro de obras do Maracanã, dois veteranos da equipe, Obdulio Varela e Eusebio Ramón Tejera, reuniram-se com seus companheiros na tentativa de encontrar uma solução para a gritante ausência de um técnico competente. Circulavam rumores de que Segundo Villadóniga, um uruguaio que teve sucesso no Brasil, assumiria o cargo. Varela, a alma do Peñarol, e Tejera, capitão do Nacional, colocaram outro nome na mesa dos dirigentes: Juan López. Eles o conheceram durante a greve, quando o treinador conquistara a amizade de todos. No entanto, a 36 dias do início da Copa do Mundo, o Uruguai voltava para casa sem um comandante. Além disso, a Fifa anunciou que o argentino Hohberg não poderia defender a Celeste.

Ainda sem uma definição, o Fluminense viajou a Montevidéu para jogar dois amistosos, os últimos antes do grande evento. A equipe brasileira chegou com o treinador uruguaio Ondino Viera, e surgiram especulações de que ele seria o escolhido. Na primeira partida, o Uruguai, que atuou de forma lamentável, empatou por 1 × 1, e a imprensa, furiosa, atacou os cartolas por não terem sido capazes de encontrar o treinador. Finalmente, a pouco menos de um mês do início da Copa do Mundo, no dia 1º de junho, Juancito López foi escolhido como técnico pela Associação, numa decisão salomônica: nem a proposta do Peñarol, nem a do Nacional; a opção escolhida foi a dos jogadores. López não contava com o apoio dos dirigentes ou dos jornalistas, mas sim com o do plantel. Apesar disso, o Fluminense teve um início arrasador e abriu 3 × 0 na estreia do novo técnico. O Uruguai reagiu e buscou o 3 × 3, mas a imprensa crucificou Juancito. A aventura começava mal. Faltavam vinte dias para o início do torneio.

O Uruguai ficou concentrado nas instalações de Los Aromos durante quinze dias. Juancito começou a conversar com todos os jogadores, um por um, e com seu jeito afável conquistou a confiança deles. Após tantos problemas, o grupo se deparou com um sujeito com quem podiam conversar, que escutava e aceitava conselhos. "Partimos para o Brasil sem que ninguém acreditasse em nós, mas estávamos unidos e com bom ânimo. Juancito era um amor de pessoa; ele te escutava, ganhava tua confiança", afirmou Ghiggia.

Assim partiu a seleção uruguaia para o Rio de Janeiro, onde ficou concentrada alguns dias para conhecer o estádio do Maracanã. Antes de decolar, no aeroporto de Carrasco, o presidente da Mutual, Enrique Castro, pediu ao capitão Obdulio Varela que esquecesse a greve e os jogadores que não haviam aderido ao movimento. "Te peço que reúna todos em um quarto e ninguém saia sem apertar a mão dos outros." Em Montevidéu, a paz foi selada. No hotel Paysandu, no Rio, Varela viu que um dos que não haviam participado da greve, Matías González, estava bebendo uma cerveja sozinho. Furioso, chegou no colega e gritou: "Os uruguaios nunca bebem sozinhos!". González juntou-se ao grupo. Entrou para a história como "o leão do Maracanã". A estreia veio alguns dias depois, em Belo Horizonte, e os uruguaios massacraram os bolivianos por 8 × 0. O resto é história.

A sorte sorriu para o Uruguai no sorteio, pois os *charrúas* tiveram que jogar apenas uma partida para alcançar a fase final. A segunda foi contra a Espanha, em São Paulo, e o Uruguai sofreu muito. No intervalo, perdia por 2 × 1, e Obdulio Varela estava louco porque Luis Molowny fazia o que queria em campo. López teve uma conversa com Obdulio e mudou a posição de alguns jogadores para estancar os vazamentos que ameaçavam afundar o navio. Com mais raça do que bom futebol, o Uruguai buscou o empate. Para a segunda partida do quadrangular final, contra os suecos, o treinador fez mudanças na equipe. Aníbal Paz no gol para substituir Roque Máspoli, que estava com problemas físicos, e Schubert Gambetta no lugar de Juan Carlos González na defesa. A imprensa uruguaia não entendeu muito bem essa estratégia, pois considerava-se que os escandinavos, goleados pelo Brasil (7 × 1), eram um tanto inofensivos. Lopez, porém, tinha razão. A Suécia foi para cima e terminou o primeiro tempo ganhando por 2 × 1. Mais uma vez, era hora de um discurso motivacional no intervalo, mudar alguns detalhes e confiar no coração do time.

Míguez, com dois gols (o segundo aos 41 do segundo tempo), selou a virada que permitiria chegar ao último jogo com possibilidades. No final da partida, Julio Pérez, que havia feito uma etapa final maravilhosa, tirou a camisa e a beijou loucamente. "Um gesto digno de ser lembrado e que reflete o amor pelas cores do seu país", escreveu o jornal brasileiro *Crônica*. No vestiário, Varela também tirou a camisa e, como de costume, dobrou a peça e colocou-a sobre uma cadeira. Suja, mas bem arrumada. Era regra naquela equipe que a camisa celeste nunca fosse jogada no chão, como um pano sujo, mesmo que às vezes virasse praticamente isso.

O Uruguai voou até o Rio de Janeiro para disputar a última partida, mas López teve que lidar com outro problema: Julio Pérez se recusava a tomar o avião, pois havia ficado muito assustado num voo anterior entre São Paulo e Belo Horizonte. Sendo assim, após convencer os dirigentes, ele permitiu que quatro jogadores, Pérez, Míguez, Burgueño e Romero, viajassem de trem. Juancito, em um gesto que os quatro agradeceram, acompanhou-os. À noite, os atletas se trancaram em seu compartimento com uma garrafa de cachaça. López passou a viagem sozinho, ouvindo sua cantoria embriagada.

Na véspera do jogo contra os brasileiros, o treinador falou à imprensa local e não escondeu o esquema de jogo. "Os números 4 e 6, Gambetta e Rodríguez Andrade, marcam os pontas. O 2, Matías González, joga na zaga pela direita e marca o centroavante. E os números 5 e 3, Obdulio Varela e Tejera, volante e zagueiro pela esquerda, vigiam os meias esquerda e direita, respectivamente." López jogava com o esquema "WM", numa espécie de M defensivo, e um ataque com Julio Pérez, talvez o melhor jogador da equipe, e Schiaffino recuados, ligando-se a Varela e Tejera para formar o quadrado mágico que é o princípio regente do "WM". O Uruguai não escondeu suas cartas. O Brasil, que confiava no próprio talento, não prestou atenção a uma tática já amplamente conhecida, sem segredos. Entretanto, a arma da Celeste era outra e não tão óbvia: o caráter. "Os uruguaios não temem nem a Deus, nem ao diabo", admitiu um jornalista brasileiro após o torneio.

Ainda na véspera do jogo, Míguez, Máspoli e Julio Pérez, acompanhados por Jacobo, um dos dirigentes da associação, foram cortar o cabelo. Enquanto esperavam pela sua vez, Jacobo disse que, se perdessem por três gols de diferença, já seria uma conquista. Máspoli teve que ser contido pelos colegas, não podia aceitar um prognóstico tão miserável: "Um! Eles vão fazer no máximo um!" De volta ao hotel, comentaram o ocorrido com López, que também se irritou. "Não se preocupe, Juan, para mim é um jogo qualquer. Vou jogá-lo como todos os outros", gritou Míguez, que, como dizia o técnico Hugo Bagnulo, tinha o costume de olhar para o goleiro adversário e pensar: "Será que você não é capaz de marcar dois gols num sujeito com essa cara de bobo?"

No dia da partida, o Uruguai não alterou sua programação habitual. Pela manhã, López se reuniu com o preparador físico Vázquez e o dr. Pedemonte. Em seguida, uma conversa com os jogadores. "Para aquele jogo, ficou decidido que seguraríamos o ímpeto inicial do Brasil e só correríamos riscos depois, se pudéssemos", lembrou Ghiggia. Antes de deixarem o hotel, o garoto que limpava os quartos fez um sinal com a mão como se dissesse que eles iriam levar quatro gols. A imprensa brasileira chegou até a dar ao goleiro Máspoli uma gravação de como soavam os gols no Maracanã. Juancito telefonou para casa. Rezou. No Maracanã, eles esperaram duas horas no vestiário. López, usando uma blusa com o escudo da associação, não fez um discurso muito longo. Pediu organização defensiva e que evitassem a todo custo as expulsões, para conter a artilharia dos donos da casa e jogar as cartas que tinham no contra-ataque.

Quando Juancito entrou em campo, viu subir centenas de balões com a inscrição "Brasil campeão". Sem que percebesse, Varela dizia aos companheiros: "Juancito é um bom sujeito, mas desta vez está errado." O capitão não queria jogar fechado lá atrás. Duas horas depois, choravam nos braços um do outro. López enlouqueceu e ficou muito nervoso quando Ghiggia marcou o 2 × 1. Ele pediu que se retrancassem de qualquer maneira, mas Ghiggia insistiu em buscar o terceiro. Juancito não teve outra escolha senão chamar o único fotógrafo uruguaio que cobria o evento, Testoni, e pedir que perseguisse Ghiggia pela lateral para que ele obedecesse suas ordens.

Juancito soube estar à altura quando o jogo terminou e abraçou seus jogadores. Máspoli irrompeu em lágrimas agarrado às suas costas. López procurou os brasileiros e tentou cumprimentá-los. Em seguida, atendeu à imprensa. Entendeu que seu lugar nas comemorações era permanecer em segundo plano. "Se jogássemos cem vezes aquela partida, perderíamos 99 vezes", admitiu Obdulio. López também sabia que, se ganharam, foi em parte graças à sorte, e tentou deixar claro que "o mérito é dos garotos, que são fantásticos". Foi assim que o Uruguai voltou para casa: com os atletas orgulhosos, embora irritados com os dirigentes, algo habitual. Juan López ficou do lado dos jogadores, como sempre. Ele permaneceu no cargo até depois da Copa do Mundo de 1954.

No dia 7 de agosto de 1950, dois meses após a final do Maracanã, López chegou em casa depois de um dia difícil na fábrica. Pegou um papel, uma caneta e escreveu uma carta que estava na sua cabeça havia dias. Enviou ao técnico da seleção brasileira, Flávio Costa, que, pouco antes daquela partida, havia se candidatado a prefeito do Rio de Janeiro e proferido um discurso no qual afirmava que já eram campeões. Juancito, o homem que o derrotou, escreveu desejando sorte; tanto para ele como para os jogadores e o Brasil como um todo. Sentia-se parcialmente responsável por ter causado tanta dor ao povo brasileiro. Flávio Costa nunca respondeu à missiva.

14
CHARLIE COLOMBO

Ele aleijaria a própria avó.
Walter Bahr, meio-campista dos Estados Unidos em 1950

Charles Martin Colombo tinha rosto de boxeador e pinta de peso pesado. Era um sujeito corpulento, embora um pouco vagaroso nos movimentos, do tipo que se coloca no meio do ringue e distribui golpes sem "dançar"; do tipo que leva socos no corner com a guarda levantada. Como todo bom boxeador, Charlie falava demais. Seu papel era marcar o centroavante adversário. Tirá-lo do sério.

Ele foi o único jogador de linha em toda a Copa do Mundo que atuou com luvas. Aliás, também foi o único jogador de linha com luvas nas partidas das ligas amadoras, onde dava tudo de si a cada domingo em St. Louis. No Brasil, poucos goleiros usaram luvas. Mas Charlie, o sujeito em quem os ternos de linho não caíam exatamente como uma luva, sempre as usou. Era uma superstição, apesar de nunca ter explicado a história por trás disso. Eram umas velhas luvas de boxe feitas de couro, luvas de treinamento. Elas ainda podem ser vistas numa vitrine do Museu do Futebol Norte-Americano.

Charlie Colombo era aquele tipo de jogador que você gostaria de ter no seu time. Nunca como rival. Seus companheiros o chamavam de *Lefty* [Canhoto] ou *Gloves* [Luvas]. Eles o amavam. Era o primeiro a levantar a voz. O primeiro a entrar numa confusão. Era o tipo de sujeito com uniforme da Marinha que você encontraria enchendo a cara num bar pé-sujo, pronto para dar bofetadas, mas nunca o tipo que alguém esperaria encontrar em campo numa Copa do Mundo contra alguns dos jogadores mais famosos da época.

Mas Charlie não ligava para isso. Era um jogador nato.

Os Estados Unidos, com uma equipe formada por trabalhadores que nunca teriam sucesso na primeira divisão de qualquer liga europeia, chegaram ao Brasil pela porta dos fundos. A estreia era contra a Espanha. O prognóstico, bem claro. Na noite anterior ao jogo, porém, Colombo fez uma aposta com o goleiro reserva Gino Gard. Se o corpulento defensor conseguisse evitar que o centroavante espanhol marcasse um gol, Gard pagaria uma rodada para todo o time na mesma noite. Caso não conseguisse, Charlie pagaria. O atacante era ninguém menos do que Telmo Zarra.

Colombo foi a sombra de Zarra na estreia da Espanha na Copa, que aconteceu no estádio Durival Britto, em Curitiba. Agarrou-o pela camisa, deu entradas duras e o empurrou repetidas vezes. Mário Vianna, o árbitro brasileiro, deu carta branca, consciente da superioridade técnica dos espanhóis. "Eles nos desceram o sarrafo", recordou Estanislao Basora ao longo da vida.

Tentando lembrar insultos em espanhol e italiano, Charlie procurou tirar Zarra do sério. "*Stupido, stupido*", ofendia o norte-americano. Por sorte, Zarra não entendia tudo o que ele dizia — e repetia depois em inglês. Que a mãe dele era isso e aquilo, que ele era mais lento que um cadeirante, que a avó dele não sei o quê... E, de repente, Gino Pariani, amigo de infância de Charlie, surpreendeu todos quando, superando Eizaguirre, o goleiro espanhol, marcou o primeiro gol da partida. Aquele grupo de garotos americanos havia pulado na frente no placar contra uma equipe espanhola que era, a priori, muito superior. Tanto que, na véspera, Panizo, Gonzalvo II e o técnico Benito Díaz espiaram seus adversários em um treinamento e voltaram ao hotel alardeando como eram ruins. Durante o duelo, Panizo foi lembrado pelos próprios companheiros de suas palavras: "Eles não eram horríveis?" Os Estados Unidos estavam vencendo. A Espanha ficou nervosa e perdeu alguns gols feitos. "Nós mesmos dificultamos nossa vida. Tínhamos certeza de que iríamos ganhar e nada dava certo", lembrou Puchades. Zarra, muito sério, continuava fazendo seu trabalho, lutando com Colombo. O norte-americano sempre conseguia bloquear seus chutes no último segundo.

A partida se transformou num cerco, mas a defesa americana resistia às investidas. Os ianques, com sua linda e moderna camisa que tinha uma faixa atravessando o peito, resistiram aos ataques de uma Espanha clássica, ainda de camisa vermelha abotoada. Eram dois mundos opostos, frente a frente. Os norte-americanos mascando chicletes em roupas esportivas modernas. A Espanha, tradicional, embora superior no jogo. Pouco a pouco, o goleiro Borghi passou a ser bombardeado, ainda que Colombo estivesse sempre presente para dar uma mãozinha. Numa bola que quase escapou do alcance do arqueiro, Colombo deu uma pancada em Zarra, que estava indo em busca do rebote. O basco ficou no chão com sua sombra berrando injúrias supostamente vis. Pouco tempo depois, Hernández deu uma entrada no goleiro adversário, que acabou dentro de seu próprio gol. Colombo insultou o espanhol, agarrando-o pela camisa com suas luvas rudes, fazendo com que os botões saltassem.

A Espanha empatou aos 36 minutos do segundo tempo, com um gol de Igoa. Pouco depois, o castelo de cartas norte-americano desmoronou e Basora marcou o 2 × 1. Mas Zarra continuava sem deixar o seu. No último minuto, o atacante do Athletic deu uma finta e se descolou alguns centímetros do zagueiro que o vigiava de perto para finalizar de cabeça para o fundo das redes. Colombo, desesperado, tirou as luvas e as atirou no gramado. "*Maldito hijo de puta!*", gritou ele na língua de Cervantes. Zarra caminhou lentamente de volta para o centro do campo e, ao passar por Charlie, disse a alguns centímetros de seu rosto: "*Pa' tu madre*"[1] Colombo não respondeu. "O bom e velho Charlie insultava, batia e agredia, mas sabia apanhar. Ele não reclamava quando batiam nele", disse a seu respeito o companheiro de equipe Walter Bahr. Charlie sabia que Zarra tinha levado a melhor. Naquela noite, pagou a rodada.

"Não me lembro em quantos bares fomos naqueles dias. Acho que em uma só noite no Rio de Janeiro fomos em doze", contou uma vez o atacante Joe Gaetjens. Os norte-americanos passaram a Copa do Mundo inteira saindo à noite, antes e depois dos jogos. Colombo era um dos que mais bebia. E até que eles não se saíram mal. Ganharam uma partida e quase arruinaram a vida dos espanhóis. "Era uma questão de atitude e, se falamos de atitude, Charlie era o mais duro. Ele não queria perder. Ele aleijaria a própria avó para recuperar uma bola", comentava Walter Bahr. "É verdade que jogava no limite das regras, mas você precisava ver as pernas dele no banho. Estavam cheias de hematomas. Ele dava tudo para parar o atacante adversário", lembrou seu melhor amigo, Gino Pariani.

---

1 "Para sua mãe".

Gino e Charlie se conheceram no bairro de Dago Hill, em St. Louis, onde ambos cresceram. Seus pais também se conheciam. Eram modestos pedreiros de sangue italiano que não faziam nada além de trabalhar. "Meu pai, Giovanni Pariani, nascido em Castano Primo, perto de Milão, arrebentava as costas todos os dias. Eu só me lembro dele trabalhando", recordou Pariani. Ambos os meninos começaram a jogar nas ruas sem suspeitar que, um dia, acabariam jogando uma Copa do Mundo. Quando, no dia 17 de junho de 1950, embarcou num trem para Nova York com Charlie, Gino Pariani se despediu do filho, nascido apenas três dias antes. Ele tinha 22 anos e embarcava numa aventura, sem saber que seria o autor do primeiro gol da sua seleção naquele Mundial. "Jogávamos em campos onde, se reuníssemos 2 mil pessoas, já era um sucesso. E, no Brasil, fomos aplaudidos por 30 mil!", lembrou com entusiasmo. Os integrantes da espinha dorsal da equipe norte-americana se conheciam desde a infância. Cinco garotos de Dago Hill com sangue italiano, cinco jovens que se tornaram homens prematuramente por culpa da Segunda Guerra Mundial. Charlie serviu na Marinha. No porto de Seattle conheceu sua esposa, que em 1946 se mudou para St. Louis.

Pariani sempre defendeu Charlie. Eles jogaram futebol juntos por três décadas, embora tivessem se conhecido um bom tempo antes como adversários no campo de beisebol. "Não era agradável competir contra Charlie", brincava. "Uma vez ele ameaçou o árbitro por ter concedido um *strike* cujo lançamento não havia nem visto." Por muitos anos, Pariani, Wallace e Colombo jogaram num time chamado Joe Simpkinds Ford. Seu eterno rival em St. Louis era o Kutis Funeral Home, onde atuava outro herói de Belo Horizonte, Harry Keough, o único jogador de St. Louis que não era de Dago Hill.

St. Louis era a capital do futebol norte-americano, embora a sede da federação estivesse no 24º andar de um edifício no número 320 da Quinta Avenida de Nova York. Grande parte da equipe vinha da cidade de Missouri: seis jovens que ainda se lembravam daqueles dias com emoção porque, ao contrário dos garotos da Costa Leste, eles jogavam em grandes palcos com muito menos frequência. "O presidente da federação era um homem chamado Walter Giesler. Morava em St. Louis, por isso organizou os treinamentos da seleção na nossa cidade. É claro que ele mesmo tinha um voto na escolha dos jogadores, de modo que escolheu alguns da casa. Acho que foi por isso que entrei na lista", recordou Harry Keough. Pariani,

Frank "Pee Wee" Wallace e Colombo eram figurinhas carimbadas. Eram de St. Louis, quase todos do bairro italiano.

"Alguns de nós já tínhamos participado dos Jogos Olímpicos de Londres, que foram um desastre." No dia 2 de agosto de 1948, Colombo, Bahr e Souza jogaram a partida da primeira fase do torneio olímpico contra uma Itália formada por jovens inexperientes e sofreram um total de nove gols. Pariani foi reserva e não jogou, mas lembraria pelo resto da vida da preleção de Walter Giesler antes do jogo. "Se um adversário escapar, vocês gritam '*check*' antes de dar uma entrada nele, de acordo?" Os jogadores não sabiam do que ele estava falando. "É assim que se faz no hóquei de grama", argumentou Giesler. Antes de entrar em campo, os Estados Unidos já estavam perdendo. "Felizmente, Giesler aprendeu algo em Londres: que ele não era um bom treinador", lembrou Bahr. Curiosamente, em 1950, Giesler chegou a ocupar o cargo de presidente da federação.

Antes da partida de Belo Horizonte contra os ingleses, Colombo não apostou nada, ao contrário do jogo contra a Espanha. Teria que marcar Roy Bentley, um atacante robusto, duro e brigador: a combinação perfeita para ele, que não era um bom defensor. Gostava do corpo a corpo, da intimidação, mas era lento e confuso. Seus companheiros admitiram que, durante esse famoso duelo, deu mais de um soco nas costas de Bentley quando a bola estava longe. Também disparou algumas cusparadas nele. E mais: o inglês conseguia entender tudo o que proferia o extravagante jogador de luvas. Colombo repassou toda a árvore genealógica do seu adversário e toda a família real britânica. E Bentley não marcou. Para os britânicos tudo parecia irreal; a umidade, a vegetação, mas também o próprio estádio, tão feio e decadente, e sem arquibancadas nas laterais. "Desde o primeiro momento em que chegamos, foi como se tudo fosse uma fantasia, muito estranho", lembrou Tom Finney, uma das estrelas da Inglaterra. Para Colombo, tudo era completamente indiferente. Tinha alma de marinheiro. Não importava em que porto atracasse. Estava sempre bebendo, sempre brigando. "Ele foi o único que durante todo o jogo gritava que poderíamos vencer aqueles babacas. O resto de nós acreditou por alguns momentos que isso era possível", recordava Harry Keough sobre aquela lendária batalha futebolística. "Mas nos últimos minutos do jogo, como todo mundo, ele não aguentava mais. Os ingleses tocavam a bola e nós íamos atrás. Corremos tanto que a cara do Charlie ficou vermelha que nem a faixa na nossa camisa."

A maioria dos jogadores ingleses passou o período da guerra numa divisão especial para atletas de elite, longe da frente de batalha. O Exército norte-americano protegeu seus astros do beisebol e do futebol americano enviando-os para longe do front. Mas aqueles garotos que jogavam *soccer*, não. Eles conheceram as trincheiras. Eram filhos da geração que viveu a Crise de 1929 e lutou para seguir em frente. Sobreviveram a uma crise, a uma guerra e ao retorno da frente de batalha. Não tinham nada a temer em Belo Horizonte. Vinte e quatro horas antes de o Presidente Truman declarar guerra à Coreia, um grupo de ex-combatentes conseguiu vencer uma batalha num campo de futebol que quase nenhum jornal norte-americano noticiou.

"Durante os últimos minutos, Charlie, vendo que os ingleses estavam chegando cada vez mais, começou a dar algumas entradas que mais pareciam de rúgbi. Faltava pouco para o fim e Stan Mortensen escapou com a bola, penetrou na defesa e foi sozinho em direção ao gol. Charlie chegou como pôde e se jogou com os pés na frente. Atingiu o inglês logo abaixo dos joelhos, uma falta no limite da área. A Inglaterra pediu pênalti, mas o árbitro sinalizou 'fora'. O juiz conversou um pouco com Charlie. Achávamos que ele iria expulsá-lo. No entanto, apenas disse que aquela era a última. Então o jogo terminou", relembrou Bahr. Jimmy Mullen acabou batendo a falta a poucos metros do gol com um chute que Frank Borghi salvou milagrosamente. E os Estados Unidos venceram.

Apesar de os ingleses acreditarem que foram prejudicados pelo árbitro, o italiano Generoso Dattilo, eles aceitaram a derrota como cavalheiros. "Metade da nossa equipe sabia um pouco de italiano. Eu acho que ele gostou de nós", admitiu Bahr. No vestiário, Charlie brincou quando perguntaram o que Dattilo havia dito quando parecia que ia expulsá-lo. "Ele disse que foi uma entrada do caralho. E me disse em italiano", explicou Charlie, às gargalhadas.

Naquela noite, a festa foi selvagem. Primeiro, foram assistir a um jogo de basquete de um time universitário norte-americano em Belo Horizonte. A cidade inteira estava falando da façanha dos rapazes. Não pagaram bebida em nenhum dos bares onde pararam. Reza a lenda que Colombo recebeu uma proposta de um time brasileiro naquela mesma noite e a recusou.

Dois dias depois, os Estados Unidos levaram de 5 × 2 do Chile e foram eliminados. "Viajamos até Recife, que ficava muito longe, e aquele maldito calor acabou conosco", recordou Bahr. O melhor jogador chileno foi George

Robledo, de mãe inglesa e pai chileno, e criado na Inglaterra, onde defendia o Newcastle. Robledo não recuou diante das ameaças de Colombo; rebatia seus comentários com ironia. Pouco a pouco, foi minando as forças do norte-americano. "Charlie sofreu bastante", disse Walter Bahr. Robledo, mais rápido, acabou com o corpulento defensor, obrigando-o a correr muito e devolvendo os insultos com um sorriso. No final do jogo, Colombo desabou no vestiário e começou a chorar.

Naquela noite, o cônsul dos Estados Unidos convidou os garotos para um jantar na base naval. Charlie não esteve presente, incapaz de tirar aquele maldito chileno da cabeça. Ele podia aceitar ser derrotado em campo e ser vítima de escárnio, como tinha sido com Zarra, mas aquele chileno o humilhara desde o primeiro minuto. Charlie estava devastado.

De repente, durante o jantar, um grupo de marinheiros zombou dos jogadores. "E você, você é o goleiro desse time de merda? Foi em você que meteram cinco gols? Goleirinho, você é um perdedor", disseram a Borghi. A zombaria terminou numa aposta: uma partida de *softball* (uma versão do beisebol com menos jogadores e mais ritmo). "Acabamos com eles. Nem viram a cor da bola e tiveram que nos pagar muito dinheiro", lembrou Harry Keough. Charlie jogou como se fosse a final da Copa do Mundo. "Não parou de insultar os adversários o jogo inteiro. Tirou eles do sério."

Charlie foi para a cama com um maço de notas no bolso e um sorriso no rosto.

Assim era Charlie Colombo.

15
OTTORINO BARASSI

Me vi sozinho no meio da multidão, empurrado por todos os lados, com a taça em minhas mãos, sem saber o que fazer. Acabei encontrando o capitão uruguaio e lhe entreguei, quase às escondidas, a Copa.

Jules Rimet

Em 1940, estava prevista a realização do congresso da Fifa para designar a sede da Copa do Mundo de 1942. Alemanha, Argentina e Brasil haviam apresentado candidaturas, mas não se chegara a consenso algum no encontro anterior, em Paris, no ano de 1938. Ottorino Barassi, o representante italiano naquele congresso, recordava que era impossível fazer com que os alemães analisassem friamente a situação. Hitler queria receber o torneio, mas todos diziam que, depois de duas edições na Europa, era a vez da América. No entanto, brasileiros e argentinos também não entravam em acordo.

A Segunda Guerra Mundial já estava assolando a vida de milhares havia um ano. Barassi, no escritório da sua casa, pensava nas pessoas próximas a ele que lutavam na frente de batalha. Naquele ano não haveria congresso, nem se realizaria uma Copa do Mundo em 1942. Homem do futebol, Barassi sabia disso, mas outras ideias ferviam na sua cabeça. Ele desceu a rua em direção ao escritório central da Banca Italiana. Com sua chave, pediu para entrar na sala dos cofres e abriu o que estava em nome da Federação Italiana de Futebol, da qual era o secretário-geral. Ali, naquele cofre, Barassi verificou que a taça dos campeões do mundo permanecia intacta. Ao limpá-la, lembrou de quando a Itália a conquistou na França, em 1938, e do dia em que ele, como responsável da federação, a depositou no cofre, pois os italianos tinham a honra de guardar o troféu até a edição seguinte do torneio.

A guerra alterou tudo. Barassi, um homem prevenido, verificava mensalmente se a taça estava segura, até que decidiu tirá-la do banco e levá-la para casa. Esvaziou uma caixa de sapatos e colocou o troféu dentro, coberto de papéis e debaixo da cama. A esposa observava em silêncio. Barassi não disse nada; ela entendeu que aquilo era algo que ninguém deveria saber. Menos de dois anos depois, a Itália não era mais aliada de Hitler. Metade do país permaneceu sob o governo de Mussolini, que era leal aos alemães. A outra metade, que havia assumido a luta contra o fascismo, estava combatendo com os Aliados: uma verdadeira guerra civil. Os alemães, tentando saquear o maior número possível de obras de arte, foram ao Banco de Roma, onde pensavam que encontrariam a taça dourada da Copa do Mundo, mas não acharam nada.

No dia 1º de julho de 1946, Luxemburgo sediou a primeira reunião da Fifa depois da guerra, sem alemães e japoneses, que haviam sofrido sanções. A Itália, graças a uma reviravolta de última hora, foi tratada com mais benevolência, e Barassi viajou ao país. Em 1944, o governo liberal presidido por Ivanoe Bonomi, líder do Comitê de Libertação Nacional, reorganizou o esporte italiano e expurgou os fascistas. Giulio Onesti, o novo presidente do Comitê Olímpico, entregou a Barassi a direção da federação de futebol, entidade que presidiria de 1946 a 1958.

Barassi, com seus óculos redondos, sobrancelhas altas e cara de perpétuo ceticismo, soube navegar em tempos de águas turbulentas, ocupando cargos diretivos antes, durante e depois da Segunda Guerra Mundial. Filho de um militar napolitano, apaixonou-se pelo futebol em Cremona, para onde o pai fora enviado a um regimento de artilharia.

Barassi não era lá grande coisa quando jogava pelo Unitas. Como árbitro, foi correto; como dirigente, fantástico. Foi graças à sua capacidade de encontrar soluções que chegou ao congresso de Luxemburgo de 1946, onde o Brasil acabou designado para sediar a Copa do Mundo, com a ideia de que o torneio seria disputado em 1949 (descartada em setembro de 1947 devido à falta de tempo para que os estádios estivessem prontos). Barassi chegou ao congresso com a taça na mala. Colocou-a entre as roupas e a devolveu à Fifa. Para o dirigente italiano foi uma libertação, pois se lembrava perfeitamente do dia em que a *SS* visitou seu apartamento para interrogá-lo sobre o paradeiro do troféu. O comando nazista de Roma havia recebido a ordem de Berlim para que se obtivesse a taça a qualquer custo. Barassi disse que não podia ajudá-los porque, até onde sabia, os membros do Comitê Olímpico tinham levado o troféu para Milão. Revistaram o apartamento, mas não procuraram nas caixas de sapatos. Barassi se salvou e, com ele, a taça.

Em Luxemburgo, o único candidato era o Brasil. Divergências surgiram no congresso seguinte, realizado em Paris em janeiro de 1947, quando Sotero Cosme, um dos dirigentes brasileiros, anunciou que a organização pretendia modificar o sistema de disputa do torneio, com quatro grupos na primeira fase e um novo grupo de quatro equipes na fase final. A ideia desagradou ao presidente da Fifa, Jules Rimet, que respondeu desafiadoramente: "Esse sistema não é uma Copa. Vocês têm que organizar uma Copa e o que estão propondo não tem nada a ver com uma Copa". O Brasil argumentou que sua proposta significava mais partidas e, portanto, mais dinheiro (e o país precisava de dinheiro para pagar por suas construções faraônicas). Finalmente, no congresso de Londres, em 1948, a proposta brasileira foi autorizada, com Barassi defendendo o novo sistema.

No entanto, a primeira Copa do Mundo após a guerra parecia destinada ao fracasso. Primeiro, foi adiada de 1949 para 1950; depois, teve o formato alterado; e, finalmente, a Fifa descobriu, para sua consternação, que os trabalhos nos estádios, em especial a joia da coroa, o Maracanã, não estavam progredindo e comprometiam a data prevista de início. Sendo assim, Jules Rimet chamou Barassi e o encarregou da missão de seguir para o Rio de Janeiro alguns meses antes do torneio para colocar as coisas em ordem.

O italiano sabia o que era organizar uma Copa do Mundo. Apesar da sombra de Mussolini, o Mundial de 1934 na Itália era considerado o mais bem-organizado até então: os estádios, imponentes, foram construídos a tempo, a organização lucrou, a presença de público foi fabulosa e quase nada deu errado em termos de infraestrutura. Depois veio a polêmica a respeito das pressões fascistas sobre os árbitros, mas essa era outra questão. A organização tinha agradado, e o mérito era de Barassi.

Sua vida mudou sem que ele soubesse quando, no dia 27 de junho de 1926, uma crise na federação italiana levou a uma reunião de emergência na cidade toscana de Viareggio, onde Lando Ferretti, um Camisa Negra[1] que havia marchado sobre Roma e era o presidente do Comitê Olímpico, reuniu-se com o presidente do melhor time da época, Paolo Graziani, do Bologna, e Italo Foschi, um dos pesos pesados do fascismo romano. Os três escreveram a "Carta de Viareggio", que visava a modernizar o futebol italiano, a partir da criação de novas estruturas e de uma liga sem grupos regionais. A faxina administrativa que se seguiu imediatamente nos escritórios resultou na ascensão de Barassi dentro da estrutura do futebol italiano, primeiro no comitê de árbitros e depois como o homem responsável pela mudança da sede da federação de Bolonha para Roma. Foram anos complicados. O presidente da entidade, Leandro Arpinati, um "*esquadrista*" [miliciano fascista] famoso por ter assassinado vários socialistas em Bolonha, foi acusado de alta traição por Mussolini e exilado na ilha de Lipari. Seu sucessor, Giorgio Vaccaro, não só valorizava o trabalho de Barassi, mas também o nomeou como encarregado de supervisionar a organização da Copa do Mundo. O ano era 1933, e em doze meses Barassi conseguiu cumprir sua missão. A Itália não só não perdeu dinheiro, como também modernizou seus estádios. Quando a guerra eclodiu, ele já era secretário-geral da federação. Sempre fez tudo mantendo uma distância prudente dos políticos, estratégia que lhe permitiu conservar o cargo quando Mussolini acabou pendurado num posto de gasolina em Milão.

Esse currículo fez dele o homem ideal para levar a ordem ao Brasil. Quando Barassi chegou, encontrou uma situação caótica que nunca poderia ter imaginado: não só as sedes estavam indefinidas (cada político local pressionava para que sua cidade fosse escolhida), como algumas obras andavam tão lentas que houve estádios que não chegaram a receber jogo algum. No fim, as sedes foram Rio de Janeiro, Belo Horizonte, São Paulo e Curitiba, mas algumas semanas antes do início, e cedendo às pressões políticas, decidiu-se que Porto Alegre e Recife também receberiam partidas.

Barassi, instalado no Rio de Janeiro, recebia ligações, viajava de avião e escutava as queixas da classe política. O presidente da confederação brasileira, Rivadávia Meyer, fez lobby por Porto Alegre. O italiano lembrou a

---

1 A Milícia Voluntária para a Segurança Nacional era um grupo paramilitar fascista que perseguia violentamente grupos e indivíduos contrários aos ideais do fascismo. Receberam o apelido de "Camisas Negras" pela cor de seus uniformes.

Meyer que o estádio dos Eucaliptos tinha 15 mil lugares a menos do que o planejado e não possuía nem mesmo as dimensões mínimas exigidas. Barassi propôs a eliminação daquela sede, porém, alguns meses antes do torneio, o prefeito da cidade, Ildo Meneghetti, investiu meio milhão de cruzeiros na ampliação do estádio, convencido de que era uma questão de vital importância para o futuro da capital gaúcha. Barassi concordou em realizar alguns jogos em Porto Alegre, e, oito dias antes do pontapé inicial, o renovado estádio foi inaugurado, sem arquibancadas em um dos lados e com os velhos e dilapidados vestiários. Acabou como sede de apenas duas partidas: Iugoslávia × México e Suíça × México.

Algo semelhante aconteceu em Curitiba. A cidade fez lobby para sediar a Copa, mas Barassi se deparou com um estádio indigno do torneio. Havia sido construído pelos funcionários de uma empresa ferroviária que durante décadas usou material excedente para erguê-lo, e teria que ser completamente remodelado para atingir a capacidade mínima dos 30 mil lugares exigidos pela Fifa. Os políticos locais fizeram o investimento, a modernização foi concluída a tempo, mas as duas partidas disputadas lá, Espanha × Estados Unidos e Suécia × Paraguai, não tiveram nem 40 por cento dos assentos ocupados.

Barassi se deparou com outro problema quando as autoridades locais exigiram que pelo menos uma cidade do Nordeste também sediasse o Mundial. Fortaleza, Recife e Salvador disputavam a honra, e, faltando apenas 39 dias para a competição, o italiano decidiu, farto das brigas internas, que o estádio vencedor era o da capital pernambucana. Vinte dias antes do início da Copa, os sócios do Sport Club do Recife foram mobilizados para pintar e reformar o local, que recebeu apenas um confronto, já que os suíços se recusaram a jogar lá: foi um Estados Unidos × Chile, disputado com água fria nos chuveiros e um apagão elétrico que deixou as rádios impossibilitadas de transmitir o confronto. Tudo isso aconteceu sob o olhar atento do presidente da Fifa, Jules Rimet, que estava nas arquibancadas. Barassi lhe disse que, apesar de tudo, era um milagre que se pudesse jogar no Recife.

Vinte e três dias antes do início do torneio, Barassi visitou o estádio do Pacaembu, em São Paulo, e viu que ainda não estava pronto. Exigiu que fosse ampliada uma arquibancada e construída a área de imprensa. Finalmente, tudo foi feito a tempo da primeira partida, disputada precisamente pela sua Itália.

Outra batalha foi o Maracanã. A disputa política entre o prefeito Mendes de Moraes e seu oponente, Carlos Lacerda, fez com que as obras avançassem lentamente (isso porque começaram em 1948). Barassi, indignado, adiou a inauguração, prevista para maio de 1950, até as primeiras semanas de junho, quando alguns andaimes ainda eram vistos nas arquibancadas. Antes da abertura, o italiano lembrou da Copa do Mundo de 1934 e propôs às autoridades locais a mobilização do Exército para limpar as arquibancadas, pintar as áreas inacabadas e vigiar as instalações. Funcionou, embora durante todo o torneio se tenha trabalhado para ajustar alguns detalhes. Os acessos não ficariam totalmente concluídos até 1951, o que significou que muitos torcedores tiveram que encarar a lama no caminho para o Maracanã durante a Copa. Barassi apresentou um relatório às autoridades brasileiras e à Fifa explicando todos os problemas que detectara. O engenheiro encarregado das obras, Herculano Gomes, acabou tendo que se explicar na Justiça sobre o elevado custo das obras e as irregularidades informadas pelo italiano.

Barassi trabalhou incansavelmente, ameaçou punir, deu demonstrações de poder e, acima de tudo, encontrou uma maneira de não enlouquecer. Sua missão era garantir que os estádios estivessem prontos e supervisionar cada passo. Assim, ele também organizou o sorteio da fase de grupos na sede do Ministério das Relações Exteriores no Rio de Janeiro, um evento que gerou muitos problemas, pois algumas seleções, como a Espanha, protestaram por não serem cabeças de chave. Barassi tirou a responsabilidade dos ombros ao escolher um comitê — formado pelo inglês Stanley Rous, o brasileiro Cosme, o italiano Mauro, o holandês Lotey, o suíço Schirker e ele mesmo —, que designou como cabeças de chave os brasileiros, por serem os anfitriões; os italianos, por serem os últimos campeões; os uruguaios, por terem conquistado o título em 1930; e os ingleses, por estrearem no torneio e por serem os mestres do futebol mundial. A Espanha contestou o merecimento do Uruguai para ser cabeça de chave, mas ninguém deu ouvidos. No dia 24 de maio, num escritório repleto de dezenas de curiosos, o próprio Barassi se encarregou de girar um pequeno globo. Foi um sorteio caótico, já que ainda não se sabia se seleções como França, Portugal ou Irlanda concordariam em participar da Copa. Barassi usou seu poder para impor uma condição: a Itália jogaria em São Paulo, cidade onde viviam muitos imigrantes italianos.

"O único italiano que deixa boa lembrança nesta terra é o professor

Barassi, por quem os brasileiros têm grande estima", escreveu Vittorio Pozzo, técnico da seleção italiana em 1934, que estava no Brasil como cronista.

Barassi, presente na final, viu Jules Rimet, com o placar de 1 × 1, deixar as tribunas para descer e entregar a taça ao vencedor. No entanto, a delegação da Fifa e ele se depararam com o portão de acesso ao gramado trancado. Tiveram que esperar alguns minutos nos corredores internos do Maracanã e, quando finalmente entraram em campo, o Uruguai já ganhava por 2 × 1. Barassi observou lá de cima o momento em que Rimet, no meio do caos da multidão, entregou a taça a Obdulio Varela — a mesma que ele havia guardado em uma caixa de sapatos.

O dirigente continuou sua carreira de sucesso junto à Fifa, na Itália, mas nunca conseguiu realizar seu sonho: ver a Azzurra ganhar outra Copa do Mundo. Ele morreu em 1971.

16

GUILLERMO EIZAGUIRRE E BENITO DÍAZ

Excelência, vencemos a pérfida Albion.[1]
Armando Muñoz Calero, presidente da federação espanhola na época, em mensagem a Francisco Franco após a vitória sobre a Inglaterra

Don Guillermo Eizaguirre sempre foi um sujeito vaidoso. Nos seus anos como goleiro do Sevilla, costumava surpreender todos com seus suéteres de cores vivas, fossem com losangos ou quadriculados. Com um sorriso de estrela de cinema e uma personalidade extrovertida, Eizaguirre havia sido um bom goleiro nos seus anos como jogador, de modo que, em 1950, sabia reconhecer o talento debaixo das traves quando o via. Benito Díaz e ele foram fundamentais para abrir o caminho da titularidade no gol para um certo Ramallets. Não foi fácil, pois o arqueiro catalão era o mais desconhecido dos três que viajaram ao Brasil.

Eizaguirre e Díaz eram dois sábios do futebol. Um mais aberto, o outro mais quieto. Eizaguirre sabia seduzir, Díaz era teimoso e trabalhador. "Um dava discursos, o outro nos colocava para correr. Eram homens do futebol, isso se notava", lembrou Ramallets.

---

1 Albion é um termo da antiguidade para se referir às ilhas britânicas. Já a expressão "pérfida Albion" aparece em um poema do francês Augustin Louis de Ximénès, escrito em 1793. Segundo o poeta, a Inglaterra era um reino no qual se dizia uma coisa e praticava-se outra, o exemplo acabado da hipocrisia.

Guillermo Eizaguirre tinha um sorriso andaluz e um sobrenome basco. Filho de um magistrado, Eugenio Eizaguirre, que acabou trabalhando na Audiencia Nacional,[2] era daqueles que preferiam sair nas fotos com um sorriso de orelha a orelha. Um sujeito sagaz, que sabia delegar e negociar.

Dizem que Eizaguirre causou uma grande decepção na família quando decidiu dedicar-se profissionalmente a defender bolas embaixo de uma trave. Ele havia se apaixonado pelo esporte vendo os jogos do Sevilla, o clube da sua vida. Não foi fácil para um garoto com bom sobrenome escolher o futebol. Seu avô, o militar José Martín de Eizaguirre Zabalajauregui, morreu num naufrágio durante a guerra de Cuba, apesar de que na família contava-se que teria sido em combate. Sua avó era galega, da família Pozzi, conhecida por prefeitos e empresários da cidade de Lugo. Seu pai fez fortuna na Justiça e se casou em Sevilha com Matilde Olmos Durendes, com quem teve seis filhos. Formavam uma família respeitada e, como tal, odiada. Em 1936, poucos meses antes do início da guerra, o pai de Guillermo sofreu um atentado perpetrado pelos anarquistas que quase acabou com sua vida.

Após terminar sua carreira como goleiro, Eizaguirre foi nomeado selecionador nacional em 1948. Uma de suas primeiras partidas na função terminou com derrota, em casa, contra a maravilhosa Itália de Mazzola. A tarefa não era fácil. A Espanha tinha talento, mas não tinha disciplina nem esquema de jogo. As ordens que vinham de cima eram claras: a seleção precisava se classificar de qualquer jeito para a Copa do Mundo de 1950, onde poderia limpar a imagem de um Estado com poucas alianças internacionais. Justamente esse isolamento era o que dificultava a evolução do futebol espanhol. Eizaguirre sabia muito bem disso.

Em 1950, tudo na Espanha era política; o futebol, também. Depois do período de Pablo Hernández Coronado no comando da equipe nacional, Armando Muñoz Calero, presidente da federação espanhola, escolheu Eizaguirre para o cargo por razões políticas e também esportivas. Muñoz Calero, natural de Murcia, havia chegado à entidade aos trancos e barrancos, depois de ocupar uma cadeira no Conselho Geral de Colégios Oficiais de Médicos da Espanha e somar méritos pelo seu papel na guerra — fez parte da Divisão Azul na frente de batalha russa. Eizaguirre era solidário com a causa. Ele tinha se unido aos nacionalistas durante a Guerra Civil,

2 Tribunal espanhol com sede em Madri e jurisdição em todo o território nacional.

onde combateu na Legião. Começou como alferes e terminou capitão, com três ferimentos em combate e uma série de medalhas. Após o conflito, dono de seis estrelas no uniforme, tentou se juntar ao Atlético Aviación,[3] mas não conseguiu. A guerra terminou e, com ela, sua carreira como goleiro.

Este ex-oficial do Tercio[4] seria quem lideraria o sonho da Espanha na Copa do Mundo. Eizaguirre, que não jogou a única Copa do Mundo disputada até então pela seleção espanhola — a de 1934, realizada na Itália — por causa de uma lesão, tinha a possibilidade de escolher um técnico para a seleção, dado que, como era habitual na época, as seleções tinham tanto um selecionador como um treinador. O homem escolhido por Eizaguirre foi Benito Díaz, conhecido como "Tio Benito". Eizaguirre escolhia os jogadores e brigava nos bastidores; Tio Benito era o especialista nos esquemas de jogo. Muñoz Calero não viu com bons olhos a escolha de Benito, apesar de Eizaguirre ter terminado por convencê-lo.

Em 1936, ano em que Eizaguirre combatia na frente de batalha e era ferido pela primeira vez, Benito Díaz, ex-jogador e técnico da Real Sociedad, apoiava a causa republicana. Em 1937, para evitar represálias, ele já havia atravessado a fronteira. Naquele ano, Díaz encantou treinando o Bordeaux. Na França, familiarizou-se com esquemas táticos modernos, teve contato com o "WM" e aprendeu métodos de treinamento até então desconhecidos na Espanha. Depois da guerra, voltou para casa. Teve que jurar fidelidade, suportar o ostracismo e esperar por sua chance, dada por Eizaguirre.

Guillermo e Benito Díaz encontraram um ponto de equilíbrio, embora não tenha sido fácil. Quando faltavam poucos jogos para o final da liga espanhola, tinham 53 nomes anotados no caderno. Nomes demais. Alguns eram intocáveis, mas, se havia algo na Espanha naquela época, eram jogadores. Finalmente, em 14 de março, foi anunciada a lista dos que disputariam o mata-mata de classificação para o Mundial contra os portugueses. A imprensa criticou a programação, pois quando saíram os convocados, os rivais já estavam havia três semanas concentrados. Na imprensa de Portugal, o clima era de euforia; na espanhola, de pessimismo.

---

3 Nome utilizado pelo Atlético de Madrid após a fusão com a divisão esportiva da Força Aérea Nacional, ocorrida em 1939, com o fim da guerra civil espanhola. Sob essa nomenclatura, que perdurou até 1947, o clube conquistou os seus primeiros títulos de liga nas temporadas 1939/40 e 1940/41.

4 Unidade militar do Exército espanhol.

Eizaguirre conseguiu a suspensão de uma rodada do campeonato e concentrou os jogadores em San Lorenzo del Escorial, antes da primeira partida contra os portugueses. Durante alguns dias, os atletas trotaram pela mata sob o olhar severo do autoritário sevilhano, que delegava ordens diretas a Díaz. Eizaguirre queria muito brilhar na Copa do Mundo. Era um daqueles sujeitos marcados pela guerra, a culpada pelo final precoce de sua carreira, justamente quando parecia que assumiria o lugar do grande Zamora, logo depois da promoção do Sevilla à primeira divisão e daquele título da Copa do Rei de 1935, quando frustrou todos os ataques do Sabadell na final disputada em Madri. Nesse dia, saiu de campo carregado nos ombros e, no caminho de volta para Sevilha, pararam em quase todas as cidadezinhas para comemorar.

Eizaguirre reunia-se com Muñoz Calero nos quartos do Mosteiro do Escorial, enquanto Benito Díaz se concentrava obsessivamente na preparação física dos rapazes. Quatro deles, Parra, Navarro, Molowny e Seguí, faziam sua estreia pela seleção. Alguns estavam voltando de lesões, outros haviam jogado mais partidas devido ao sucesso de seus times na Copa do Rei. Pela manhã, saíam para trabalhar na mata, e à tarde, o treinamento era no campo do Club San Lorenzo del Escorial. "Foi duro. Díaz estava obcecado com o fato de que era importante chegarmos fortes fisicamente porque, se dependesse do futebol, ganharíamos com certeza. Então, houve pouco trabalho tático", lembrou Zarra. Os únicos momentos de descontração eram nas partidas de *tute* ou *mus*,[5] em que Gaínza sempre ganhava. Enquanto a torcida fazia fila durante 48 horas para conseguir ingressos para o jogo em Chamartín, contra Portugal, Muñoz Calero transmitiu a Eizaguirre os desejos dos escalões superiores: vencer e convencer. Os portugueses, que nunca tinham batido a Espanha, chegaram motivados pelas previsões de vitória do seu treinador inglês, Ted Smith. O selecionador, Salvador do Carmo, também se mostrava otimista.

Portugal e Espanha haviam se tornado um buraco negro, com Salazar e Franco liderando suas causas numa Europa que tinha virado as costas para eles. Na concentração portuguesa, em Aranjuez, chegaram mensagens dos altos escalões esportivos instando-os a lutar como "viriatos".[6] Em El

---

5 Jogos de cartas populares na Espanha.

6 Nome dado aos voluntários portugueses que combateram na guerra civil espanhola ao lado dos nacionalistas.

Escorial, a mensagem de Eizaguirre era clara: eles tinham que vencer "pelo Caudillo."[7]

A Espanha ganhou o primeiro jogo por 5 × 1, com gols de Basora, Panizo e três de Zarra. Os portugueses condenaram a atuação do árbitro inglês, Leafe. Salvador do Carmo inclusive o acusou de ser cego. Gaínza não economizou palavras e disse aos jornalistas portugueses que a Espanha venceria dezenove em vinte jogos que disputasse contra eles. Benito Díaz não perdeu a calma. Eizaguirre, por sua vez, mostrou-se feliz, apesar de assinalar que jogaram pior do que em Paris e Dublin, referindo-se às vitórias por 5 × 1 e 4 × 1, em 1949, nos amistosos em que conquistara a confiança das autoridades. Foi em Dublin, aliás, que Díaz introduziu a tática "WM", que funcionou tão bem contra os portugueses. Naquela partida, as autoridades confirmaram a aposta acertada no treinador basco.

A Espanha empatou por 2 × 2 no confronto de volta, disputado no Estádio Nacional do Jamor. O regulamento da época estipulava que, se Portugal ganhasse, mesmo pelo placar mínimo, uma partida de desempate deveria ser jogada em Paris. Por isso, o gol de empate de Gaínza, aos 30 do segundo tempo, foi salvador. A Espanha acabou com Panizo lesionado e revoltada com o árbitro escocês Mowat, que apitou com uma viseira. "Ele foi o 12º jogador dos portugueses", queixou-se Díaz.

Após assegurar a presença no Mundial, Eizaguirre e Benito Díaz planejaram a preparação e desenharam o cronograma, aprovado por Muñoz Calero. Naquela época, a Copa do Rei era disputada depois do término da Liga, vencida pelo Atlético de Madrid. Assim, logo depois da Copa, em que o Athletic Club bateu o Valladolid, Díaz e Eizaguirre convocaram trinta jogadores, novamente em El Escorial. Quase todos os melhores nomes da época estavam lá, com exceção, talvez, do único goleador que poderia ser comparado a Zarra: Pahiño, do Real Madrid, apesar de ser de conhecimento geral que ele estava vetado pelas autoridades mesmo antes de Muñoz Calero se tornar presidente. Vale lembrar que, na sua estreia com a seleção, em 1948 — um amistoso contra a Suíça —, quando Pahiño escutou o discurso motivacional do general Zamalloa, um galego como ele, no qual afirmou "Vocês já sabem: *cojones e españolía*,"[8] o atacante esboçou um leve sorriso debochado. Depois daquela partida, teve mais

7 Termo usado para se referir a Francisco Franco.

8 Colhões e espanholismo.

vinte minutos contra a Bélgica e só retornou em 1955. Foi banido por ser de esquerda, pois também se sabia que lia livros de Tolstói, Hemingway e Dostoiévski conseguidos com um amigo, dono de uma banca de jornal em Barcelona. Eram obras proibidas em tempos de proibições e, naquela época, um único gesto poderia te deixar de fora da seleção. Eizaguirre e Díaz tinham consciência desde o primeiro dia em que assumiram o cargo: Pahiño não poderia ser convocado em hipótese alguma. Sendo assim, tiveram que trabalhar com um grupo de trinta jogadores que não incluía o goleador do Real Madrid.

Como a lista final deveria ser composta por 22 nomes, havia muitos rumores sobre quem seriam os possíveis cortados. A opinião pública, inclusive, teve que ser tranquilizada quando se espalhou o rumor de que a Espanha não iria à Copa do Mundo em protesto ao convite feito pela Fifa aos portugueses. No fim, nem Portugal aceitou, nem a Espanha se retirou. Contudo, as autoridades reclamaram à entidade máxima do futebol por não terem sido designados como cabeças de chave no sorteio.

A preparação não foi fácil. O Atlético de Madrid pediu que seus jogadores fossem liberados para disputar a Copa Latina. As pressões funcionaram. Em seguida, outra ordem de instâncias superiores obrigou César, do Barcelona, a reforçar o La Coruña no Teresa Herrera. Eizaguirre e Díaz tinham pouco tempo e uma agenda cheia de compromissos, entre eles dois amistosos para serem jogados no México. A solução era começar com catorze jogadores e transformar as partidas em testes para os atletas que não tinham a viagem garantida para o Brasil. A Espanha, com Díaz e Eizaguirre presentes, venceu o primeiro jogo por 3 × 1, disputado sob iluminação artificial, e empatou o segundo em 0 × 0. Neste último, Ramallets brilhou. "Voltamos com uma taça e *sombreros* mexicanos", brincava o goleiro catalão. No voo de volta, Díaz sussurrou a Eizaguirre que seria uma boa ideia convocá-lo, apesar da sua falta de experiência. Devido à lesão de Velasco, aquela tinha sido sua primeira temporada como titular, mas os outros dois arqueiros deixavam dúvidas: o goleiro do Valencia, Eizaguirre, que não tinha nada a ver com o selecionador, estava um pouco lento pela falta de jogos, e Acuña encontrava-se levemente acima do peso. Em El Escorial, correu o rumor de que Ramallets seria o reserva à frente de Acuña.

Na volta, a Espanha teve que disputar dois encontros, desta vez contra uma equipe de húngaros que haviam fugido do comunismo, o chamado

"Hungaria", cujo líder era um certo Kubala. Sem César, com amigdalite, e Zarra, lesionado, perderam e sofreram baixas, como Muñoz, do Real Madrid, que foi descartado pelos técnicos. No segundo amistoso, triunfo por 6 × 3. A essa altura, Eizaguirre e Díaz já tinham decidido a lista: Eizaguirre, Acuña e Ramallets, goleiros; Asensi, Gabriel Alonso, Antúnez, Parra, Gonzalvo II e Lesmes II, defensores; Silva, Gonzalvo III, Puchades e Nando, meio-campistas; Basora, Juncosa, Igoa, Molowny, Zarra, César, Panizo, Rosendo Hernández e Gaínza, atacantes. Nando, do Athletic Club, acabou sendo descartado por ter medo de avião.

Eizaguirre renovou seu guarda-roupa antes de partir. Díaz simplesmente colocou na mala as velhas camisas de quando era jogador da Real Sociedad, as mesmas que usaria nos treinos. Após um voo com três escalas, eles chegaram ao Brasil. Os dirigentes, atuando como comissários políticos, deram aos jogadores um livreto de dezoito páginas com o escudo da federação intitulado *Manual e Guia do Jogador da Seleção*. Nele, os atletas eram aconselhados a trabalhar duro e a evitar mulheres e álcool. Além disso, havia sentenças do tipo "no esporte e no futebol, em particular, o jogador convocado para defender a seleção tem, na sua própria designação, a legítima reivindicação de aptidão para aspirar a um lugar de destaque entre os melhores do mundo. Seu ideal deve ser a culminância dessa aspiração, por orgulho pessoal e para a maior glória da Espanha. Apesar do termo não poder ser desarraigado, vocês são inadequadamente chamados de 'internacionais'. Pensem em si mesmos como os jogadores nacionais por excelência, a ponto de lhes ser dada uma missão de caráter internacional. E nessa ordem apenas duas categorias são admitidas: diplomatas ou soldados".

Mesmo durante os primeiros dias no Brasil, Eizaguirre e Díaz tentaram manter a disciplina, ainda que o hotel ficasse num local bem central, com barulho, garotas na rua e tentações de todo tipo. Quando a equipe passou para o quadrangular final, os dirigentes optaram por uma hospedagem mais tranquila, quase um mosteiro, perto do Cristo Redentor, no Corcovado, onde os técnicos vigiavam de perto os jogadores. Díaz os controlou da melhor forma que pôde. Escondia os charutos que Rosendo Hernández fumava, com a permissão do médico do Espanyol. A concentração estava sempre vigiada por homens designados pela embaixada espanhola, especialmente depois da ameaça de morte a Eizaguirre feita por um exilado republicano que vivia em solo brasileiro.

A Espanha voou para Curitiba para disputar a primeira partida. A colônia espanhola na cidade convidou os atletas para uma festa, mas as autoridades, alarmadas após a ameaça a Eizaguirre, recusaram o convite. A única coisa que autorizaram foram conversas informais com os colonos no saguão do Palace Hotel, embora sempre sob o olhar atento dos dirigentes, caso o papo desviasse para a política. Como alguns dos espanhóis que lá foram afirmaram que não visitavam a Espanha havia doze anos, soaram os alarmes de que poderiam ser republicanos. Quando um homem saudou Ramallets e Basora em catalão, Muñoz Calero, o presidente da federação, interrompeu-o e fez um discurso para as pessoas ali reunidas, dizendo que traria notícias frescas do país: num rádio, sintonizaram a transmissão internacional da RNE [Radio Nacional de España] e todos ficaram em silêncio, ouvindo o boletim que o aparelho cuspia.

Em sua estreia, a Espanha derrotou os Estados Unidos por 3 × 1, mas não sem sofrimento. No final da partida, os jogadores zombaram de Panizo e Tio Benito, que espiaram um treino dos estadunidenses e voltaram com afirmações um tanto exageradas do tipo "Esses caras são horríveis". Depois veio a vitória sobre os chilenos e o triunfo histórico contra os ingleses no Maracanã, com o gol de Zarra. Antes daquele jogo, Eizaguirre e Díaz foram imortalizados pelos fotógrafos no banco de reservas. Eizaguirre com um chapéu de aba larga e uma elegante gabardina. Díaz com uma velha roupa de treinamento e uma *chapela*.[9] Eram dois mundos, duas Espanhas.

Quando a partida terminou, Díaz correu emocionado ao encontro de Zarra para abraçá-lo. Eizaguirre, mais diplomático, disse que "todos os jogadores cumpriram sua missão". Tio Benito, acanhado, acrescentou que "podemos jogar melhor". Os dirigentes foram à loucura. Já tinham o triunfo midiático que buscavam. Muñoz Calero, questionado pelo enviado especial do jornal *Marca*, afirmou que "contra todas as probabilidades, a vitória foi alcançada. E o que é ainda mais lamentável, contra a adversidade de alguns críticos esportivos, sempre eternos resmungões, e apesar da campanha de desmoralização que fizeram contra nossos jogadores, que, por causa de sua fé e porque estão imbuídos do vigente senso patriótico espanhol, conseguiram estar acima de todos esses invejosos. Para os jogadores, existe apenas uma Espanha, a liderada pelo melhor *Caudillo* do mundo". Gutiérrez del Castillo, outro dos enviados pelo regime, lançou nos microfones da RNE

9 Uma espécie de boina basca.

mais um discurso motivacional: "Diga que nós, espanhóis, somos corajosos!" A imprensa publicou o telegrama de felicitação do próprio Franco, e um emocionado Muñoz Calero entrou para a história quando Matías Prats perguntou se tinha alguma mensagem para o *Caudillo*. Ele respondeu: "É claro que sim: 'Excelência, vencemos a pérfida Albion.'" A embaixada britânica em Madri apresentou queixa formal por essas palavras, e Muñoz Calero perdeu seu cargo, apesar de ter continuado a carreira política como Conselheiro Nacional, o que lhe permitiu ajudar o Real Madrid na contratação de Di Stéfano e mexer os pauzinhos para que os melhores times jogassem no torneio de verão de Águilas, sua cidade natal.

A vitória sobre os ingleses desencadeou a euforia. Antes do início do quadrangular final, em que o Uruguai os esperava em São Paulo, Guillermo Eizaguirre disse não aceitar o segundo lugar. Díaz, por sua vez, afirmou que, embora o Brasil fosse o favorito, eles tinham a última palavra. Muñoz Calero lembrou aos jogadores que a honra nacional estava em jogo e, se ganhassem o torneio, haveria bonificações.

Mas a Espanha desmoronou. Com centenas de espanhóis que viviam em São Paulo apoiando nas arquibancadas, a equipe estreou no quadrangular final contra os uruguaios com o desfalque de Panizo, numa partida em que dominava e ganhava por 2 × 1, com um grande Basora, até que Ramallets não conseguiu defender um chute de Varela que garantiu o empate por 2 × 2. O gol destruiu os ânimos de um time cujos jogadores estavam cansados de tantas viagens e tantos dias trancados em hotéis. Ramallets, com atuações seguras e confiantes até ali, ficou no chão, abatido. Varela atirou-se ao gramado, entusiasmado com seu gol: dois corpos no chão, duas realidades. A Espanha voltou ao Rio pensando que merecia ter vencido aqueles uruguaios que jogavam no limite do regulamento.

Díaz e Eizaguirre insistiram na disciplina e, apesar do calor, não deram permissão aos altletas para entrarem no mar ou na piscina. Os técnicos queriam evitar qualquer susto ou lesão, mas o clima sufocante os desgastava. Gaínza continuou ganhando as partidas de *mus*. Os rapazes, porém, já não sorriam mais, especialmente quando viram que os suecos, com quem dividiam hotel, saíam para correr pelas redondezas e tomavam cerveja dentro da piscina. Além disso, havia a iminente partida contra os brasileiros, confronto que a imprensa local se dedicou a apimentar.

O Brasil goleou por 6 × 1 uma Espanha que também acabou perdendo para os suecos por 3 × 1. "Eles nos deixaram zonzos. Eles são melhores, mas, se nos golearam, foi por causa dos nossos erros", admitiu Díaz após a derrota para os anfitriões. Nos últimos momentos em solo brasileiro, Eizaguirre e Díaz já sabiam que sua etapa estava chegando ao fim, especialmente depois de perderem também para os suecos, em uma partida na qual somente Alonso foi poupado das críticas. Díaz, considerado herói na vitória diante dos ingleses pelo seu esquema tático, foi acusado de ter preparado mal o duelo contra os brasileiros. Eizaguirre achava que não havia controlado bem a euforia e se cansou das pressões da federação. A humilhação contra o Brasil cobrou seu preço e desfez a harmonia com Muñoz Calero, que ficou indignado com a escalação contra os suecos, resultado da determinação de Eizaguirre em dar tempo de jogo a todos. Até alguns jogadores que não tinham sido convocados inicialmente foram direto para o time titular, como o catalão Juncosa, do Atlético de Madrid, Vicente Asensi, do Valencia e Alfonso Silva, o defensor do Atlético nascido em Las Palmas, filho de um imigrante do Sri Lanka que castelhanizou seu sobrenome.

Essa decisão foi vista pela federação como um sinal de fraqueza e, no fim das contas, um erro que facilitou aos suecos a conquista do terceiro lugar. No final da partida, Díaz reclamou amargamente que "eles se deixaram vencer sem fazer nada para impedir", enquanto Eizaguirre admitiu que "a Espanha tem apenas uma equipe, e se esta falhar, não há possibilidade de criar outra". Panizo, o herói da partida de classificação em Lisboa, o coração do time, não poupou palavras e criticou sua presença no jogo, que foi pouco importante, pois chegou com dores. "Por que me colocar para atuar?", lamentou, com uma fratura na fíbula.

O sonho terminou em pesadelo. A escalação improvisada contra os suecos acabou pesando tanto quanto os seis gols brasileiros. Os jogadores reclamavam de cansaço acumulado; os dirigentes, de entregarem uma partida aos suecos que poderia garantir o terceiro posto. A Espanha voltou amargurada, com os atletas espalhados em diferentes voos. Eizaguirre e Díaz — tão diferentes, tão próximos — despediram-se em Barajas. Nunca mais trabalharam juntos.

Guillermo Eizaguirre voltaria a dirigir a seleção em 1956, embora sem sucesso. Díaz continuou a treinar na Liga. Durante seus últimos anos, e devido à saúde frágil, era comum vê-lo acompanhado da esposa. A Espanha levaria sessenta anos para terminar novamente entre os quatro primeiros de uma Copa do Mundo.

17
LUIZ MENDES

Covardes, vocês são uns covardes!
Duilio De Feo, narrador uruguaio

João Luiz ligou para a embaixada do Uruguai. Disse que, como jornalista brasileiro, queria o telefone pessoal do embaixador para que comentasse as declarações dadas após a semifinal da Copa do Mundo entre Brasil e Uruguai. João Luiz era de fato jornalista, mas não era verdade que precisava de uma declaração. O Brasil acabou vencendo aquela partida e chegou à final do Mundial de 1970, disputado no México. Apesar da dureza *charrúa*, o Brasil finalmente derrotou os uruguaios em uma Copa, no qual conquistaria o seu terceiro título. João Luiz, eufórico, ligou para o número de telefone que haviam dado a ele. Quando o embaixador uruguaio atendeu, começou a proferir os insultos mais grosseiros que sua imaginação lhe proporcionou. Vingava-se, assim, da ferida sangrenta que carregava desde o Maracanazo. No entanto, nem assim ele foi capaz de dormir tranquilo. O gol de Ghiggia ainda lhe causava dor. Por isso, teve outra ideia maluca.

A derrota do Brasil contra o Uruguai no Maracanã constituiu um trauma difícil de ser explicado. A imprensa informou que muitas pessoas sofreram infartos; que algumas até morreram; que houve suicídios. O estádio vivenciou um drama coletivo de dimensões dantescas, com quase 200 mil almas indo às lágrimas. Um verdadeiro pranto coletivo, uma tragédia brasileira; uma ferida que nem mesmo aquela vitória nas semifinais da Copa do Mundo de 1970 pôde curar. O Maracanazo continua e continuará a fazer parte da identidade brasileira. "Quando entrevistei os onze jogadores, o que mais me impressionou foi o drama pessoal de cada um deles. Nada do que eles fizeram depois compensou aquela derrota. Eles perderam uma oportunidade única. O Brasil tinha uma série de fatores a seu favor: jogava em casa, bastava o empate e começou ganhando o jogo. Foi uma situação absurda, única", contou Geneton Moraes Neto em seu livro dedicado à tragédia, *Dossiê 50*. Por todo o país, as crianças assistiram aos pais chorarem como bebês. Contam que Pelé disse ao pai que, um dia, ganharia a Copa, numa tentativa de consolar o chefe de uma família devastada pelo gol marcado por um atacante magro com cara de vigarista. Zagallo, como Pelé, também seria campeão mundial em 1958, mas, em 1950, quando era juvenil no Flamengo e prestava o serviço militar, viu como todo mundo desatou a chorar no Maracanã. "Fiz de tudo para que me mandassem para o jogo. Todos os soldados e policiais estavam chorando. Ali ninguém tinha controle sobre nada, mas não podiam fazer nada além de chorar. Era o lugar mais seguro do mundo." O único incidente registrado foi a destruição do busto do prefeito Mendes de Moraes, o mesmo que havia proferido um discurso triunfalista noventa minutos antes de que os torcedores descontassem a frustração na sua imagem, como que castigando a própria incredulidade e o próprio otimismo. O Uruguai conseguiu dar a volta olímpica sem problema algum. Pediram aos uruguaios que ficassem no vestiário por algumas horas como precaução, mas ninguém os ameaçou; pelo contrário, foram parabenizados. Foi uma vitória épica. Um dia após o desastre, o jornal *Folha Carioca* abriu com a manchete "O povo mais ordeiro e educado do mundo", pelo agradecimento dos uruguaios ao tratamento respeitoso que receberam depois de terem levado a Copa.

A dor da derrota ficou gravada no coração de todos aqueles que assistiram ao jogo. O escritor Paulo Perdigão dedicou milhares de páginas ao Maracanazo. Ele publicou um ensaio intitulado *Anatomia de uma derrota*, e até mesmo um relato fictício, *O dia em que o Brasil perdeu a Copa*, no qual o narrador cria uma máquina do tempo apenas para poder voltar àquele 16 de julho de 1950. Uma vez no passado, observa a si mesmo quando criança antes de conseguir entrar no gramado com a única intenção de alertar Barbosa, o goleiro brasileiro, para a direção do chute de Ghiggia. Mas o truque dá errado, pois seu grito despista o goleiro, que se vira na direção da voz que chama por ele. É justamente nesse segundo no qual o goleiro olha para o lado que Ghiggia aproveita para marcar, como se o Brasil estivesse sempre destinado a perder, em parte por culpa de um brasileiro. O relato, que foi levado às telas de cinema, não foi a única tentativa de reescrever a história. João Luiz também tentou. Para isso, entrou em contato com Luiz Mendes.

Luiz Mendes foi o narrador da Rádio Globo que teve a fatídica tarefa de cantar os gols uruguaios em 1950, apesar de também ter sido o narrador dos gols brasileiros em 1970. Naquele dia, no México, o Uruguai marcou primeiro, e Luiz Mendes viu que, ao seu lado, Duilio De Feo, narrador da Radio Sport de Montevideo, ia à loucura. Quando anunciou os comerciais, o uruguaio olhou para seu colega, apontou para os jogadores e gritou: "Covardes, vocês são uns covardes!". Depois de o Brasil virar e passar para a final contra a Itália, Luiz Mendes se comportou como um cavalheiro e nem sequer olhou para os rivais. Ao retornar do México, Mendes recebeu um telefonema de João Luiz. Ele propunha fechar a ferida de 1950.

Um dia, enquanto assistia a *Casablanca*, João Luiz pensou que seria bonito poder reescrever o final dos filmes. Começou imaginando que Rick Blaine não permitiria que Ilsa Lund fosse embora e, a partir daí, passou a um devaneio no qual o chute de Ghiggia, em 1950, acabava acertando a trave. Com essas fantasias em mente, ele pôs mãos à obra. Começou a manipular as filmagens da época. Primeiro, a do chute de Ghiggia, que ele cortou exatamente quando a bola se aproxima da trave. Neste ponto, remontou as mesmas imagens do arremate e fez parecer que a bola batia no poste. Ele então encontrou duas sequências de outros jogos do Brasil no Maracanã em que os adversários não eram reconhecíveis: uma de Bigode rebatendo uma bola na defesa e outra do gol de Zizinho contra a Iugoslávia, que depois foi anulado. Juntando as peças, o Brasil venceu a partida por 2 × 1. Em seguida, usou imagens da capa do jornal *O Mundo* do dia da partida final, onde se podia ler a manchete "Brasil campeão do mundo", e as imagens dos uruguaios celebrando o título foram usadas para ilustrar a suposta derrota da Celeste, já que os *charrúas* choravam como crianças e pareciam abatidos. Fotos do funeral de Eva Perón foram transformadas em mostras de luto em Montevidéu, e outras de uma festa em Nova York acabaram adornando a alegria brasileira. A montagem estava pronta, mas ele precisava de um último detalhe: a narração, então pediu a Luiz Mendes que o ajudasse. O veterano jornalista, que tinha um grande senso de humor, aceitou com prazer e narrou tudo aquilo que não pôde narrar em 1950: o Brasil ganhando a Copa do Mundo.

Luiz Mendes narrou todas as Copas entre 1950 e 2010, apesar de a última ter sido já quase a título de homenagem, pois sofria de leucemia. Ele morreu em 2011, aos 87 anos, com dezesseis Mundiais no currículo. Ficou conhecido como "o comentarista da palavra fácil", pelo uso sofisticado do português. Filho de um brasileiro e de uma argentina, entrou na Rádio Globo em 1944, aos 18 anos, quando a estação apenas começava sua trajetória nas ondas curtas. Em seguida, foi recrutado por Doalcei Bueno de Camargo, o primeiro chefe de esportes de uma estação destinada a transformar o futebol num espetáculo de rádio. Mendes sempre defendeu um uso elaborado da linguagem e tinha o hábito de não se referir a um gol como "lindo". "Todos os gols são lindos", argumentava. Elegante e com o ritmo pausado, ele conseguiu manter a compostura quando o Uruguai virou o placar em 1950. "A derrota causou um terremoto no futebol brasileiro. Foi uma decepção muito grande. O Brasil não conseguiu provar em casa que tinha o melhor futebol do mundo. Houve gente que nunca mais voltou ao Maracanã depois de presenciar a derrota para o Uruguai", afirmava. "Após o segundo gol do Uruguai, houve um silêncio aterrorizante no Maracanã. Da cabine, eu podia ouvir os soluços, o choro de homens e mulheres. Mesmo entre os locutores. Vi um radialista da Rádio Continental desmaiar e sair carregado. E a tristeza permaneceu na cidade do Rio por vários dias. A cidade ficou traumatizada por muito tempo. Via-se gente triste pelas ruas, ouviam-se mais as buzinas dos carros, porque as pessoas não falavam, os fumantes passaram a fumar mais", contou ele em 2009. Quando Ghiggia bateu Barbosa, Luiz Mendes hesitou apenas por um segundo e continuou sua narração o melhor que pôde: "Gol do Uruguai. Ghiggia. Gol do Uruguai." Em um minuto, ele pronunciou a frase "gol do Uruguai" nove vezes, sem gritar, como se precisasse confirmar que era verdade o que seus olhos estavam vendo. Em cada uma das nove vezes que disse a frase, usou uma entonação diferente: dúvida, surpresa, lamento, resignação...

A outra grande estação de rádio da época, estatal, passou da brincadeira ao pranto. Antônio Cordeiro narrou a partida na Rádio Nacional com os comentários de Jorge Curi, que, após o gol de Friaça, divertia-se ao declarar que Obdulio Varela, o capitão uruguaio, iria começar a chorar. "Corre Ghiggia! Aproxima-se do gol do Brasil e atira! Gol! Goool do Uruguai! Ghiggia! Segundo gol do Uruguai. Dois a um, ganha o Uruguai", relatou Cordeiro pouco depois. Curi chorou e levou alguns minutos para poder analisar o desastre. "Desolação natural da torcida aqui no estádio

Maracanã. Porque, na realidade, foi uma peleja brilhantemente disputada e onde a seleção brasileira, em nenhum momento, correspondeu à expectativa dos aficionados", lamentou.

Como aconteceu com os jogadores, o Maracanazo uniu para sempre os narradores que enfrentaram o desafio de cantar o gol de Ghiggia. Os uruguaios Carlos Solé, da Radio Sarandí, e Duilio De Feo, da CX 24, mantiveram uma longa relação com Cordeiro e Luiz Mendes. Este contava que tinha uma imagem gravada na memória: a do uruguaio Carlos Solé, que, de pé a poucos metros de onde estava, agarrava com uma mão sua camisa branca, banhada em suor, e com a outra segurava o microfone com o qual cantava aquele gol que mudou a história, banhado em lágrimas. "Fui o único sul-americano que narrou a final da Copa do Mundo de 1954, e depois pude cantar as maravilhas de Garrincha, a Copa de 1958, a de 1962 e a vitória no Azteca em 1970. Mas sempre ficou a dor daquela derrota de 1950", lamentava. Com a narração das cinco Copas do Mundo que o Brasil ganhou na bagagem, Luiz Mendes teria, com prazer, trocado de lugar com Carlos Solé, mas a história, como escreveu Perdigão, não pode ser alterada.

"Míguez para a bola e apoia Julio Pérez... Julio Pérez avança com a bola esperando que Ghiggia passe. Julio Pérez continua atacando. Pérez para Ghiggia. Ghiggia para Pérez. Pérez avança e vira a bola para Ghiggia. Ghiggia escapa de Bigode. Avança o veloz ponta-direita uruguaio. Vai chutar. Chuta. Goool, goool, goooool, goooooool uruguaio! O violento chute de Ghiggia escapou de Barbosa! Segundo tento para a equipe uruguaia, aos 34 minutos! Não é à toa que dizíamos que o grande ponta-direita da equipe oriental estava se mostrando o melhor jogador dos uruguaios."

18
STANLEY MATTHEWS

Stanley Matthews nos ensinou como o futebol deve ser jogado.
Pelé

Stanley Matthews. Seu nome ainda é pronunciado com reverência em todos os estádios e pubs da Inglaterra. Sua estátua ainda é reverenciada por milhares de ingleses. O único jogador a ser nomeado *Sir* quando ainda corria pelos gramados, *Sir* Stanley Matthews foi um dos grandes nomes britânicos do século XX.

Era magro, feio e desengonçado. Sua pele era pálida, e ele sempre tinha aquele meio sorriso no rosto. Filho de um barbeiro que foi boxeador quando jovem, Matthews cresceu em um lar modesto, numa daquelas casas com jardim bem britânicas perto de Stoke-on-Trent. Eram tempos em que os filhos de famílias humildes sonhavam em conquistar a Índia, formar uma banda de sucesso ou ganhar uma taça.

Sir Stanley foi, talvez, o melhor jogador de futebol da história da Inglaterra. O homem que não queria comer carne, não queria fumar, treinava muito e estendeu sua carreira até depois dos 50 anos. Ele ganhou a primeira Bola de Ouro e transformou Stoke City e Blackpool em gigantes que protagonizaram feitos memoráveis durante anos. Como aquela final da Copa da Inglaterra de 1953, na qual Matthews decidiu que o Bolton, que vencia por 3 × 1 aos 23 minutos do segundo tempo, não ganharia o troféu. Seria lembrada como "a final de Stanley Matthews"; a final em que o *Wizard of the Dribble* [Mago do Drible] brilhou e, em seu retorno a

Blackpool, reuniu milhares de torcedores para a passagem do trem preto de onde segurava o troféu nas mãos.

Matthews encarnou o ideal do jogador de futebol britânico: nunca foi expulso, apesar de ter brigado com todos os seus treinadores. Jogou por amor ao esporte, pois nunca ganhou mais de vinte libras por semana. Superava seus marcadores com uma maneira muito particular de driblar, como se desse um salto. Com aquela cara, *Sir* Stanley poderia ter acabado administrando um pub ou numa bicicleta entregando cartas, mas seu pai sabia que o menino tinha futuro. Quando o filho tinha 6 anos, o pai o inscreveu numa corrida de velocidade e apostou algumas libras em sua vitória. Matthews venceu a corrida. Aos 15 anos, o Stoke City contratou esse jovem que ganhava a vida assentando tijolos, apesar de, por ser novo demais para jogar, recomendarem que ele desse uma mãozinha nos trabalhos no escritório para poder justificar seu salário. Depois, com o passar dos anos, recebeu as chaves do clube e foi nomeado presidente de honra.

Sir Stanley tinha a mística daqueles sujeitos do século XIX nascidos em um canto perdido da Inglaterra que acabam conquistando reinos desconhecidos. Como bom britânico, ele é lembrado por suas vitórias, mas suas derrotas se tornaram relatos igualmente preciosos. De toda derrota, um inglês sabe como destacar sua parte heroica. Matthews brilhou em 1938, em Berlim, derrotando os alemães diante de Hitler, mas fracassou na Copa do Mundo do Brasil. Já aposentado, ele se empenhou, desafiando o *apartheid*, a treinar uma equipe de jovens no Soweto na África do Sul. Convidado muitas vezes para um chá no palácio de Buckingham, *Sir* Stanley se alistou na RAF (Royal Air Force) durante a Segunda Guerra Mundial, mas foi relegado às arquibancadas antes do maior vexame da história do futebol inglês. Com espírito aventureiro, não era alheio às polêmicas, como quando abandonou a esposa Betty para ficar com uma tcheca que conheceu em Praga. Acabou que era uma espiã comunista. Destinado quase sempre a ganhar, Matthews conquistou o coração de Mila Winterova, e ambos fugiram para Malta durante uma temporada. Morreram com poucos meses de diferença e estiveram sempre unidos.

O craque inglês foi protagonista de uma era dourada do futebol na Inglaterra, mas também presenciou o declínio do jogo no país. Aposentou-se da seleção em 1957. Esteve em duas Copas do Mundo. Na de 1954, na Suíça, disputou as quartas de final que os ingleses perderam para os uruguaios. Em 1950, sofreu a frustração de assistir a dois jogos das tribunas.

Curiosamente, Matthews jogou apenas três partidas em Mundiais e não venceu nenhuma: empate por 4 × 4 com os belgas e derrota por 4 × 2 diante dos *charrúas*, em 1954, e também aquele revés por 1 × 0 para a Espanha, no Maracanã. *Sir* Stanley testemunhou o início do fim.

A Copa de 1950 acabou com a lenda do futebol inglês, que se gabava do status de melhor do planeta. As derrotas contra Estados Unidos e Espanha pelo placar mínimo foram uma ducha de água fria para a opinião pública, convencida de que seus rapazes voltariam do Brasil com a taça. Três anos mais tarde, a Hungria venceria por 6 × 3 em Wembley e se tonaria a primeira seleção não britânica a ganhar na casa dos ingleses. Apesar da série de humilhações, muitos continuaram se negando a acreditar que já não eram os mestres do *beautiful game*. Acharam, inclusive, que Matthews era melhor que Puskás. Meses mais tarde, os húngaros golearam os ingleses por 7 × 1 em Budapeste. O 4-2-4 de Gustav Sebes acabou com a velha Inglaterra de Walter Winterbottom, ainda presa ao "WM". "Em 1950, tivemos a oportunidade de abrir os olhos e ver que, depois de tantos anos sem fazer parte da Fifa, tínhamos ficado para trás. Mas não foi o que fizemos", lamentou Matthews.

No dia 18 de junho de 1950, a Inglaterra partiu do aeroporto de Heathrow para sua primeira Copa do Mundo, a bordo de um avião da British Airways. Os jogadores, trajados com ternos elegantes, posaram para fotos à beira da pista. No avião não estava Stanley Matthews, recrutado pela federação para participar de uma excursão de jogadores da liga por Estados Unidos e Canadá. "Foi uma sucessão de erros", lembrou *Sir* Stanley anos mais tarde. A FA (Football Association, a federação inglesa) tinha o costume de organizar viagens como aquela à América do Norte para fortalecer os laços entre as duas nações depois da guerra. Menosprezando o Mundial, a entidade não só não cancelou a ida ao continente, como também convocou diversos jogadores da seleção, como Ellerington, Hagan, Hancocks, Johnston, Mozley, Ward e, é claro, Matthews. Além disso, autorizou o Manchester United a organizar outra excursão por Estados Unidos e Canadá durante as mesmas datas, deixando seus jogadores livres para decidir se participariam da Copa. Ou seja, o técnico Walter Winterbottom não tinha poder para decidir quem jogava e quem estava fora. Não podia sequer decidir a escalação. Só podia definir a tática e dar conselhos.

"Depois de um bom ano no Blackpool, a imprensa clamava pela minha inclusão na lista da Copa do Mundo, mas me colocaram na outra, na da excursão", lembrou Matthews, que queria muito disputar o torneio no Brasil, em sua autobiografia. "Tentei aproveitar a excursão. Fui muito bem tratado, embora meu desejo fosse sempre o de ir à Copa do Mundo. Quando chegamos em Quebec, os jornalistas perguntaram sobre meu salário no Blackpool e ficaram chocados. Disseram que eu recebia menos do que um reserva de um time local de hóquei no gelo. Um clube de lá chegou a me oferecer um contrato para treinar por cinquenta libras por semana. Na Inglaterra eu ganhava catorze por semana no inverno, e menos no verão...". Esse era o futebol inglês da época: orgulhoso, mas preso ao passado.

Enquanto Winterbottom conduzia os primeiros treinamentos em Londres, Stanley Matthews jogava um amistoso em Saskatoon, no coração do Canadá. A situação era desesperadora. Matthews sonhava com o Mundial, mas se viu enfrentando um time tão desastroso que se apresentou com apenas nove jogadores, forçando Lofthouse e Ward a jogarem pelo combinado de Saskatoon. Os ingleses ganharam por 19 × 1. Dez dias antes do início da Copa, Matthews jogou o amistoso entre Manchester United e uma seleção da FA diante de 32 mil torcedores, em Toronto. "A imprensa canadense noticiou que eu planejava ficar no país. Passei a excursão desmentindo aqueles rumores e jogando bem para que os jornalistas britânicos exigissem minha presença na Copa do Mundo", lembrou, frustrado. Por fim, a FA enviou um telegrama pedindo a Matthews e dois rapazes do Manchester United, Johnny Aston e Henry Cockburn, que viajassem ao Brasil depois da passagem pela América do Norte.

Matthews pegou um voo de Nova York rumo ao Rio de Janeiro, com escala em Trinidad e Tobago; uma viagem de 28 horas logo depois de um amistoso contra a seleção dos Estados Unidos, que os ingleses venceram pelo placar mínimo. Matthews já sabia, então, que jogaria a Copa, e quase não apareceu a tempo da partida, que a imprensa considerou um fracasso dada a falta de gols e a superioridade esmagadora da seleção da FA. Ninguém podia imaginar que, duas semanas mais tarde, aquela mesma seleção ianque venceria a Inglaterra com Matthews nas arquibancadas. Meio cansado e meio punido pela federação, com quem mantinha uma disputa por causa dos baixos salários, Matthews chegou três dias antes do pontapé inicial e descansou na primeira partida da fase de grupos, contra os chilenos. Vitória inglesa por 2 × 0 sem encantar as 32 mil pessoas que estiveram no Maracanã.

Depois de se impor na estreia, a Inglaterra relaxou. Instalados no hotel Luxor, em Copacabana, os ingleses beberam e caíram na farra. Em seguida, tiveram que viajar de avião para Belo Horizonte, onde jogariam contra os Estados Unidos. No dia da partida, Matthews foi informado de que não jogaria, pois preferiam poupá-lo para a última rodada, contra a Espanha. A decisão foi tomada pelo delegado da federação, Arthur Drewry, um dirigente do Grimsby Town e membro da FA. O treinador Winterbottom o advertiu de que os americanos se fechariam muito na defesa, e a presença de Matthews ajudaria a abrir o ferrolho. Até o presidente da FA, *Sir* Stanley Rous, expressou suas dúvidas. Drewry, porém, argumentou que não se deveria mexer no time que batera os chilenos, e menos ainda contra uma seleção amadora. O jornalista Norman Giller resumiu apropriadamente a decisão com uma analogia: "Deixar Wellington no banco na Batalha de Waterloo." Matthews subiu triste no ônibus, que demorou duas horas para chegar ao estádio, balançando pelas estradas de terra. Alguns jogadores ficaram enjoados. A Inglaterra se dirigia rumo à derrota mais humilhante de sua história.

Como na época não se podiam realizar substituições, Matthews tomou seu lugar na arquibancada com os outros preteridos. "Era um estádio horrível, não parecia a sede de uma Copa do Mundo. Ver aquele jogo das tribunas foi como estar no purgatório, sofrendo enquanto meus companheiros perdiam. Apesar de depois eu ter agradecido aos céus por não ter atuado. Não posso dizer que minha presença teria mudado algo. Sei que perdemos muitas chances, mas não teríamos marcado nem se jogássemos por nove horas. Apesar da viagem terrível e do estado do campo, foi uma humilhação." A Inglaterra perdeu por 1 × 0. As coisas nunca voltaram a ser como antes.

"Nós voamos de volta ao Rio devastados. A derrota nos obrigava a vencer uma boa seleção espanhola se quiséssemos seguir adiante." Matthews sabia que jogaria naquele duelo. E jogou. Arthur Drewry mudou todo o ataque, com quatro variações. Matthews entrou, assim como Jackie Milburn (Newcastle), Bill Eckersley (Blackburn) e Eddie Baily (Tottenham). Tom Finney mudou de lado, passando à esquerda para deixar a direita para Matthews, mas a Inglaterra estava marcada pela desgraça. Tiveram um gol de Milburn anulado por impedimento, Finney pediu dois pênaltis, Ramallets pegou tudo e Zarra não perdoou. Apesar de os ingleses terem jogado melhor, a Espanha venceu por 1 × 0 e passou para o quadrangular final. A Inglaterra estava eliminada. Humilhada. *Back home*.

Matthews aprendeu muitas coisas no Brasil. "Tom Finney e eu queríamos ficar até o fim do torneio para ver seleções como Brasil e Uruguai jogarem. Poderíamos aprender muito com eles, mas tínhamos que voltar juntos. Uma coisa é que volte a equipe, e outra que voltem os técnicos. Nem Drewry, nem Winterbottom ficaram para estudar aqueles rivais. Tampouco os jornalistas ingleses. Enquanto o futebol continuava a evoluir, nós retornávamos para casa sem entender aquelas novas ideias. Mas, nos jogos que eu tinha visto, nos treinamentos, aprendi coisas. E trouxe para cá, assim como o par de chuteiras que comprei." Matthews ficou fascinado com as chuteiras usadas pelos jogadores brasileiros, mais leves. Comprou as de tamanho 39 numa loja no Rio de Janeiro e, já em casa, pediu à marca *Co-op* que lhe confeccionasse pares semelhantes. "Me pagaram quinze libras por semana — muito mais do que eu recebia para jogar — para fazer publicidade da marca deles. Já antes da Copa do Mundo trabalhávamos juntos, então pedi que me fizessem chuteiras como as dos brasileiros: mais leves e mais bem-adaptadas ao pé. De 1950 a 1965, quando me aposentei, sempre joguei com esse tipo de chuteiras, reproduzindo jogadas que eu tinha visto Ademir, Friaça e Jair fazerem. A forma deles de colocar efeito na bola nas cobranças de falta, a precisão no toque, a mentalidade ofensiva, a maneira de dominar a bola.... Eles eram gênios. Eu adaptei muitas coisas da Copa do Mundo ao meu jogo. Acho que melhorei muito."

Ao contrário de Matthews, a Inglaterra não foi tão sagaz e não aprendeu praticamente nada. Em 1954, novamente com Winterbottom como técnico, os ingleses ganharam apenas um jogo e foram eliminados pelos uruguaios, uma equipe na qual Matthews admirava "a maneira como competia". *Sir* Stanley sempre considerou que os ingleses desperdiçaram muitas oportunidades. "Poucas equipes treinavam com a bola naquela época. A maioria não via a cor dela durante toda a semana porque, em teoria, assim teriam mais fome de bola. Não fazia sentido. Os brasileiros e os uruguaios trabalhavam sempre com bola. Se eu tinha técnica era porque treinava com ela individualmente. Se eles eram bons, era porque treinavam com bola. Você pode trabalhar duro, ser forte e conhecer as táticas, mas, no fim das contas, precisa de caras que possam desequilibrar o jogo com a bola. Jogadores com dribles mágicos, com lances de genialidade para abrir as defesas adversárias. Voltei da Copa do Mundo ansioso para colocar em prática nos jogos do Blackpool as coisas que havia visto." *Sir* Stanley estava sempre à frente dos compatriotas. Foi um gênio. Um visionário.

19
VÍCTOR UGARTE

Não conhecíamos os bolivianos.
Eles jogavam com camisas brancas e calções pretos.
Mas, assim que começamos a fazer gols
e vimos que não eram grande coisa,
nos soltamos e foi um passeio.
Alcides Edgardo Ghiggia

Víctor Agustín Ugarte marcou o primeiro gol da vitória da Bolívia sobre o Uruguai no Campeonato Sul-Americano de 1949, no Rio de Janeiro. O Brasil organizou o torneio menos de um ano antes da Copa do Mundo como preparação para o grande desafio. Com o Maracanã ainda em obras, passou no teste. A competição foi bem-organizada, e a seleção brasileira conquistou o título contra um surpreendente Paraguai. Os bolivianos também voltaram felizes, tendo conquistado muitos pontos contra adversários historicamente mais fortes. O triunfo por 3 × 2 diante da Celeste foi o ápice e ficou gravado na memória de toda uma geração de torcedores. "El Maestro" Ugarte, então um dos mais jovens da equipe, saiu de campo radiante.

Um ano depois, de volta ao Brasil, os dois times se encontraram novamente, desta vez pela primeira fase da Copa do Mundo. O Uruguai goleou a Bolívia por 8 × 0. O Maestro Ugarte deixou o estádio de Belo Horizonte com o olhar perdido.

"A equipe de 1949 era maravilhosa. Eu desfrutei muito jogando com aqueles garotos, mas éramos inexperientes e sofremos em 1950.

Certo, pegamos o Uruguai, que mais tarde calou o Brasil inteiro em sua própria casa. Como é que eles não iriam nos calar?", lembrou.

Com a pele dourada, o olhar desafiador e as pernas magras, Maestro era um sujeito sincero, de sorriso infantil e jogo endiabrado. Um daqueles jogadores maravilhosos, destinados a serem eternas promessas. Muitos bolivianos o consideram o melhor da história de seu futebol, superando até mesmo os heróis que jogaram a Copa do Mundo de 1994. El Maestro ainda teve tempo para ver essa proeza. Morreu logo em seguida, em 1995, afogado no álcool e nas dívidas.

Ugarte conheceu a prisão. Conheceu a dor. E jogou um Mundial.

A Bolívia foi a única seleção a jogar apenas uma partida no torneio de 1950. O Grupo 4 foi pensado, como todos os outros, para ser composto por quatro equipes. No entanto, quando chegou o dia do sorteio, e após a recusa de portugueses, austríacos e irlandeses, faltava uma. Com apenas três equipes para serem sorteadas — Uruguai, Bolívia e França —, os franceses se retiraram. As negociações foram infrutíferas. A França alegou inexperiência e a impossibilidade de arcar com os custos da viagem. De repente, a Copa do Mundo tinha dois grupos com quatro equipes, um com três, e o último com apenas duas. O único jogo entre uruguaios e bolivianos decidiria o classificado à fase final. Brasil e Espanha, portanto, jogaram três partidas para conseguir o que os uruguaios conseguiram em apenas noventa minutos: um ingresso para o quadrangular que decidiria o campeão.

O duelo não teve uma grande história, nem despertou interesse. Foi o jogo com menos espectadores (5.284 pessoas presenciaram o baile uruguaio em Belo Horizonte). "Enganamos os bolivianos, que achavam que iríamos com uma formação igual à de 1949. Aquela equipe era um apanhado de quando foi declarada a greve dos jogadores, mas eles se iludiram", recordou o uruguaio Óscar Omar Míguez, autor de cinco gols na Copa do Mundo. E é verdade que, um ano antes do Mundial, a Bolívia derrotara um Uruguai sem alma e coração, já que o futebol do país vivia uma paralisação de jogadores da qual participaram todos os atletas que mais tarde seriam campeões, exceto Matías González. "É por isso que vieram com tudo no começo e sofremos bastante. Ainda bem que Roque defendeu duas ou três bolas, senão... Aos dezoito ou vinte minutos eu marquei o primeiro, e depois tudo ficou mais fácil. Só com aquele jogo eu poderia ter sido o artilheiro do torneio. Ademir ficou na minha frente na artilharia por dois gols, apesar de que tive chances contra os bolivianos nas quais preferi não marcar para Ghiggia fazer o seu. Se ele tivesse feito isso em meu lugar, talvez eu fosse o goleador", brincou Míguez, autor de três gols naquele encontro da primeira fase. Schiaffino anotou mais dois, Julio Pérez um, Vidal outro... e Ghiggia o último, o oitavo. O Uruguai passou os últimos minutos tentando fazer com que Ghiggia pudesse marcar. "O jogo era fácil e os bolivianos já não tinham nada a perder, mas eu não marcava. Aos 37 do segundo tempo, um zagueiro deu um passe curto para o goleiro e eu marquei com o gol livre", lembrou o autor do gol que deu ao Uruguai o título da Copa do Mundo sobre os brasileiros. Curiosamente, Ghiggia começou o torneio pensando que não estava inspirado diante da meta adversária.

Belo Horizonte presenciou um massacre. A Bolívia foi a primeira vítima de uma seleção uruguaia que, mesmo antes daquele confronto, escutou seu líder, o eterno Obdulio Varela, dizer: "Ou ganhamos essa taça ou não voltamos". E o Uruguai venceu. "Poderiam ter marcado uma dúzia... Foi o jogo de aquecimento mais tranquilo que qualquer equipe já tenha disputado", escreveu a imprensa de Montevidéu. Ghiggia, sincero, admitiu que "não conhecíamos os bolivianos. Eles jogavam com camisas brancas e calções pretos, mas assim que começamos a fazer gols e vimos que não eram grande coisa, nos soltamos e foi um passeio". A estreia do campeão não pareceu uma partida de Mundial. O estádio Independência não agradou a nenhum dos lados porque "era pequeno. Você olhava e não parecia um campo de Copa do Mundo. Havia poucas arquibancadas e nem sequer rodeavam as tribunas. O campo estava em mau estado e os vestiários eram muito precários", afirmou Ghiggia. Seu oponente também não esteve à altura. A Bolívia foi destroçada, e os uruguaios se encheram de moral, especialmente os atacantes.

A equipe boliviana não era rival para aquela máquina celeste. Era um time à procura do seu lugar. À procura de uma maneira de competir com os vizinhos. Como era o caso em quase todos os lugares na época, o debate sobre o profissionalismo estava no centro das atenções. Pouco antes da Copa do Mundo, no dia 25 de maio de 1950, a Associação de Futebol de La Paz mudou seu estatuto e se tornou uma associação mista, tanto profissional como amadora. O passo decisivo para que se profissionalizasse. O Bolívar, com Ugarte no elenco, venceu o primeiro torneio nesses termos. "Era um futebol profissional, exceto no que diz respeito a impostos e salários", resmungava Ugarte, que defendeu brevemente o San Lorenzo de Almagro, da Argentina. "Não me adaptei à maneira deles de entender o jogo e voltei.

Mais tarde, amadureci e estava pronto para atuar num grande clube no exterior, mas o presidente do país, Mamerto Urriolagoitia, prometeu uma casa e um carro para que eu não fosse para o Boca Juniors", costumava recordar com um olhar triste. Pouco depois disso, uma Junta Militar derrubou Urriolagoitia. El Maestro decidiu, então, que não iria embora, ficaria com os seus e daria seu melhor para marcar o maior número possível de gols para seu povo.

Ugarte viveu uma época em que a Bolívia tentava se equiparar às outras seleções do continente. Inaugurou-se estádios e planejou-se uma liga unificada pela primeira vez, pondo fim ao sistema de ligas regionais que prevalecia até então, com um sistema de mata-mata e finais. A primeira divisão boliviana não nasceria até os anos 1970.

A Bolívia, assim como em 1930, chegou à Copa do Mundo sem disputar as Eliminatórias. O comitê organizador sofreu muito para elaborar essas disputas. Na América do Sul, um grupo foi sorteado com Equador, Paraguai, Peru e Uruguai, mas o Equador se opôs à fórmula acordada (as doze partidas seriam disputadas no Brasil) e se recusou a participar das Eliminatórias. Depois, o Peru não conseguiu encontrar passagens de avião para o que seria um triangular, de modo que Paraguai e Uruguai se classificaram sem jogar. O outro grupo era formado por bolivianos, chilenos e argentinos. A renúncia da Argentina, em desacordo com a confederação brasileira, abriu as portas para os outros dois, que realizaram duelos simbólicos em preparação para o torneio, apesar de já terem a vaga assegurada. Mario Mena e Leonardo Ferrel marcaram na vitória boliviana em La Paz. Em Santiago, os bolivianos perderam por 5 × 0.

O futebol boliviano era então propriedade dos clubes de La Paz, com exceção de Cochabamba. A Bolívia ainda vivia muito isolada, lá na altitude, com poucas equipes estrangeiras visitando seus estádios e poucas excursões chegando ao país. Não havia uma liga unificada, nem a Copa Libertadores. Somente a Copa América permitia que a seleção enfrentasse os vizinhos. Contudo, Mario Pretto, o técnico, estava otimista. Ele apostou em um grupo formado por jogadores de times da capital, especialmente os garotos do Litoral, clube campeão da liga regional em 1947, 1948 e 1949. Era um dos poucos times com experiência internacional e, em 1948, havia disputado o Campeonato Sudamericano de Campeones, organizado pelo Colo-Colo, do Chile, que unia os campeões das diferentes ligas do continente. Apesar de ganhar apenas uma partida, contra o Emelec, do Equador, o atacante

Roberto Caparelli acabou como artilheiro do torneio com sete gols. Ele fecharia depois com o The Strongest e faria grandes duelos contra o Bolívar de Ugarte.

Víctor Agustín Ugarte fez sua estreia no time principal do Bolívar em 1947 e rapidamente ganhou o apreço de todos. Naquele mesmo ano, foi convocado para a seleção. "Em 1950, éramos uma equipe jovem", minimizava, quando era recordado da goleada sofrida para os uruguaios. Preferia lembrar que, aos 36 anos de idade, tinha sido o capitão da seleção na sua primeira conquista da Copa América, em 1963. A Bolívia era jovem e inexperiente, mas com exceção dos dez gols que o Brasil aplicou em 1949, acreditava-se que a experiência adquirida na Copa América anterior à Copa do Mundo seria suficiente para evitar sustos. No entanto, os erros se sucederam.

No dia 11 de junho, a Bolívia se despediu de sua torcida em Cochabamba com o triunfo de 5 × 0 sobre um time local. Em seguida, o grupo voltou pela estrada para La Paz e voou para o Rio de Janeiro. A estreia no Mundial seria em 2 de julho, mas a federação concentrou a seleção no Rio para treinar e jogar amistosos contra times de bairro cariocas. No dia 28 de junho, os bolivianos pegaram um avião para Belo Horizonte, onde se hospedaram no hotel Financial. E então os problemas começaram.

Um deles foi que a delegação boliviana exigia dos organizadores o pagamento de 25 cruzeiros por cada dia de estadia no Brasil. A crise que se seguiu foi enorme. A organização, por meio de telegramas, informou claramente que seriam pagos os 25 cruzeiros a jogadores e representantes das seleções, mas somente para os dois dias prévios ao torneio. A Bolívia, teimosa, ameaçou não enfrentar o Uruguai se não recebesse o valor que pedia. De repente, a ameaça pairava sobre o quarto grupo, que poderia ficar sem outro participante, com a Celeste a um passo de chegar ao quadrangular final sem ter jogado uma única partida, nem nas Eliminatórias, nem na primeira fase da Copa. No fim, a organização cedeu e pagou os bolivianos. "No nosso futebol há gente demais que só pensa no dinheiro", reclamou repetidas vezes o Maestro Ugarte, que morreu pobre.

A expedição da Federação Boliviana de Futebol chegou ao Brasil liderada pelo seu presidente, doutor Alfredo Galindo Quiroga, pelos dirigentes José Manuel Villavicencio, Humberto Zavala, Adalberto Violand e José Quintanilla; pelo técnico Mario Pretto, pelo preparador físico chamado Félix Deheza e por dezenove jogadores: Eduardo Gutiérrez, José

Bustamante, Duberty Aráoz, Antonio Greco, Antonio Valencia, Celestino Algañaráz, Víctor Agustín Ugarte, Roberto Capparelli, Benigno Gutiérrez, Leonardo Ferrel, Vicente Arraya, Alberto Achá, René Cabrera, Juan Guerra, Víctor Brown, Mario Mena, Benedicto Godoy, Héctor Saavedra e Benjamín Maldonado. Todos eles pagos pelos quase vinte dias que passaram no Brasil, e para fazer uma única partida, a goleada sofrida por 8 × 0. Uma derrota que compensou: os dirigentes voltaram com os bolsos cheios de cruzeiros.

O Maestro Ugarte retornou ao seu Bolívar, onde se dedicou a buscar gols impossíveis. Ele não gostava de marcar com a meta vazia. Esperava o defensor para conferir beleza ao gol. Em uma terra carente de heróis, transformou seus jogos em feitos heroicos, transmitidos oralmente de pai para filho. Sincero e generoso como um bom boliviano, apesar de inocente demais, marcava gols e o dinheiro que ganhava era gasto em presentes. "Foram anos de grandes duelos entre celestes e tigrados. No Bolívar, éramos Mena, Santos e os irmãos Vargas; no The Strongest, Caparelli, Ortuño, Di Lorenzo... mas não era um futebol para ficar rico." Em 1962, sua esposa já advertia em uma entrevista que o marido "nunca pensa em si mesmo. Sempre pensa em ajudar os outros, e é por isso que agora tem que seguir ralando. Os clubes bolivianos não pagam bem porque o profissionalismo é parcial. Eu o aconselho a aceitar as boas ofertas que recebe do exterior, mas ele prefere ficar aqui". Ugarte sentia que já estava velho e se dedicava a convidar amigos e jovens para desfrutar do futebol.

Morreu pobre, sem nada. Até o final, falou maravilhas do futebol de sua época e daqueles que o atropelaram em Belo Horizonte. Os uruguaios, por outro lado, mal lembravam os nomes dos bolivianos que aniquilaram, apesar de, em 1963, Obdulio Varela ter se alegrado ao saber do título dos bolivianos da Copa América. "O Maestro Ugarte era um bom jogador, sim, senhor", disse ele. Em 1950, Ugarte era um menino. Em 1963, já era um mestre. Pobre, mas um mestre.

20
ZIZINHO

O futebol de Zizinho me faz lembrar de Leonardo,
do mestre Da Vinci pintando alguns de seus imponentes quadros,
tão expressivos e carregados de simbolismo como o futebol de Zizinho.
Giordano Fattori, jornalista da *Gazzetta Dello Sport*

George Reader conferiu o relógio e deu o apito final. Zizinho baixou a cabeça derrotado, frustrado, e permaneceu absorto por alguns segundos no gramado. Com o suor deslizando pelo pescoço, olhou para o lado e viu o capitão uruguaio Obdulio Varela pulando como um louco. "Tive muita vontade de chutá-lo", reconheceria Zizinho mais tarde.

Passou a vida inteira pensando naquela partida. Isso o deixou tão obcecado que se tornou amigo "daqueles malditos uruguaios". "Tenho mais contato com eles do que com os brasileiros", costumava dizer Zizinho, o sujeito descrito como "provavelmente, o melhor jogador a vestir a camisa do Brasil" por um certo Pelé. Quando se aposentou, começou a conviver com músicos, cantores e profissionais de vários tipos. Distanciou-se do mundo do futebol, com exceção dos seus companheiros na derrota daquele 16 de julho e dos seus carrascos, os quais passou a apreciar.

Todo mês de junho, quando se aproximava o aniversário daquela Copa do Mundo, Zizinho ligava para seus melhores amigos e passava a eles um código inventado por ele mesmo: um número, uma palavra ou uma combinação de ambos. Quando lhe telefonavam, esses amigos mais próximos tinham que dizer o tal código. Caso contrário, Zizinho desligava, pois podia ser um jornalista à procura de declarações sobre a famosa derrota. Todo dia 16 de julho, ele desconectava o telefone. Ou ia para bem longe. Numa ocasião, passou o dia em Montevidéu, comendo um *asado* com os uruguaios e fugindo da imprensa brasileira, que acusava de ter causado a morte de Barbosa ao fazer dele um bode expiatório. "Morreu de tristeza por culpa de vocês", disse no dia do funeral do goleiro.

Zizinho era um gênio. O escritor Nelson Rodrigues afirmava que era o melhor jogador brasileiro da história sem uma medalha de campeão do mundo, reforçando a tese de Pelé. Zizinho de fato nunca conquistou essa medalha. Ele tinha a de vice-campeão escondida em um móvel, atrás de algumas taças, como se tivesse sido entregue em um torneio amistoso. Quando o jornalista Alex Bellos perguntou se podia vê-la, pegou-a como se fosse um objeto amaldiçoado. Deixou-a nas mãos de Bellos e ficou olhando para ele de longe, sentado no sofá onde morreria de ataque cardíaco enquanto conversava com sua filha em 2002. "Eu nunca limpo ela", admitiu. As outras medalhas e os outros troféus brilhavam. Aquela havia escurecido e estava suja.

O craque sabia que não poderia escapar da lembrança daquela derrota. Nesse sentido, passou os últimos anos falando sobre o assunto, procurando culpados. Uma de suas teorias era a de que perderam para os uruguaios por causa da tática do "WM". "Os últimos quatro jogos da Copa do Mundo foram a primeira vez na minha vida em que joguei no 'WM'. Primeiro jogamos com uma variante diferente. Espanha, Suécia e Iugoslávia utilizavam o 'WM', como quase todos os europeus, e nós os vencemos, mas o Uruguai jogava com um esquema diferente, com um beque no fundo e outro na frente. Era um esquema horrível, muito antigo. Quando eu tinha 6 anos vi times jogarem assim, como o Carioca, por exemplo, um clube de São Gonçalo, perto de Niterói. O goleiro deles, Máspoli, admitiu que jogaram com esse esquema ultrapassado. Além disso, o treinador do Brasil chegou a comentar com um jornalista que eles jogariam com aquele esquema no dia da final, e nem assim ganhamos. O esquema deles era maluco, mas não era tão ruim como o 'WM'. Por isso nós perdemos a Copa."

Tomás Soares da Silva tinha o cenho franzido, a pele morena marcada pela acne e os pequenos olhos de um demônio travesso. Havia nascido para jogar futebol, mas não para perder.

Quando criança, ele já encantava todos com a bola nos pés. Era chamado de "Tomazinho". Mais tarde, "Zizinho". No fim da carreira, era reverenciado como "Mestre Ziza". Conseguiu escapar da miséria depois de impressionar nas peneiras que alguns dos grandes times do Rio de Janeiro organizavam. Escapou graças a sua magia. Só Garrincha teve a mesma capacidade de brincar com a bola, como se tivesse nascido com a redonda colada ao pé.

Zizinho brilhou quando a estrela de Leônidas, outro gênio, apagou-se. E quem assumiu o seu lugar foi Pelé, o garoto que comandou a seleção em 1958, quando o Brasil ganhou sua primeira Copa do Mundo. Pelé conquistou três medalhas de campeão; Zizinho, a de vice. "Nos dias seguintes, eu não consegui dormir. Pensava que era um pesadelo, mas era real", contou. Quatro dias após o último jogo do Mundial, ele disse que já estava farto. Antes do torneio, deixou seu time de coração, o Flamengo, seduzido por uma proposta milionária do Bangu. E, apesar de ter direito a quinze dias de descanso, apareceu no campo de treinamento de seu novo time no quarto dia. Trotando e batendo na bola, começou a trabalhar para superar o trauma, embora nunca tenha sido capaz de esquecê-lo completamente. "A certeza da vitória era tanta que me fizeram assinar mais de 2 mil fotos montadas com os dizeres 'Brasil Campeão!'", recordava. "No fundo, foi uma lição. Todos aqueles políticos e sujeitos que nos proclamaram campeões antes do jogo... Como se esconderam e nos abandonaram depois", refletia em tom desafiador. Zizinho era um lutador nato.

Ao longo da carreira, as pessoas sempre quiseram estar perto dele. Já depois do jogo da fase de grupos contra a Iugoslávia, quando os brasileiros precisavam vencer para evitar a eliminação, milhares de torcedores o esperaram às portas do Maracanã. Naquela partida, ele marcou um golaço, anulado. Então, por vingança, alguns minutos mais tarde, fez outro muito parecido, este sim validado, um gol que seria lembrado como "o gol bis".

Zizinho trouxe o ritmo carioca ao futebol. Foi o melhor, mas nasceu no momento errado. Ele não pôde levantar a Taça Jules Rimet, nem conseguiu viver do que ganhou fazendo gols. Depois de terminar a carreira esportiva no Chile, tornou-se funcionário público da administração do Rio de Janeiro. "Naquela época, um jogador não ficava rico", afirmou.

O momento de glória de Zizinho na Copa do Mundo veio na segunda rodada do quadrangular final, pouco antes da derrota para o Uruguai. Em questão de dias, Zizinho tocou o céu e chocou-se com as masmorras do purgatório. O Brasil havia encantado todos em seu primeiro jogo da fase decisiva, aquela que decidiria o título. Atropelaram os suecos, vencendo por

7 × 1. O empate entre uruguaios e espanhóis no outro encontro os deixava no topo da tabela. Restavam duas finais. Foi nesse momento, após o atropelo diante dos escandinavos, que eles deixaram a tranquila concentração no Joá para se estabelecerem em São Januário, no meio da algazarra.

Na segunda partida, o Brasil enfrentava a Espanha — a seleção que havia eliminado os ingleses — para poder depender de si mesmo para ser campeão. A imprensa brasileira afirmava que os ibéricos eram jogadores brutos e duros, alimentando assim a mística da *Furia Española*. Se ganhassem aquela partida, os donos da casa botariam uma mão na taça. O Brasil inteiro sabia disso. Os jornais locais tentaram pressionar o árbitro inglês Reginald Leafe, acusando Zarra de sempre dominar a bola com a mão, que ele escondia nas mangas de sua camisa. Para dificultar a vida deles, foram organizadas festas ao lado do hotel onde os europeus estavam hospedados. Também se falou da má arbitragem do espanhol Ramón Azón Roma no empate do Brasil contra a Suíça, e várias matérias insistiam em que os espanhóis não eram confiáveis.

No dia 13 de julho de 1950, 200 mil pessoas lotaram o Maracanã para assistir a uma das melhores partidas do Brasil. O comércio fechou e as ruas se esvaziaram. A seleção brasileira destruiu a Espanha, goleando por 6 × 1. Ramallets, o melhor goleiro do torneio, não teve chance contra um ataque maravilhoso liderado por Ademir e um Zizinho que a imprensa estrangeira colocou nas alturas. Foi nessa partida que nasceu o apelido "Mestre Ziza", depois de a imprensa italiana o comparar com um mestre do Renascimento. E isso que durante os primeiros minutos Puchades virou a sombra dele e conseguiu fazer com que mal tocasse na bola. O problema foi que ninguém ficou de olho em Ademir, e a defesa espanhola desmoronou antes do intervalo. Zizinho, sempre atento, selou a goleada com o último gol do Brasil. Ademir passou para Zizinho, que enganou Puchades com um toque suave, levantando a bola, que ficou parada no ar enquanto o valenciano se arrastava pelo gramado, sem chance. A redonda, que ficou mansa ao ser domada pelo brasileiro, caiu lentamente, e Zizinho a golpeou: 6 × 0. Igoa, com uma linda bicicleta, fez o 6 × 1 quando os brasileiros, como o próprio Zizinho admitiu, já tinham tirado o pé do acelerador. A torcida brasileira, eufórica, começou a cantar "Touradas em Madri" nas arquibancadas, um samba de João de Barro, o Braguinha, e Alberto Ribeiro. Agitando lenços brancos ao ritmo da música, o estádio inteiro cantou enquanto Zizinho brilhava no gramado.

Eu fui às touradas em Madri
Parará-tim-bum-bum-bum
E quase não volto mais aqui
Pra ver Peri beijar Ceci.
Eu conheci uma espanhola
Natural da Catalunha;
Queria que eu tocasse castanhola
E pegasse touro à unha.
Caramba! Caracoles!
Sou do samba,
Não me amoles.
Pro Brasil eu vou fugir!
Isto é conversa mole para boi dormir!

Segundo os historiadores da música brasileira Jairo Severiano e Zuza Homem, "como num passe de mágica, a canção contagiou os 200 mil espectadores presentes, levando-os a transformar o espetáculo, que se supunha apenas futebolístico, numa das maiores demonstrações de canto coletivo de que se tem notícia até hoje. Era como se o coro dos torcedores atuasse em contraponto às jogadas dos craques brasileiros". Nas arquibancadas, Braguinha, emocionado, acenava em lágrimas. Em campo, a Espanha era esmagada. Algumas crônicas mencionaram um morto e duzentos feridos causados pelas avalanches provocadas nas arquibancadas pelos gols do Brasil. Zizinho deixou o campo ovacionado; Puchades, o homem que tinha a missão de ser sua sombra, saiu com os olhos lacrimejando. "Eles são uma equipe muito boa, com grande técnica. Zizinho parece que dança com a bola", lembrou o meio-campista anos depois.

Mas Zizinho, eleito o melhor jogador do torneio pelos jornalistas, perdeu a única partida que não poderia perder. Nelson Rodrigues escreveu que "em 1950 perdemos a Copa porque goleamos os espanhóis de uma maneira quase imoral". A vitória em que o rival foi humilhado deu lugar à derrota mais humilhante. Além disso, aconteceu em casa, quando um empate dava o título, e com 10 por cento da população do Rio nas arquibancadas, diante de todo um povo pronto para bailar ao ritmo de Zizinho.

Na partida final, o craque não jogou bem. Ondino Viera, o auxiliar técnico do Uruguai, colocou dois jogadores em cima dele, e a estratégia funcionou. Naquele dia, o astro brasileiro não conseguiu dançar com a bola. "Toda bola tem vida e alma. É preciso cuidar delas", costumava dizer. Em 16 de julho, os uruguaios se colocaram entre os dois, Zizinho e a bola. "No Brasil, vice-campeão é lixo. É melhor perder antes da final. Perder o título dói muito. A única hora em que vale a pena ser 'vice' é vice-presidente, porque você vira presidente se o outro morre", refletiu um homem que ganhou tudo, exceto o que ele mais desejava.

Depois da Copa do Mundo, Zizinho, o eterno ídolo do Flamengo, jogou no Bangu, onde teve um samba composto em sua homenagem: "*No velho esporte / tua fama não desliza / teve Domingos da Guia / sem falar do Mestre Ziza*". Em 1957, o húngaro Béla Guttmann o convidou a ir para o São Paulo. Com 37 anos, Zizinho tinha perdido ritmo e velocidade, mas não sabedoria. Sua última conquista foi a taça do Campeonato Paulista daquele ano. Depois de os são-paulinos vencerem o Santos, onde atuava um garoto de 17 anos chamado Pelé, o Corinthians montou para o jogo final um esquema defensivo inspirado no do Uruguai de 1950. Zizinho tocou poucas vezes na bola, mas foi decisivo em cada um dos toques, e o São Paulo se sagrou campeão.

Zizinho faleceu em 2002. Pouco antes de morrer, em uma de suas últimas entrevistas, deixou claro que o título de melhor jogador da Copa do Mundo de 1950 não valia nada. "Eu ainda vejo todos os dias o Ghiggia correndo pela direita. Todos os dias. Eu teria dado tudo para que aquele chute tivesse batido no lado de fora da rede."

21 ANTONIO CARBAJAL

Uma pedra no caminho me ensinou que meu destino era rodar e rodar...
Trecho da canção El Rey, do cantor mexicano José Alfredo Jiménez

Antonio Carbajal, por superstição, sempre jogava com uma camisa verde. O tempo transformou seu elegante bigode da década de 1950 em um doce bigode branco.

Carbajal, goleiro imortal do futebol mexicano, vive em León — no estado de Guanajuato —, onde ajuda crianças envolvidas com drogas, supervisiona o funcionamento de sua vidraçaria e concede várias entrevistas. Em León, "La Tota" é uma lenda.

Quando criança, era um menino tímido que cometeu o erro de pronunciar mal a palavra "Toño". Pronunciou algo como "Toto", e seus colegas o batizaram como "La Tota". Nunca poderiam imaginar que acabavam de batizar *in saecula saeculorum*, para todo o sempre, o primeiro jogador de futebol a disputar cinco Copas do Mundo, de 1950 a 1966.

La Tota, com seu riso sedutor, sua agilidade e seu charme com as câmeras, poderia ter sido ator naqueles filmes mexicanos dos anos 1950, onde se cantavam *corridos*[1] e era promovida a imagem do machão mexicano. "Eu participei de um, mas meu negócio era embaixo das traves", lembrou.

A história não o tratou bem. Foi um bom goleiro, elástico e corajoso, porém, lembram-se mais de suas fotos nos últimos anos como profissional,

1 Gênero musical mexicano que narra de forma épica a história de um personagem.

quando, com muitos quilos extras, defendia as balizas mais por intuição do que por reflexos. La Tota, sempre com seu elegante bigode de artista de cinema, lutou muito para jogar cinco Copas do Mundo, mas entrou para a história por pegar a bola no fundo das redes em todas essas edições. Naquela época, o México se encolhia quando saía de suas fronteiras. Muitos recordam suas lágrimas na derrota contra a Espanha, no Chile, em 1962; outros, de sua barriga. "Eu era magrinho. No final, sim, veio a pança. Mas nunca cheguei a ser tão gordo como o Urquiaga", brincou, referindo-se ao goleiro basco que terminou a carreira em solo mexicano, movendo mais de cem quilos de humanidade sobre pernas finas com joelheiras.

Carbajal, que afirmava ter recusado uma proposta do Real Madrid, nunca jogou em times grandes e entregou seu coração apenas ao modesto Unión de Curtidores, apesar de ter atuado em outras equipes. No México, é lembrado pelas cinco Copas do Mundo. "Somente Matthäus pode se vangloriar de tal feito",[2] ele se gabou. Mas o México de La Tota não era como a Alemanha de Lothar. Era um desastre.

O ex-arqueiro fala pausadamente. O tempo e o sol do norte do México tostaram sua pele, que tem uma bela cor de cobre, tal como a de tantos idosos daquela região. Ele ainda ostenta um bigode e sorri muito, recontando várias vezes seu grande destino: "Estreei no Maracanã no dia em que foi inaugurado, diante de mais de 200 mil brasileiros. E me despedi em Wembley, em 1966, diante de mais de 100 mil ingleses". Perdeu a primeira partida. Na última, empatou por 0 × 0 com o Uruguai, em um dos únicos jogos da carreira em que usou luvas. "Ron Springett, o goleiro reserva da Inglaterra, me deu de presente um par. Coloquei e quase me escapou um chute. Então, tirei. Gatos com luvas não caçam ratos", lembrou La Tota, um sujeito tão meticuloso que treinava atirando bolas contra as paredes de sua casa, pegando os rebotes no ar. "Foi melhor ainda quando me trouxeram uma bola de futebol americano. Eu pulava feito um coelho."

O mexicano foi um dos dois primeiros goleiros a ficar embaixo das traves no Maracanã, aquelas traves que mais tarde, diz a lenda, foram queimadas por outro goleiro, Moacir Barbosa. Foi em La Tota que marcaram os quatro primeiros gols do novo estádio, inaugurado em 24 de junho de

---

2 Após a publicação da edição original do livro, em abril de 2014, outros dois jogadores alcançaram a marca de cinco Mundiais disputados: o goleiro italiano Gianluigi Buffon e o zagueiro Rafa Márquez, mexicano como Carbajal.

1950, diante de aproximadamente 100 mil pessoas (ainda que, na lembrança do goleiro, houvesse o dobro).

"Ainda me lembro dos gritos, a atmosfera era indescritível e o jogo foi memorável: a nossa seleção fez uma grande partida, lutou com afinco, resistiu por muitos minutos, até que, no final, minha baliza foi bombardeada. Não fui metralhado, mas esfaqueado. Depois disso, tudo deu errado." Os mexicanos jogaram as duas partidas seguintes da fase de grupos em Porto Alegre. Perderam ambas.

"Eu não queria ser goleiro quando era pequeno. As crianças querem fazer gols. Me lembro dos jogos na rua. Para ganhar dinheiro e comprar uma bola, tínhamos que tirar o lixo dos vizinhos. Até que um dia apareceu um menino com uma bola de couro. Todos nós queríamos jogar com ele, mas o garoto me disse que eu só jogaria se fosse como goleiro. E foi assim que tudo começou." Por crueldade infantil, La Tota recebeu um apelido e foi enviado para o gol. "E quantos problemas aquilo me causou", brincou. O pai de Carbajal, motorista de ônibus da escola franco-espanhola da capital mexicana, havia conseguido uma bolsa na instituição para seu filho, que tinha então 14 anos. "Imagine isso. Meu pai trabalhando duro de manhã como motorista, depois como taxista... e o menino lhe diz que quer jogar futebol. Ele me expulsou de casa." O pai não queria mais ver bolas de futebol desde que um de seus filhos morrera atropelado jogando na rua. "E eu virei jogador de futebol, pobre paizinho", lembrou La Tota, que pedia a seus amigos para jogar na frente de casa, usando a porta como baliza. "Assim que ouvia o carro chegar, parava de jogar e ia para dentro com os livros."

Aos 14 anos de idade, Carbajal estava na rua. Foi bater na porta de Pepe Sánchez, o proprietário de um dos muitos times fundados por espanhóis: o Oviedo. "Ele tinha uma vidraçaria, como eu agora. Lá aprendi o ofício, dormia no meio dos vidros", conta, pausadamente. Naqueles anos, o menino tímido se tornou um homem duro, trabalhando na vidraçaria e agarrando bolas de futebol em times como o Marte ou o Oviedo, onde estreou com 13 anos, em 1942, e conheceu outro jovem goleiro, José Alfredo Jiménez. "Vocês o conhecem?", pergunta. Jiménez se tornaria um dos cantores mais populares do México com *rancheras* e *corridos* como "El Rey". "Ele também foi goleiro, mas seu negócio era escrever canções. Quando jogávamos, de repente chegava a inspiração e ele deixava a meta vazia para se sentar e compor no meio da partida. Era louco."

Em 1948, Carbajal assinou com o Real Club España, um dos históricos clubes do futebol mexicano. Depois de ser rejeitado por outro gigante da época, o Club América, La Tota começou a ganhar dinheiro com o futebol e foi convocado para as Olimpíadas de Londres. "Quando voltei, meu pai me perdoou." Ele tinha 19 anos e as portas da seleção se escancararam. "Foi nessa época que deixei crescer o bigode", afirmou. "Para parecer mais velho", acrescentou.

O México, ausente dos Mundiais de 1934 e 1938, voltou a participar da competição na Copa disputada no Brasil com muitas esperanças. A Fifa decidira organizar um triangular entre México, Estados Unidos e Cuba para decidir os dois que se classificariam para o Mundial. A disputa foi sediada na Cidade do México e a *Tricolor* atropelou seus adversários: 6 × 0 e 6 × 2, contra os ianques, e 2 × 0 e 3 × 0, sobre os cubanos. Mas, antes de ir para o Brasil, a federação organizou uma viagem à Espanha, onde o México acabou goleado pelo Real Madrid (7 × 1) e pelo Athletic Club, de Bilbao (6 × 3). Alguns meses antes do torneio, o treinador Rafael García Gutiérrez perdeu o cargo. "Naquela época não tinham muita paciência. Fui convocado pela primeira vez para a seleção pelo Abel Herrera, para disputar os Jogos Olímpicos de Londres, em 1948. Perdemos na primeira rodada para os coreanos, eu não estreei e Herrera foi demitido", lembrou La Tota. Depois, García Gutiérrez foi demitido por causa do vexame na Europa. No fim, o treinador na Copa foi Octavio Vidal. Após perder três partidas consecutivas, também perdeu o cargo.

"Aquela Copa deu errado desde o início. Antes de sairmos, publicaram um relatório dizendo que quase todos os jogadores estavam anêmicos. Mas estávamos bem, embora mais magros que os europeus, que tinham melhor preparação", contou. A equipe chegou em meio a um mar de dúvidas e voltou repleta de críticas. O presidente mexicano, Miguel Alemán, presenteou os atletas com uma bandeira e uma prenda antes de partirem, para estimular seu orgulho. "Dizem que ele não queria nos ver depois, mas não o culpamos por isso." O México não deu as caras na Copa do Mundo, com a imprensa relatando que os jogadores se dedicavam a embebedar-se e a perseguir garotas. O massagista vazou para um jornalista que o time passava horas se recuperando dessas bebedeiras. A federação não demorou a pedir explicações. Ao retornar, o jogador Gregorio Gómez seria suspenso e ficaria seis meses sem poder jogar. Alguns membros da equipe ficaram anos sem se falar devido ao que aconteceu no Brasil. "Chegamos e não tínhamos nem lugar para treinar. Mandaram-nos para a praia para correr, porque os campos estavam ocupados por outros times. Não foi fácil, e talvez alguns tenham cometido erros", admitiu La Tota, um dos poucos que voltaram sem sofrer um massacre da mídia. "Que fique claro que eu era solteiro na época. Conheci minha mulher depois, e ela não fazia ideia de que eu tinha jogado uma Copa do Mundo", contou sorrindo.

La Tota resistiu trinta minutos no Maracanã sem sofrer um gol. Trinta minutos dos quais se lembrou com orgulho. "Os brasileiros, que sempre foram muito animados, gritavam todo tipo de coisas das arquibancadas para mim. Os primeiros minutos foram uma barulheira tremenda, mas eu gostava que instigassem minha autoestima." Então o Maracanã, com toda a sua grandeza, veio para cima deles. José Roca, um dos meio-campistas, admitiu que "no final eu via luzes e o campo parecia estar inclinado. Estava atordoado pelo esforço, pelo calor e pelo barulho". No intervalo, Ademir, o homem que terminaria a Copa do Mundo como artilheiro, havia encontrado uma brecha que se revelaria fatal. "Lembro muito bem daquele gol do Ademir: foi uma bola enfiada em profundidade para ele pelo lado esquerdo, ele entrou na área, fingiu chutar, cortou e me disse: 'Toma.'" No segundo tempo, vieram mais três gols.

Depois, a equipe viajou a Porto Alegre, onde o desastre ocorreu. "Goleados pelo Brasil, talvez algumas pessoas pensassem que os jogos seguintes não importavam, já que não iríamos nos classificar", brincou Carbajal. A Iugoslávia atropelou os mexicanos por 4 × 1, e, quando antes da última partida evocou-se o orgulho para tentar somar um ponto contra os suíços, "entramos em campo com a derrota estampada em nossos rostos. Aconteceu que ambas as equipes apareceram de camisas vermelhas. Não tínhamos outras, e foi feito um sorteio para saber quem jogaria com seu uniforme. Ganhamos, mas alguém teve a ideia de ser educado e deu o privilégio aos suíços." Como aconteceria com a França em Mar del Plata, em 1978, o México entrou com uma camisa que não era sua, nesse caso, a do Cruzeiro-RS. "E é claro que perdemos", afirmou Carbajal, o único que pôde jogar com sua camisa de sempre.

22
ARTHUR DREWRY

Rapaz, eu sinto pena desses desgraçados.
Como eles vão conseguir
viver com o fato de que nós os vencemos?
Harry Keough, defensor norte-americano,
depois de Estados Unidos 1 × 0 Inglaterra

Não restam muitas fotos de Arthur Drewry. O negócio dele era circular na obscuridade, nos bastidores, trabalhar duro, mexendo os pauzinhos, ganhando a confiança das pessoas. Hoje, poucas pessoas se lembram de Drewry. Ele não gostava de entrevistas, holofotes ou fotógrafos.

Na imagem mais conhecida desse inglês, nós o vemos sorrindo grotescamente. É um sorriso feio, incômodo. O nariz dele é vermelho e os dentes amarelados, como os de um fumante. Parece um pescador bêbado que acabou de sair de uma taberna com a barriga quente e o rosto congelado pelo frio. Drewry era filho de um comerciante de peixe e nunca deixou de controlar o negócio que seu pai herdou, assim como nunca deixou de retornar a sua cidade natal, Grimsby. Tampouco deixou de ocupar a presidência de seu querido clube, o Grimsby Town. Lá ele é lembrado como um sujeito afável que voltava de suas longas viagens ostentando uma flâmula assinada pelos melhores jogadores da época, que dava de presente aos garotos da vizinhança.

Arthur Drewry trabalhou a vida toda ao lado de outro inglês de personalidade forte: Stanley Rous, presidente da Fifa de 1961 a 1974. Ambos eram de origem humilde, mas teimosos até não poder mais. Drewry combateu na Primeira Guerra Mundial no Oriente Médio e, ao voltar para sua cidade, casou-se com a filha do presidente do Grimsby Town. Não demorou muito para que ele mesmo assumisse o comando do clube. Foi assim que entrou no mundo do futebol. E não parou até chegar ao topo.

Presidente da Liga de Futebol Inglesa entre o final da década de 1940 e o início da de 1950, Drewry foi um dos dois delegados ingleses que negociaram o retorno das quatro federações britânicas à entidade máxima do futebol após a Segunda Guerra Mundial. O outro delegado era Rous, é claro. Naquelas reuniões com Jules Rimet na Suíça, em novembro de 1945, Drewry assegurou um tratamento privilegiado para ingleses, escoceses, galeses e irlandeses do norte. Ele próprio foi eleito vice-presidente da Fifa. Nesses encontros, com a Europa em escombros, ficou acordado que os britânicos finalmente jogariam uma Copa do Mundo. Drewry conseguiu duas vagas diretas para as quatro seleções das ilhas. Além disso, elas poderiam continuar disputando seu torneio local, o Home Championship. Uma competição que, por sua vez, foi transformada em um grupo das Eliminatórias para o Mundial, com a peculiaridade de que, no fim, ao vencedor também era entregue uma taça. A fórmula havia sido encontrada para fazer com que a disputa, nascida no século XIX, pudesse coexistir com a necessidade de se juntar ao projeto da Copa do Mundo.

Em 1955, Arthur Drewry foi eleito o quinto presidente da Fifa — primeiro britânico a ocupar o cargo, antes de seu amigo Rous. Na condição de mandatário da entidade, inaugurou a Copa de 1958, na Suécia, onde pôde ver em campo um atleta do seu amado Grimsby Town: Johnny Scott, jogador da Irlanda do Norte. Mas seu momento de glória chegou em 1960, quando conseguiu que a Fifa votasse na Inglaterra como sede da Copa do Mundo de 1966. Ele foi o grande defensor da ideia de trazer o futebol de volta ao seu berço. Talvez com isso ele tenha finalmente pagado por seu grande pecado. Drewry, este dirigente criado entre peixes congelados, foi o grande culpado pela derrota mais humilhante da história do futebol inglês: a da Copa do Mundo de 1950, contra os Estados Unidos.

Em 1948, a Inglaterra goleava por 4 × 0 os então campeões do mundo, a Itália, em uma partida maravilhosa. Os ingleses consideravam seus jogadores profissionais os melhores do planeta e, em uma Europa que se recuperava da guerra, pareciam comprovar essa tese jogo após jogo. Apesar de terem se recusado a participar das primeiras Copas do Mundo da história, em parte por prepotência, em parte por desinteresse. Durante a guerra, a Inglaterra protegeu seus melhores jogadores, mantendo-os afastados da frente de batalha. Embora alguns atletas de alto nível tenham perdido a vida na guerra, aqueles que representavam a seleção foram escondidos em bases da RAF. Os ingleses saíram vencedores do front e encaravam o futuro com otimismo. Não era uma má ideia entrar no Mundial. Achavam que ganhariam o torneio também.

Mas, na verdade, a Inglaterra caminhava em direção ao abismo havia anos e precisou sofrer muitas derrotas para perceber sua real situação. Mesmo antes da guerra, sofreu para vencer os italianos por 3 × 2, em Londres, na famosa Batalha de Highbury de 1934, porém ninguém deu importância. Acreditando ser o povo escolhido, os britânicos seguiam convencidos de que eram os melhores com a bola nos pés, simplesmente porque foram os primeiros que elaboraram um regulamento para o esporte. A seleção inglesa era dirigida por *Sir* Walter Winterbottom. Em 1946, o jovem técnico se tornou o primeiro treinador da equipe nacional em tempo integral, embora não tivesse muita experiência. Arthur Drewry foi um dos que apoiaram sua candidatura, mas tratava-se de um terreno instável, pois Winterbottom não tinha poder, por exemplo, para fazer sua própria convocação. Um comitê da federação decidiria quem seria convocado, e então o técnico os posicionaria em campo. O comitê, formado por presidentes de clubes e dirigentes, era um desastre devido às pressões internas que exerciam para escolher ou descartar certos nomes de acordo com os interesses dos grandes times. A partir de 1949, o presidente desse comitê foi Drewry, escolhido pela sua capacidade de sedução e por presidir um pequeno clube que não contribuía com nenhum jogador para a seleção. Apesar do caos organizacional, Winterbottom manteve seu entusiasmo, e a Inglaterra perdeu apenas quatro das 29 partidas disputadas entre o fim da guerra e a estreia no Maracanã, goleando Portugal por 10 × 0 em Lisboa e a Itália por 4 × 0 em Turim. Em 1950, os ingleses estavam prontos para fazer sua estreia numa Copa do Mundo. Ou assim pensavam.

Mas a federação parecia empenhada em cometer um erro atrás do outro e, pouco antes da competição, organizou uma excursão por Canadá e Estados Unidos com um combinado formado pelas estrelas de seu campeonato. Stanley Matthews, considerado o melhor jogador da época, fez parte do grupo. Poucos questionaram a decisão, já que as excursões de combinados britânicos eram comuns àquela altura e ocorriam ininterruptamente desde 1945. Considerava-se que a equipe escolhida por Drewry para ir à Copa do Mundo era forte o suficiente para conquistar a taça, apesar da ausência de Matthews e dos atletas do Manchester United, que também foi autorizado a excursionar pela América do Norte.

Quando a Inglaterra embarcou no Aeroporto de Heathrow com destino ao Brasil, Drewry já tinha enviado um telegrama para os Estados Unidos convidando Matthews para se juntar ao elenco. O dirigente tinha certo respeito pelos relatórios que chegavam sobre a seleção brasileira e achou que não seria uma má ideia ter o jogador do Blackpool disponível para uma hipotética partida contra os anfitriões. Winterbottom, Drewry e todos que formavam a delegação sofreram nas 31 horas de voo, com escalas em Paris, Lisboa, Dakar e Recife. No dia 20 de junho, chegaram ao Rio de Janeiro após uma viagem atribulada: "Alguns sujeitos com máscaras de gás entraram e jogaram uns pós horríveis nas nossas cabeças, no caso de que estivéssemos trazendo baratas", lembrou o goleiro Bert Williams. Os jogadores demonstravam bom humor, embora estivessem conscientes de que as ausências os enfraqueciam. Tom Finney, do Preston North End, admitiu, anos depois, que "não enviamos nossa melhor equipe para a Copa do Mundo. Os membros da federação não a levavam a sério na época". Drewry convocou um time decente, mas teve que fazer concessões por causa dos interesses econômicos relacionados com a excursão na América do Norte.

Foi uma descida ao inferno. O capitão Billy Wright ficou sem seu fiel escudeiro no meio de campo antes mesmo do pontapé inicial. Neil Franklin, um dos pilares da equipe, com 27 jogos pela seleção nos quatro anos anteriores a 1950, pediu dispensa alegando o desejo de presenciar o nascimento do filho. Na verdade, ele havia aceitado uma proposta da Colômbia, numa liga que pagava milhões a estrangeiros naquela época. O país sul-americano se rebelou após ter sido expulso da Fifa por contratar os melhores jogadores argentinos a peso de ouro. Peruanos, brasileiros e até europeus foram seduzidos naqueles anos loucos do futebol *cafetero*. Franklin topou o valor de um milhão de dólares oferecido pelo Santa Fe. O Stoke City tentou bloquear a transferência, mas ele se mandou para a Colômbia. "Perdemos um dos nossos melhores jogadores pouco antes da Copa do Mundo. Pobre Neil, eu entendo por que fez aquilo. Naquela época nos pagavam uma miséria; você ganhava o mesmo que o sujeito que te servia no balcão do bar", recordou Wright. Bert Williams, o goleiro titular, achava que "com Neil teríamos vencido a Copa. Ele me disse que, depois de pousar em Bogotá, ligou para a FA pedindo permissão para jogar, arrependido. Disseram que não". De acordo com Matthews, a Inglaterra "não levou o torneio a sério. Enviou apenas um representante da federação. No Rio, dormimos em um hotel onde fizemos tudo menos descansar". Esse representante era Stanley Rous, futuro presidente da Fifa. A seu lado estavam Drewry e Winterbottom.

Na véspera da estreia contra os chilenos, a seleção inglesa assistiu à partida de abertura entre Brasil e México no Maracanã. A experiência deixou muitos dos jogadores em estado de choque. "Havia tantos carros e tanto trânsito que tivemos de descer do ônibus e ir caminhando no último trecho até o estádio", lembrou Stanley Matthews. Os ingleses sabiam o que era jogar diante de mais de 100 mil pessoas, mas aquele era um estádio diferente, com dois anéis de arquibancadas, algo que nunca tinham visto. "Era muito diferente da nossa maneira de entender o futebol. Aquela paixão, aquela histeria... Pura provocação ao adversário", lembrou Wright. Quando as equipes entraram em campo, o Maracanã explodiu. Foram lançados petardos e foguetes provenientes de todos os setores. A fumaça invadiu as arquibancadas. Os ingleses estavam no anel superior, em uma área VIP. Ao lado deles, um pequeno canhão do exército brasileiro, que disparou uma salva antes da partida, em meio àquele clima de euforia coletiva. Eddie Baily e Ted Ditchburn, dois rapazes do Tottenham que ocupavam os assentos mais próximos ao canhão, levantaram-se precipitadamente com a desculpa de que iriam comprar algumas bebidas. Demoraram para voltar. Seus ouvidos ainda zumbiam, estavam aterrorizados: o disparo recordava a guerra, onde combateram nas forças aéreas.

A Inglaterra estreou 24 horas depois, naquele mesmo palco, com uma vitória por 2 × 0 sobre o Chile. Não jogaram muito bem. Stanley Matthews, que chegou cansado de sua excursão, ficou nas arquibancadas. Drewry desconversou e no fim da partida encheu o peito: "É normal não termos mostrado nossa melhor forma depois da viagem. Estamos otimistas". Não sabia o quão equivocado estava.

Depois de sofrer no caos do Rio de Janeiro, com Alf Ramsey descompensado devido à comida que não caíra bem e com a onipresença de garotas no saguão do hotel, os ingleses encontraram tranquilidade em Belo Horizonte, local da segunda rodada da fase de grupos, contra os Estados Unidos. Dormiram nas instalações de uma mina de ouro chamada Morro Velho, uma empresa de propriedade inglesa que empregava 2 mil cidadãos britânicos. No meio da selva, os jogadores se descontraíram vendo os macacos passeando livremente, mas sofriam as duras condições de um estabelecimento sem água quente. Passavam o tempo jogando críquete e escalando montanhas, lembrando os dias de treinamento no Exército durante a guerra. "Era como estar de férias", lembrou Williams, apesar de que, no dia da partida, os jogadores passaram duas horas quicando por esburacadas estradas de terra, já que as minas se encontravam nos arredores da cidade.

A seleção chegou de ônibus ao estádio Independência, um recinto antigo com altos muros de pedra atrás do gol. Os vestiários eram pequenos e estavam sujos, de modo que pediram para se trocar nas instalações do Minas Athletic Club, a cinco minutos dali. Chegaram pouco antes do pontapé inicial, elegantes e limpos, com uma camisa azul clara que quase nunca usavam. Drewry escolheu o uniforme antes de subir no ônibus, optando pelo mesmo equipamento com que bateram o Chile. Winterbottom pediu para colocar Matthews no time titular, pois temia que fosse difícil abrir a defesa de um adversário inexperiente, mas forte fisicamente. "Drewry era como uma rocha. Winterbottom pediu a ele que me escalasse. Há até uma história que Stanley Rous se reuniu com ele, mas Drewry insistiu que nunca se deveria mudar a escalação de time que está ganhando." Matthews novamente assistiu a tudo das arquibancadas.

Muitos dos 2 mil trabalhadores britânicos do Morro Velho foram ao estádio para torcer pelos ingleses, embora os brasileiros estivessem torcendo para os ianques. "Todos sabemos o que aconteceu. Era um jogo que poderíamos ter vencido por 10 × 1, mas o goleiro deles pegou tudo e o resto foi culpa nossa. A única vez que chegaram, a bola veio quicando e eu não pude fazer nada", lembrou o goleiro Williams, acusado de ter sofrido o gol porque acenava para os trabalhadores da mina que cantavam seu nome. O assédio inglês esbarrou no muro norte-americano.

A Inglaterra acabava de sofrer uma humilhação histórica contra um bando de amadores.

Os torcedores brasileiros queimaram jornais nas arquibancadas. Com o estádio envolto em fumaça, muitos invadiram o campo e levaram nos braços Joe Gaetjens, o autor do gol. Os ingleses, *gentlemen* acima de tudo, parabenizaram os adversários e se foram cabisbaixos. Matthews desceu revoltado para o vestiário. Para trás ficaram Drewry e Rous em profundo silêncio, em meio aos brasileiros que cantavam alegres.

"Voltamos para as instalações do Morro Velho, jogamos cartas e vimos alguns filmes antes de voltar ao Rio de Janeiro. Tentamos esquecer a derrota porque, se vencêssemos a Espanha, ainda poderíamos classificar. Porém, mentalmente, estávamos abalados. Não conseguimos sair daquela situação", lembrou Wright. Na Inglaterra, as pessoas não deram importância à derrota seguinte contra os espanhóis, no Maracanã, por 1 × 0. A semente da humilhação já havia sido plantada em Belo Horizonte. Quando voltaram para casa, as perguntas sempre giravam em torno daquele maldito jogo. "O que aconteceu, rapazes?", perguntavam a eles. Quando o telegrama com o resultado da partida chegou à redação do *Daily Mirror*, um redator pensou que fosse um erro, e que o "0 × 1" era na verdade "10 × 1". Ele brincou afirmando que "isso é que seria notícia, perder para os americanos!", sem saber que, de fato, tinha ali a manchete. Não era a única daquela edição. No mesmo dia, a Inglaterra perdeu pela primeira vez no críquete para a seleção das Índias Ocidentais. Duas humilhações em apenas 24 horas. O *Daily Worker* falou na "pior atuação de uma seleção inglesa". O *Daily Mail*, "na maior surpresa esportiva de todos os tempos". *The Times*, "em vergonha nacional".

Os dirigentes tiveram uma conversa com os jogadores e pediram para que não inventassem desculpas na imprensa. "Jogamos em uma arena de touros. Ou assim nos pareceu. Estava úmido, o campo estava em más condições e, além disso, tivemos um adversário sortudo. Mas, no fundo, sabíamos que tudo aquilo soava como desculpa barata", admitiu Roy Bentley. No voo de volta ao Rio de Janeiro, os atletas, devastados, tiveram que presenciar o infeliz e quase fatal incidente de um jornalista bêbado tentando abrir uma janela. Tudo dava errado.

A Inglaterra perdeu a terceira partida, aquela contra a Espanha, apesar de Drewry ter permitido quatro mudanças no time titular: Matthews entrou na direita no lugar de Finney, que passou para a esquerda, mandando Mullen, do Wolverhampton, para o banco. Eckersley ocupou a vaga de Aston, Baily, a de Milburn e Mannion, a de Bentley. Os ingleses jogaram melhor e se queixaram de um gol anulado por impedimento, pois eram mais time que os Estados Unidos. "Acho que Drewry viajou ao Brasil só para garantir que seu poder de decisão sobre as escalações permanecesse intacto", escreveu Matthews em sua autobiografia. "Dois anos antes fizemos um grande jogo contra a Itália, mas poucos de nós entendíamos por que as formações tinham mudado tanto desde então. Billy Wright sempre disse: se tivessem mantido o ataque comigo, Mortensen, Lawton, Mannion e Finney, a história teria sido diferente", defendia Matthews. Drewry tornou-se um dos culpados pela derrota, mas se escondeu nos escritórios e deu à imprensa uma desculpa, deixando escapar que um dos problemas fora uma suposta rixa pessoal entre Finney e Matthews. "Jogávamos pelo mesmo lado, é verdade. Mas não éramos inimigos. Atuamos juntos quando fizemos dez em Portugal. O problema não éramos nós", lembrou Finney. Para Wright, o problema eram "alguns atacantes que só queriam fazer golaços. Quando, na realidade, tratava-se de fazer gols da maneira que se podia. Jogar contra seleções de outros continentes foi algo novo. Chegamos à Copa do Mundo sem paixão e descobrimos que nossos adversários deixavam a vida em campo". A imprensa brasileira falou de uma equipe sem alma, fria, que não perdia a calma, mas que não sabia improvisar, e muito menos lutar. Uma equipe de britânicos mimados.

Walter Winterbottom não perdeu o cargo. Ao retornar, pediu mais poderes, que lhe foram concedidos. Drewry foi afastado das decisões esportivas e se concentrou em tarefas mais diplomáticas, nas quais se revelou um gênio. Winterbottom insistiu que as coisas tinham que ser modernizadas, que precisava ser livre para escolher os jogadores. Montou um programa de formação de treinadores por onde passaram homens como *Sir* Bobby Robson, Ron Greenwood e Alf Ramsey. Ramsey, o jogador que quase marcou o gol de empate na derrota de Belo Horizonte; Ramsey, o técnico que comandou a seleção inglesa no título da Copa do Mundo em Wembley, em 1966; a Copa que pôde ser organizada graças aos esforços de Drewry.

Arthur Drewry morreu em 1961, quando ocupava a presidência da Fifa. Não chegou a ver a Inglaterra sediar e vencer a Copa do Mundo de 1966. Seu amigo, Stanley Rous, estava no comando da entidade no dia em que o futebol inglês finalmente provou em campo ser o melhor do planeta.

23
SCHUBERT GAMBETTA

Como batia, El Mono.
Era uma coisa brutal.
Ele dava pancadas com os pés
e distribuía murros com as mãos.
Alcides Edgardo Ghiggia

Schubert Gambetta tinha convidados em casa. Amigos e familiares. Eles fizeram um churrasco e depois decidiram dar um passeio no parque, bem em frente ao zoológico de Montevidéu, e bater uma bola. Como dizia Obdulio Varela, "o futebol é o bairro". Gambetta, *half* direito do Nacional e da seleção, era o bairro, era o futebol. No entanto, o jogo amistoso e improvisado no parque terminou em uma batalha campal. Gambetta odiava perder. De modo que jogou sério e fraturou o tornozelo.

"Queriam me matar", lembrou em uma entrevista de 1967. Um dos melhores jogadores do Nacional de Montevidéu tinha se quebrado jogando uma pelada com amigos! Mas, para Gambetta, não havia diferença entre amistoso e jogo oficial. Era dessa forma que se jogava no bairro, e assim o Uruguai alimentou seu celeiro de jogadores, com campeões provenientes desses bairros.

Batizado com esse nome por causa de seu pai, apaixonado por música, Schubert Gambetta era um jogador lendário, odiado pelos adversários e amado por companheiros de equipe. Rápido e agressivo, era também um homem feio. Tinha orelhas grandes, olhos pequenos e puxados, bigode grosso e aquele tipo de sorriso que não impõe respeito em ninguém.

Sobre Gambetta, um dos mais míticos jogadores de futebol, dizia-se que seu sobrenome havia dado origem à expressão *gambetear* (driblar), quando, na verdade, essa palavra, aproveitada do italiano, já era usada em Buenos Aires muito antes de ele nascer (em Montevidéu). Pouco importa. Gambetta sabia gambetear. E sabia brigar.

Quando o Uruguai começou a se preparar para a Copa do Mundo de 1950, Gambetta estava se recuperando da lesão que sofrera no parque. Conhecido como "El Mono" [o macaco], pois se dizia que tinha a aparência de um símio, formou-se num clube de bairro chamado Independiente. O bairro, sempre o bairro. Da rua ele pulou para o Peñarol, que o contratou em 1937 e do qual partiria após uma batalha legal para assinar com o inimigo, o Nacional. Nunca o perdoaram no Peñarol. No Nacional, ele se tornou um dos jogadores mais amados pela torcida do *Bolso*. Estreou em 1940 e, pouco depois, treinado por "Manco" Castro, o mítico campeão mundial de 1930, participou da maior goleada em um clássico contra os *carboneros* do Peñarol. Gambetta brilhou no *día del 10 a 0*, que é como os torcedores do Nacional conhecem aquele 14 de dezembro de 1941, quando os titulares venceram por 6 × 0, e o time reserva, que havia jogado antes, por 4 × 0.

El Mono foi a alma do Nacional até a eclosão da greve dos futebolistas. Gambetta, que não era um sujeito romântico, aproveitou a parada para ganhar dinheiro na liga profissional colombiana e assinou com o Deportivo Cúcuta, onde atuaria por meio ano. Voltou a Montevidéu em janeiro de 1950, para retornar, é claro, ao seu Nacional. No início daquele mês, fez dois amistosos preparatórios contra times do interior, Paisandú e Salto. E então machucou-se jogando aquela partida no bairro depois de um *asado*. Faltavam cinco meses para a Copa do Mundo.

No fim de maio de 1950, com 35 jogadores uruguaios concentrados em preparação para o Mundial, Gambetta apareceu nos treinamentos. Os dirigentes da Associação Uruguaia de Futebol, surpresos, perguntaram a ele o que fazia ali. "Estou aqui para trabalhar, este é o meu lugar", respondeu, com seu sorriso de malandro de bairro. Gambetta não jogava uma partida oficial no Uruguai desde um Nacional × Peñarol de julho de 1949, oito meses antes. O primeiro clássico de um certo Ghiggia no Peñarol, por sinal. Depois disso, El Mono havia disputado algumas partidas em solo colombiano, aqueles dois amistosos e quase nada mais. Com seus trinta anos, ninguém duvidava de Gambetta, por isso o deixaram treinar. No entanto, logo perceberam que não estava no seu melhor.

"Quando a seleção iniciou a preparação, eu fui um pouco na marra. Treinei como *entreala*[1] e não estava indo bem. Disseram que eu não iria para a Copa Rio Branco, mas que me levariam para a Copa do Mundo. Respondi que se não me deixassem ir ao Brasil para a Rio Branco, nem voltaria à equipe. Pressionei para que me integrassem ao grupo, contra a opinião dos médicos", lembrou Gambetta. Ambicioso, ele mentiu sobre sua condição, suportou a dor nos treinos e moveu o céu e a terra para não ser deixado de fora dos duelos contra os brasileiros pela Copa Rio Branco. Gambetta já tinha disputado anteriormente o torneio anual entre os dois países que, naquele ano, serviria como preparação para o Mundial, poucas semanas antes da partida de abertura no Maracanã. Assim, Gambetta embarcou no avião e jogou ambas as competições.

Antes de enfrentar o Brasil, o Uruguai participou de outro torneio anual, este contra os paraguaios, a chamada Copa Ministerio de Guerra. O jogo foi disputado no Rio de Janeiro, no estádio do Vasco da Gama, e, pela primeira vez em muitos meses, o capitão do Peñarol, Obdulio Varela, afastado por seu papel na greve dos jogadores, voltou a defender a seleção. O Paraguai venceu por 4 × 3 com Gambetta nas arquibancadas.

Depois veio a primeira partida da Copa Rio Branco, em São Paulo. Brasil e Uruguai se encontraram sem saber que cerca de dois meses mais tarde duelariam pelo título na rodada final da Copa do Mundo. No primeiro jogo, os uruguaios começaram ganhando. Como era frequente, a atmosfera esquentou e vieram as faltas mais ríspidas. O brasileiro Chico, considerado um dos sujeitos mais duros, principalmente depois de abreviar a carreira do argentino Salomón, num episódio que gerou uma guerra diplomática entre os dois países, lesionou naquele dia o uruguaio González. El Mono iniciou o confronto na reserva. "O campo não tinha nada em torno dele, nem rede, nem alambrado, nem fosso. Nada. No primeiro tempo, Chico fez de tudo com Juan Carlos González. Para o segundo tempo, queriam fazer substituições. Não me colocavam porque eu estava como suplente. Eu tinha voltado a treinar fazia pouco tempo. Então peguei uma camisa e, quando quiseram fazer a alteração, eu já estava vestindo o uniforme dentro do campo. Dali ninguém me tirava. Ninguém

---

1 Jogador que atua entre o centroavante e o ponta, em inglês "inside forward". Posição comum principalmente no esquema 2-3-5, o "WM".

disse nada. Sabe a primeira coisa que fiz? Peguei o Chico! Depois, o Ademir. E foi aí que acabou tudo, porque começou uma briga tremenda", lembrou Gambetta. O encontro terminou com vitória uruguaia por 4 × 3 e uma pancadaria espetacular no gramado. "Naquela época, os brasileiros costumavam colocar boxeadores como fotógrafos, na lateral do campo. Eles tiravam fotos ruins, mas se houvesse uma confusão, entravam e batiam. Era o tempo das câmeras com lâmpadas. Gambetta encarou os brasileiros e bateu neles com força. Um sujeito fantástico. Começou uma briga com os fotógrafos, que atiravam as lâmpadas contra nós. Trocamos murros, mas nós os vencemos", recordou Ghiggia. "Essa foi a primeira vez que vi um dirigente brigar ao lado dos jogadores. Foi o Canessa, do Peñarol", acrescentou Gambetta.

El Mono deu início a uma briga que terminou com a Polícia Militar em campo. O Brasil venceu as duas partidas seguintes e acabou ficando com o título da Copa Rio Branco, mas os uruguaios sempre consideraram que começaram a ganhar a Copa do Mundo no dia em que Gambetta decidiu fazer justiça dentro da casa dos próprios brasileiros. "Quando chegamos à final da Copa do Mundo, você acha que Chico, Ademir e todos os outros tinham esquecido? Eles conheciam Obdulio, o "Cato" Tejera, Míguez, Julio Pérez, Ghiggia e eu. Com nomes como esses em uma equipe, você chega aonde quiser", dizia Gambetta, orgulhoso. Obdulio Varela pensava da mesma forma. "Eles sentiram o golpe. Até a cor da cara deles mudou. Nós os vencemos dois meses antes em São Paulo e isso nunca se esquece. Apesar da barulheira, isso estava na cabeça deles. E, no futebol, conhecer seus adversários conta muito. Lá, nós aproveitamos bem isso. Demos uns pontapés intimidadores e aí nos infiltramos."

Gambetta, é claro, conquistou seu lugar na Copa do Mundo naqueles jogos da Copa Rio Branco. Os companheiros adoravam El Mono. Gambetta era o futebol, era o bairro. Ele era o Uruguai.

A Celeste estreou contra a Bolívia, com Gambetta no banco. Juan Carlos González foi o titular. O treinador, Juancito López, apostou no veterano Tejera, apesar de estar gordo e treinar sozinho todos os dias para tentar perder peso. No ataque, era uma equipe muito jovem. Atrás, velhos malandros. O Uruguai venceu na estreia por 8 × 0 e, como não havia outras equipes no grupo, classificou-se para a fase final. A primeira partida do quadrangular foi contra a Espanha, em São Paulo, debaixo de chuva. Terminou em um empate de 2 × 2.

Foi nessa partida que Juan Carlos González se lesionou, permitindo a estreia de Gambetta no jogo seguinte. Contra os suecos, ele lutou com afinco. "Fez uma partidaça. Como batia!", lembrou Ghiggia. O Uruguai venceu por 3 × 2 e Gambetta se firmou como titular antes do último confronto, diante do Brasil. Gambetta, Varela, Máspoli, Tejera e Paz eram os veteranos da seleção. Reuniam-se com os dirigentes, falavam em nome da equipe. Depois do empate contra os espanhóis, os jogadores protestaram e ameaçaram não enfrentar a Suécia porque o bônus proposto pela associação em caso de vitória lhes parecia insuficiente. Ninguém na cartolagem acreditava no triunfo. Os jogadores, sim. Gambetta saiu do hotel gritando que os dirigentes é que iriam enfrentar os escandinavos. No fim, a proposta dos atletas foi aceita, embora após a Copa do Mundo os uruguaios tenham percebido que pediram um valor irrisório comparado ao dos brasileiros. "Concordamos em receber quatro moedas. A eles foram prometidos carros, casas... de tudo", lamentava El Mono.

No dia da partida final, Gambetta levantou-se tranquilo, como sempre. Havia dormido placidamente. Olhou pela janela e os brasileiros que passavam faziam gestos como se estivessem dizendo: vocês vão levar uma surra. Gambetta respondia com gestos grosseiros e sorria. Às onze da manhã, comeram churrasco com salada, caldo e frutas. Alguns dos jovens não tinham dormido e estavam sem fome. Gambetta repetiu o prato, almoçou por dois. Ao meio-dia, para evitar engarrafamentos, o ônibus partiu para o Maracanã e os uruguaios chegaram três horas antes da partida. Gambetta dormiu no trajeto.

Quando a Celeste chegou ao estádio, instalou-se no vestiário. Lá eles esperaram quase duas horas, ouvindo sobre suas cabeças o barulho provocado pelos milhares de torcedores, que já estavam começando a dançar, e pelos rojões. A tensa espera teve seus efeitos sobre os nervos dos menos experientes. Varela conversava, brincava. Gambetta sentou-se a um canto e olhou para o resto dos companheiros. Estava entediado e, depois de um tempo, adormeceu novamente.

"Era um nervosismo só. Alguém até se mijou por causa da tensão. Aquela espera não acabava nunca. Finalmente, quando nos chamaram, Juancito López nos reuniu para as últimas instruções e então vimos que faltava um. El Mono tinha dormido! Metade do time não conseguiu nem dormir no hotel e ele cochilou no Maracanã! Que sujeito!", recordava-se Ghiggia com um sorriso no rosto.

Obdulio Varela começou a cantar quando entrou em campo: "*Vayan pelando las chauchas, aunque cueste trabajo. Donde juega la Celeste, todo el mundo boca abajo...*"[2] Gambetta cantou sorrindo, procurando os brasileiros com os olhos, para provocá-los. Ele se sentia em casa, à vontade. Jogar no Maracanã era como jogar no bairro, a mesma coisa. Tejera, outro dos veteranos, gritou aos fotógrafos para que não tirassem fotos dos brasileiros: "Venham aqui, o campeão está aqui!".

Gambetta passou o jogo inteiro marcando Chico, seu parceiro de dança em mil batalhas. Chico era um atacante brigador. Havia sido lesionado mil vezes e ele, por sua vez, tinha lesionado defensores. Uma vez, na Argentina, roubou a espada de um policial com uniforme de gala e se defendeu com a arma. Chico era um sujeito duro e Gambetta gostava de marcá-lo. Os dois bateram um no outro à vontade, como em São Paulo dois meses antes, embora condicionados pelo medo de serem expulsos.

O Uruguai soube se defender bem no primeiro tempo. "Eles só chutaram de longe", disse El Mono. Mas o empate dava a vitória aos brasileiros, de modo que, no segundo tempo, apesar de o gol inicial de Friaça tornar as coisas ainda mais difíceis, os uruguaios foram em busca dos gols de que precisavam para realizar o milagre. E conseguiram. Gambetta, quando viu Ghiggia marcar o segundo, foi atrás de Chico e gritou-lhe no ouvido. "Ele estava morto. Naquele momento, eu soube que seríamos campeões", disse Gambetta.

Os brasileiros tentaram empatar o jogo, mas faltaram ideias. Ademir teve uma chance, porém Máspoli e a defesa se mantiveram firmes. O Uruguai já se sentia campeão. No último minuto, o árbitro inglês George Reader marcou um escanteio. O Brasil subiu inteiro para finalizar. A bola voou para o centro da área e umas mãos se levantaram para agarrar a bola. Era Gambetta. "O que é que este louco fez? Isso é pênalti!", pensou Ghiggia. Mas o louco estava ao lado do árbitro e foi o primeiro a ouvir o apito final. "Eu peguei a bola para impedi-los de chutar, para que não marcassem o gol e depois não o anulassem", lembrou Gambetta, que escondeu a bola debaixo da camisa e se atirou ao chão. O Uruguai era campeão.

Muitos jogadores uruguaios choraram. Gambetta, não. Ele comemorou com um sorriso de orelha a orelha, como se estivesse no bairro. Uma

---

2 Como observou Roberto Muylaert em *Barbosa: Um gol silencia o Brasil*: "O sentido dessa cantoria não é fácil de entender para quem fala português. Ajuda saber que 'pelando las chauchas' é 'debulhando as ervilhas' e que 'boca abajo' é 'de queixo caído'".

vez no vestiário, saiu pedindo que trouxessem champanhe. Não parou até poder beber na taça de campeões do mundo. A noite foi longa no hotel. Só Varela saiu para uns tragos na rua. Voltou bêbado. No dia em que deviam retornar a Montevidéu, Gambetta e Tejera tiveram que tirar o Negro Jefe da banheira. Ele havia se trancado e estava alcoolizado. Dizia que em Montevidéu estavam fazendo uma coleta de dinheiro para o grupo e que, se voltassem de barco, demorariam mais tempo e arrecadariam mais. Não queria nem ouvir falar em entrar no avião.

Gambetta deixou a festa que havia sido organizada para eles no estádio Centenário e voltou para casa. Menos de 24 horas depois, jogadores como Míguez, Schiaffino e Ghiggia jogaram um torneio noturno de futebol de bairro, no meio da rua, com centenas de curiosos assistindo aos campeões mundiais enfrentando times formados por amigos. Gambetta também esteve nessas partidas. Na verdade, ele passou meses jogando partidas e torneios de bairro. "Éramos convidados para todos os lugares", recordou. O bairro, sempre o bairro. "El Negro Varela já dizia. Quando lhe perguntavam o que era o futebol, ele dizia que o futebol era o bairro."

24
LENNART SKOGLUND

Provavelmente existe um lugar aí em cima no céu
onde você também possa jogar, Nacka.
Sacerdote sueco que celebrou o funeral do jogador

O treinador da Suécia soube logo depois de ganhar o ouro olímpico, em 1948, que tinha um problema. Já antes das semifinais ele havia expulsado do vestiário os representantes de um clube italiano que queriam contratar muitos de seus jogadores. George Raynor tinha um problema porque possuía um tesouro. A Suécia talvez tivesse a melhor geração entre os europeus à época. Contudo, os escandinavos, pessoas disciplinadas, acreditavam que um jogador não podia ser profissional. De modo que Raynor treinava um grupo de estudantes, funcionários de escritório ou camponeses que, em uniformes esportivos, eram verdadeiros gênios. Mas se eles caíssem na tentação do dinheiro do futebol italiano, não poderiam mais ser convocados para a seleção. Um dilema de valores.

Raynor livrava-se dos representantes, tanto dos que flagrava perambulando pela concentração quanto dos que iam pedir permissão para negociar, enquanto lhe passavam furtivamente um envelope por debaixo da mesa. Aquele inglês teimoso tinha certeza de que, se mantivesse o grupo de jogadores dos Jogos Olímpicos, poderia ganhar a Copa do Mundo de 1950. Durante umas férias, um grande clube italiano tentou convencê-lo com um carro e um grande salário. Disse que não.

Mas o êxodo da Suécia para a Itália era inevitável. Em 1948, Bertil Nordahl partiu para a Atalanta. Foi o primeiro. Em 1949, as capas dos jornais noticiavam a contratação do irmão de Bertil, Gunnar Nordahl, pelo Milan. Nordahl, considerado o melhor atacante da Europa na época, foi recebido por uma multidão na estação de Milão, em um episódio que terminou com incidentes quando alguns torcedores quebraram as janelas do trem para tentar chegar até o novo ídolo. Logo depois, Gunnar Gren e Niels Liedholm também aceitaram propostas milanistas para formar um dos ataques mais maravilhosos que o futebol italiano já viu: o tridente "Gre-No-Li". Em seis anos, marcaram juntos mais de 350 gols. Henry Carlsson foi para o Stade Français, de Paris.

A Suécia não poderia contar com seus cinco melhores jogadores para se preparar para a Copa do Mundo de 1950. Raynor não perdeu tempo e procurou alternativas. Reuniu-se com membros das federações de cada região e pediu aos técnicos dos times de todos os vilarejos que recomendassem garotos talentosos com menos de 23 anos. Todos fizeram uma seleção rigorosa até que se formou uma lista com treze garotos, que posteriormente se concentraram sob as ordens de Raynor. Foram dias intensos. A federação estava ciente de que muitos dos seus jogadores, mais cedo ou mais tarde, iriam para as ligas profissionais. Pensavam, portanto, a longo prazo. Com a ajuda do secretário da federação, o senhor Bergerus, Raynor planejou uma estratégia fabulosa. Obrigaram os professores de educação física do país a participarem de um programa para se tornarem treinadores de futebol. Foram realizadas reuniões com escolas de Ensino Médio para descobrir jovens com futuro e criou-se o programa chamado "Estrelas do Futuro", que visitava todas as cidades e todos os vilarejos. A ideia era encontrar a melhor maneira de descobrir e estimular o talento.

Raynor, um sujeito disciplinado, chegou a redigir um documento com os "18 mandamentos" que todo bom jogador da seleção deveria seguir: "Seja um bom perdedor, concentre-se durante os noventa minutos, reposicione-se rapidamente na defesa, cuide da sua posição, mesmo que não estejamos com a bola; peça a bola, nunca diga que sua tarefa não é defender..."

Muitos rapazes leram esses mandamentos diante de Raynor. Alguns deles ganharam a medalha de prata anos depois, na Copa do Mundo de 1958. Hamrin, Parling, Borjesson, Axbom... e "Nacka" Skoglund, nascido Karl Lennart Skoglund, mais conhecido como Nacka nos estádios, pois havia outros atletas com o mesmo sobrenome. Skoglund, o loiro de ouro, o eterno travesso, o imprevisível, foi rebatizado com o nome de um modesto time de bairro onde seu irmão mais velho fazia sucesso.

Nacka Skoglund jurou tais mandamentos quando todos que o conheciam sabiam que não cumpriria nem metade. Skoglund havia nascido para dar alegrias. Estava destinado a viajar para o sul, era demasiado libertino para sua Suécia. Ele tinha o olhar profundo dos gênios atormentados, aquele sorriso explosivo que precede as lágrimas próprias de pessoas autodestrutivas e os cabelos revoltos de garoto rebelde, de sedutor. Skoglund embarcou no avião que o levaria para a Copa do Mundo no Brasil no último minuto.

A cada ano era organizado um amistoso em Estocolmo entre uma equipe convocada pelos treinadores das diferentes federações locais e outra escolhida pela associação de jornalistas esportivos. O técnico da seleção, Raynor, sabia que se tratava de uma boa ocasião para descobrir um novo talento ou para ver como se saía uma jovem promessa diante de 50 mil pessoas. No jogo de 1949, ele descobriu Hans Jepsson, o atacante que depois jogou na seleção de Gunnar Nordahl e foi parar no clube inglês Charlton Athletic. Nas Eliminatórias contra a Irlanda, em Dublin, Jepsson fez os três gols suecos.

A partida entre a equipe dos treinadores e a dos jornalistas, em 1950, foi a partida de Nacka. Skoglund já havia chamado a atenção de Raynor ao entrar na lista dos treze selecionados, mas tinha um defeito: jogava para divertir as arquibancadas e para se divertir também. Ele controlava a bola como ninguém, só que não sabia passá-la. Buscava o drible impossível, piscava o olho para as garotas nas arquibancadas e saía à noite. Era um crápula. Raynor exigiu disciplina. Nacka prometeu que se controlaria. Então o técnico trabalhou para que deixasse o clube da terceira divisão onde jogava, o Hammarby, e se transferisse para o AIK de Estocolmo, da primeira. Pagaram-lhe mil coroas e presentearam sua mãe com um vestido elegante e um broche de ouro. Nada mal para um jovem que ganhava a vida como eletricista. No AIK, Raynor o tinha sob controle, apesar de ainda ter dúvidas quanto à capacidade de sacrifício do garoto. Ele não o convocou para aquele amistoso, mas os jornalistas, sim.

A equipe dos treinadores venceu por 3 × 1, mas Nacka Skoglund acabou com os adversários pelo lado do campo. Foi o melhor. "A partida foi disputada em Estocolmo, na cidade natal do garoto. Como se um *cockney*[1]

1 Termo que designa aqueles londrinos da parte leste da cidade e seu sotaque particular. Entretanto, para os ingleses que não são da capital, a palavra serve para se referir de maneira geral a qualquer um que nasce em Londres.

fizesse uma partidaça em Londres. A multidão foi à loucura", lembrou Raynor. Os torcedores ficaram sem voz, gritando com suas jogadas. A imprensa dizia que aquele jovem tinha que ir à Copa do Mundo. Era a história perfeita, um conto de fadas: um garoto de origem humilde, que pouco tempo antes estava na terceira divisão, prestes a disputar um Mundial. Questionado pelos jornalistas, seu treinador no Hammarby o definiu como "o trapaceiro com os pés mais rápidos que já vimos na região".

Raynor o convocou. Chamou-o para um canto e exigiu disciplina. Nacka jurou à bandeira. Aos 19 anos, estreou com a seleção em um amistoso contra a Holanda. A Suécia venceu por 4 × 1, e Nacka encantou outra vez. De repente, estava famoso. Com o AIK, jogou amistosos contra o Liverpool e o Milan, e se destacou em todos. A atuação contra os italianos foi tão excepcional que, quando chegou a primeira partida da Copa do Mundo entre Suécia e Itália, a *Gazzetta dello Sport* o classificou como o "grande perigo" dos escandinavos. Seria um jogaço. Os campeões olímpicos contra os então campeões do mundo.

O técnico tentou controlar de perto tudo o que acontecia no Brasil, mesmo antes de partir. Inspecionou a alimentação e se informou sobre os melhores hotéis e lugares para treinar. Estava claro para ele que precisava manter seus rapazes longe de festas, garotas e tentações em geral. Antes da estreia no Pacaembu, em São Paulo, para motivá-los, levou todos ao Rio de Janeiro para conhecer o Maracanã. Chegavam ao torneio com um grupo de jogadores desconhecidos. Sua adversária era uma Itália que perdera os melhores jogadores no acidente aéreo de Superga, mas ciente de que os grandes craques suecos não estariam lá porque viviam como reis na Serie A. A Suécia venceu por 3 × 2, com dois gols de Jeppson. Nacka, todo empolgado, fez uma boa partida, e muitos repórteres o apontaram como um dos melhores em campo. Depois veio a segunda rodada. Um 2 × 2 contra o Paraguai. Nacka jogou extremamente mal.

"Não é fácil de explicar. Há uma grande diferença entre uma partida normal e uma de Copa do Mundo. Nacka treinou duro, mas, quando chegamos ao Brasil, percebi que era bom em jogos de nível internacional, mas não em uma Copa. O mesmo acontecia com Kalle Palmer. É preciso uma personalidade especial nesse tipo de partida", afirmou Raynor. Os brasileiros gostavam do estilo de Nacka. Raynor não gostava de ver que ele não ajudava na defesa.

O jogador passou todos os dias que esteve no Brasil com um olhar sério, trabalhando duro para tentar estar à altura, mas desconcertado, perdido.

Raynor não deixou que a situação escapasse de suas mãos. Controlou a disciplina, tentou manter os rapazes entretidos. O resultado foi um sucesso. Apesar de um empate por 2 × 2 com o Paraguai, a Suécia conseguiu chegar ao quadrangular final: humilhada pelo Brasil (7 × 1), jogou de igual para igual com os uruguaios (derrota por 3 × 2) e venceu a Espanha por 3 × 1 para ficar em terceiro lugar. Nacka não jogou essa partida contra os espanhóis. Perdeu a titularidade após o desastre diante dos anfitriões.

Raynor estabeleceu a concentração em um hotel pertencente a um alemão na estrada que dava até o morro do Corcovado, no Rio de Janeiro. Um lugar idílico, mas afastado. Todos os dias, o grupo pegava o funicular para ir às modernas instalações do Fluminense. Alguns dias, o treinador pedia aos rapazes que subissem até o topo do Corcovado. Os suecos chegavam destruídos aos pés do gigante Cristo que domina o Rio. Outras vezes, eles subiam com o funicular e a corrida era ladeira abaixo. Para manter o moral elevado, organizavam campeonatos de tênis de mesa, tênis e natação. Nos treinamentos, o inglês procurava impor uma rotina diferente para cada dia. Dura, mas diferente. Relaxaram apenas por um dia. Entre duas partidas, Raynor reservou o luxuoso Copacabana Palace e deu aos seus comandados permissão para conhecer a cidade. A única condição era que estivessem prontos para partir às dez horas da manhã do dia seguinte. Todos foram pontuais, apesar de Nacka estar entre os que pegaram no sono quando, algumas horas depois, Raynor levou-os para a praia. Tinha ido para a farra à noite.

Nacka brilhava nos treinos. Diante das crianças brasileiras, exibia seus truques. O favorito era bater numa moeda com o pé e conseguir colocá-la no bolso. A imprensa local o apelidou de "o mais brasileiro dos suecos", e circularam boatos de que o São Paulo tinha feito uma proposta tentadora, apesar de Raynor ter pedido aos rapazes que não escutassem nenhuma até o fim da competição, muito menos aqueles que não haviam estado à altura. Nacka jogou muito mal contra o Brasil. Não conseguiu defender, nem atacar. Atordoado com a imensidão do Maracanã, escondeu-se.

Em seu retorno ao país, a seleção sueca foi recebida com honras. Menos de duas semanas depois do Mundial, Skoglund brilhou na final da Copa da Suécia contra o Helsingborg. Todo mundo sabia que o segundo êxodo de gênios seria iminente. Após o ouro olímpico de 1948, dezenas de propostas haviam chegado. Nacka aceitou a da Inter, que pagou 12 milhões de liras italianas por um jogador que tinha feito apenas cinco partidas oficiais pelo AIK de Estocolmo.

O novo reforço foi recebido por 10 mil torcedores em Milão. Nos dois primeiros jogos, encantou: goleada de 5 × 1 na Sampdoria e vitória por 3 × 2 sobre o Milan dos compatriotas Liedholm, Gren e Nordahl, que terminaria o campeonato como campeão. Na Suécia, Raynor sabia desde o início que a Itália era o pior lugar para um garoto como Nacka. Os rumores se espalharam rapidamente e falou-se de uma garrafa de uísque no armário do jogador no San Siro. Em 1952, ele agrediu um taxista. Em agosto do mesmo ano, casou-se com a Miss Itália. Em 1953, já era pai. Naquele mesmo ano, ganhou o *scudetto*. Em 1954, veio o segundo filho. A essa altura, Raynor também decidiu fechar com um time italiano. Tentou falar com Nacka, mas não foi possível. Criou-se entre eles uma relação de amor e ódio.

A descida ao inferno havia começado. O presidente da Inter, Carlo Masseroni, chegou ao ponto de pedir uma reunião com o pai de Skoglund, que passava longas temporadas em Milão. Quando Masseroni mostrou a lista de locais dos quais seu filho era frequentador, o sr. Skoglund, demonstrando a férrea disciplina sueca, deu-lhe uma bofetada. Naquela noite, o massagista da Inter ligou para Masseroni: tinha se deparado com os dois Skoglunds, pai e filho, bêbados na Piazza del Duomo. As coisas estavam indo mal. Nacka gastava tudo o que ganhava, sua esposa quase perdeu a vida durante o parto que resultou na morte da bebê, e, na Inter, recebia muitas críticas.

Contudo, o destino tinha um último momento de magia reservado para ele. A Suécia estava organizando a Copa do Mundo de 1958 e modificou sua legislação para permitir que os profissionais pudessem jogar pela seleção. A legião de jogadores que atuavam na Itália retornou para casa quando Raynor, também de volta a Estocolmo, convocou-os. E Nacka brilhou em todas as partidas, apesar de brigar de novo com o treinador após criticá-lo numa entrevista na véspera das semifinais. O inglês teve que engolir o orgulho quando leu seu jogador classificando os treinamentos que ele programava num bosque como "estúpidos"... e o colocou outra vez como titular. Nacka marcou um gol e os suecos alcançaram a final, que perderiam para o Brasil de Pelé. "Desisti de tentar dizer o que fazer e como quero que faça, mas não posso jogar sem ele. Preciso dele", admitiu Raynor. Skoglund demonstrou que podia disputar um Mundial.

De volta à Itália, Nacka descobriu que a esposa denunciara seu assessor financeiro ao saber que o bar comprado pelo jogador era usado para lavagem de dinheiro. Sem recursos, decidiu lançar discos. Um deles atingiu o número 7 das paradas suecas. Seu périplo italiano o levou, então, à Sampdoria, onde ainda se conta que escondia uma garrafinha de álcool perto da bandeirinha de escanteio para beber antes das cobranças, e ao Palermo, onde foi odiado depois de afirmar que a cidade era um "gueto de negros". Após uma efêmera passagem pela Juve, retornou ao Hammarby em 1964.

Seus últimos anos foram um tormento. Foi condenado por dirigir embriagado e se aposentou logo depois de um acesso com o Hammarby e um breve retorno à seleção. Sem dinheiro, trabalhou como vendedor de tapetes em uma livraria e cantando em bares pé-sujo. Sua mãe tentou resgatá-lo, mas, depois de duas tentativas de suicídio fracassadas, ele conseguiu na terceira. Tinha 45 anos. Duas mil pessoas compareceram ao seu funeral. Ainda é uma tradição em Hammarby visitar sua estátua a cada 24 de dezembro, data de seu nascimento.

25 MANUEL FLEITAS SOLICH

Ele nos colocou no mapa; ensinou a gente a jogar, a vencer.
Heriberto Herrera, defensor paraguaio

Manuel Fleitas Solich viveu os últimos anos de sua vida no Rio de Janeiro, em um apartamento na rua Constante Ramos, em Copacabana. Paraguaio de nascimento, morreu e foi enterrado no Brasil, onde choraram sua morte. Ele treinou Palmeiras, Corinthians, Atlético Mineiro e os dois grandes do Rio: Fluminense e seu amado Flamengo. No dia do funeral, a torcida rubro-negra esteve a seu lado. A federação paraguaia não enviou nenhum representante.

O longo caminho de Fleitas Solich desde Assunção, sua cidade natal, até o apartamento do Rio de Janeiro começou na década de 1920, quando, chutando bolas de futebol, se tornou o paraguaio mais famoso da época. O Rio, porém, foi o destino no qual encontrou tudo o que faltava em casa, apesar de seu coração guarani nunca ter se esquecido de que quase levou sua pátria ao Maracanã em 1950. A seleção paraguaia empatou por 2 × 2 contra os suecos na Copa do Mundo e teve a oportunidade de chegar ao quadrangular final se derrotasse uma Itália que já não jogava por mais nada além de sua própria honra. Mas os italianos venceram por 2 × 0, após um bom primeiro tempo controlado pelo Paraguai. Não era uma má equipe. Eram duros. Muito duros. "Batalhadores, quase violentos", como os descreveu, em 1950, Vittorio Pozzo, técnico italiano campeão do mundo em 1934 e 1938.

"Trabalhem duro e joguem com o coração", gritou Fleitas Solich à sua equipe no estádio de Curitiba, onde a seleção *albirroja* estreava no Mundial. No Brasil, sabiam muito bem da natureza combativa dos paraguaios e, contra os suecos, a torcida local os apoiou. O Paraguai buscou um 2 × 2 com dois gols de Atilio López, goleador que chegaria a jogar no Atlético de Madrid. Com esse empate, os guaranis sabiam que poderiam alcançar a fase final se derrotassem os italianos em São Paulo. Mas perderam e não puderam enfrentar brasileiros, uruguaios e espanhóis pelo título. "A Itália, já eliminada, jogou seu melhor futebol, com um jogo tecnicamente superior contra um Paraguai que defendeu bem e jogou com agressividade. O Paraguai lutou com seu caráter agressivo e mostrou sua qualidade, como já havíamos visto nos Campeonatos Sul-Americanos anteriores, mas os mestres europeus não lhes deram nenhuma chance", escreveu o jornal brasileiro *O Globo Sportivo*. Fleitas Solich admitiu a superioridade italiana, consciente de que haviam deixado escapar uma grande oportunidade.

O técnico era um vencedor nato, um resmungão ditatorial que ansiava pela perfeição. Ele exigia esforço físico, entrega, bom jogo e boas condições de trabalho, e só conseguia encontrar isso fora de seu país. Em uma entrevista na década de 1970, admitiu que "nunca foi fácil trabalhar no Paraguai. Os bons jogadores sempre vão embora e nós não temos instalações. Nos anos 1950, nosso orçamento não dava nem sequer para um hotel decente. Os atletas chegaram e partiram em aviões diferentes, e o local onde ficamos em São Paulo era pequeno e barulhento. Muitos dos nossos melhores jogadores estavam jogando por dinheiro na Colômbia. Mesmo assim, demos a cara". O Paraguai não organizaria uma Copa América em seu solo até 1999, pois não possuía a infraestrutura necessária antes disso. Sem saída para o mar e marcado por uma história sangrenta, parecia destinado a atingir proporções épicas, mas também a perder seus melhores homens.

Fleitas Solich não tinha muito mais o que fazer no futebol paraguaio. Ele conhecia suas virtudes e seus problemas. Nascido em 1901, jogou na primeira partida oficial da seleção, após ter estreado com sucesso pelo Nacional, de Assunção. Com estudos, sem problemas financeiros e dono de uma personalidade forte, foi Solich quem dirigiu, nos cinco primeiros jogos da equipe nacional, um grupo que, oficialmente, não tinha treinador. Dividiu-se entre as funções de jogador e técnico até a nomeação de um comandante. Ele gostava de dar as ordens. Apelidado de "*Alfajía*"[1] em seus dias como atleta por causa do seu tamanho, era um competente cabeceador, graças aos quase dois metros de altura, mas também brigador, malandro. Como bom paraguaio, gostava de brigar. Participou de todos os Campeonatos Sul-Americanos de 1921 a 1927. Em 1928, transferiu-se para o Boca Juniors, onde brilhou, chegou a ser capitão e se tornou o primeiro paraguaio famoso no futebol argentino, antes mesmo do grande artilheiro Arsenio Erico. Sua qualidade garantiu a ele o convite para uma excursão da seleção argentina na Espanha, onde marcou um gol contra o Celta de Vigo.

Em Buenos Aires, virou uma estrela. A Guerra do Chaco, o sangrento conflito entre Paraguai e Bolívia na década de 1930, levou muitos compatriotas a se transferirem para times argentinos para escapar da frente de batalha. Fleitas Solich atuava como anfitrião dos "expatriados" e organizava almoços para eles, nos quais conversavam sobre futebol. Durante anos, revezou a responsabilidade de comandar a seleção paraguaia com o técnico argentino José Manuel Durand Laguna, mas uma lesão em 1930 o tirou da primeira Copa do Mundo da história, que aconteceu no Uruguai.

Em 1932, começou sua carreira como treinador na Argentina. O primeiro clube foi o Lanús, depois o Quilmes e, por último, o Newell's Old Boys, de Rosário, antes de retornar ao Paraguai, onde treinou o seu Nacional, com o qual conquistou títulos e adquiriu a fama de montar equipes muito ofensivas. Finalmente, em 1942, ofereceram a ele o cargo de treinador para a Copa América daquele ano. Eram tempos complicados no Paraguai. Instabilidade social, falta de liberdade política, greves... O presidente José Félix Estigarribia havia morrido em 1940, em um acidente de avião, e os militares tomaram o poder. O general Higinio Morínigo foi nomeado presidente. Durante três anos, os paraguaios não puderam votar, e quando recuperaram esse direito metade dos partidos estava proibido por Morínigo, um admirador de Mussolini. Na época, vivia-se uma guerra fria entre admiradores do fascismo e os opositores do Eixo. A queda da Alemanha, em 1945, levou a algumas reformas do governo, embora o Paraguai estivesse mais perto de uma ditadura do que de uma democracia.

Finalmente, em 1947, eclodiu uma guerra civil que duraria cinco meses. As forças liberais se sublevaram contra o governo. O conflito terminou com

---

1 Pedaço de madeira estreito e comprido, ripa.

30 mil mortos e mais de meio milhão de paraguaios atravessando a fronteira argentina para escapar dos combates e de represálias. O presidente Morínigo manteve o poder graças ao papel proeminente de um general, Alfredo Stroessner, destinado a se tornar um dos mais terríveis ditadores da América Latina.

Naquele mesmo ano, Fleitas Solich recebeu propostas do futebol argentino, porém sentiu que era seu dever permanecer no comando da seleção paraguaia. "El Brujo" [o bruxo], como era conhecido, tinha amigos e familiares em Buenos Aires e poderia ter escapado, mas preferiu ficar em Assunção. Não foi um ano fácil. Estádios de futebol como o da Liga ou o do Atlético Corrales chegaram a ser utilizados como campos de concentração. Alguns jogadores foram recrutados, o campeonato foi suspenso e os melhores atletas fecharam com times argentinos e deixaram o país, como já havia acontecido nos anos 1930 durante a Guerra do Chaco. Fleitas Solich ficou e, com o cessar das hostilidades — após a vitória do governo com o apoio da Argentina e dos Estados Unidos —, encarou a missão de realizar a preparação para a Copa América, que seria disputada em Guayaquil, no Equador. O Paraguai estreou perdendo por 6 × 0 para os argentinos, mas terminou em segundo lugar depois de derrotar os uruguaios por 4 × 2, e, na sequência, Bolívia, Colômbia, Chile e Equador.

A grande seleção paraguaia de 1947 sofreu a tentação do dinheiro quando começaram a chegar as ofertas da liga colombiana, que, sem o reconhecimento da Fifa, quebrava contratos e seduzia atletas. Marín, Genes, Miranda e Sánchez foram para a Colômbia. Enrique Hugo rumou para o Peñarol, do Uruguai, e José Ocampo, "El Mariscal" [o marechal], partiu para o Equador. Fleitas Solich, com esses desfalques, iniciou a preparação para o próximo torneio, a Copa América de 1949, no Brasil.

O Paraguai continuava sofrendo. Juan Manuel Frutos, do Partido Colorado, tomou o poder com o apoio dos militares num golpe de Estado que derrubou Morínigo. "Naquela época, uma partida de futebol se transformava numa forma de alegrar as pessoas", confessava Heriberto Herrera, um dos melhores técnicos paraguaios da época e sucessor de Fleitas Solich. A seleção *albirroja* viajou para o Brasil, país que se preparava para sua Copa do Mundo e usava a Copa América como um laboratório. A Argentina, que havia suspendido relações esportivas com os brasileiros após uma agitada partida em 1946 — quando Chico lesionou Salomón para o resto da vida —, não participou. O Uruguai, com jogadores em greve, enviou uma equipe muito enfraquecida, com apenas um dos jogadores que se tornariam campeões em 1950, Matías González.

Fleitas Solich sabia que seu time, sem muitos dos atletas que tinham partido para a Colômbia, era inferior aos rivais, de modo que programou duríssimas sessões de atividades físicas. Trabalharam intensamente, apesar do calor e da umidade insuportáveis, e começaram bem, com três vitórias nos três primeiros jogos. No quarto, contra o Uruguai, os guaranis sofreram a primeira derrota. Em seguida, derrotaram chilenos e bolivianos, chegando à última rodada no segundo lugar, atrás de seu adversário, o Brasil. A partida, disputada no estádio do Vasco da Gama, em São Januário, terminou com uma surpreendente vitória paraguaia por 2 × 1. Os gols de Avalos e Duilio Benítez decretaram a virada após Tesourinha abrir o placar. Em Assunção, as pessoas saíram às ruas em euforia, mesmo que o triunfo não garantisse o título. Somente forçava uma partida de desempate, vencida por goleada pelos brasileiros (7 × 0). Contudo, quando voltou, Fleitas Solich foi carregado pelas ruas nos braços do povo. O treinador sabia, porém, que novos problemas surgiam no horizonte: o bom desempenho do time provocou outro êxodo. García foi para o Flamengo, Duilio Benítez para o Boca Juniors, Dionicio Arce para a Lazio, de Roma, Nardelli para o Peñarol e López Fretes para a Colômbia, junto com outros atletas.

O Paraguai não conseguiu se preparar bem para a Copa do Mundo. As Eliminatórias foram suspensas quando Peru e Equador se retiraram, de modo que os guaranis e os uruguaios chegaram ao Mundial sem disputar um único jogo. Dois meses antes, Fleitas Solich comandou uma vitória sobre a Celeste em um amistoso no Rio de Janeiro, e depois perdeu para o Brasil. Como em ambas as partidas os jogadores ficaram alojados em barracos ao lado de bares com música, o técnico pediu à federação que encontrasse hotéis decentes para a Copa do Mundo. A entidade ignorou o pedido. "Em 1949, visitamos as obras do Maracanã durante o Campeonato Sul-Americano disputado no estádio do Vasco da Gama. Era realmente impressionante", recordou ele. O Paraguai não chegou a pisar no maior estádio do planeta, pois não conseguiu passar nem pelos nórdicos, nem pelos italianos. "Os suecos eram organizados, mas talvez a Itália fosse uma equipe melhor. Os italianos se justificavam dizendo que tinham perdido para os suecos pelo cansaço da viagem de barco", lembrou Fleitas Solich. A delegação paraguaia, liderada pelo dr. Desiderio Escobar, um dirigente da federação, alojou-se em hotéis modestos e em algumas ocasiões não encontrou campo para treinar. O empate contra os escandinavos encheu os guaranis de otimismo. Começaram perdendo por 2 × 0, mas encontraram forças para empatar com dois gols de López, apesar de Jara ter desperdiçado muitas chances. "Mais alguns minutos e ganhávamos aquele jogo. Iniciamos nervosos. Os suecos já tinham estreado contra a Itália, nós não, e eles nos castigaram. Depois, jogamos melhor", era a lembrança do treinador. Se tivesse derrotado os italianos na segunda partida, o Paraguai teria forçado um jogo de desempate contra a Suécia para decidir o campeão do grupo. Não era para ser.

Após a Copa do Mundo do Brasil, ocorreu um novo êxodo e muitos jogadores paraguaios foram direto para times colombianos. A seleção estava muito debilitada, mas Fleitas Solich não desistiu e montou uma boa equipe para a Copa América de 1953. Os guaranis haviam ganhado o direito de organizar o torneio, mas a competição acabou transferida para Lima porque Assunção tinha então apenas um hotel de alto nível e só um estádio adequado para grandes torneios. O Paraguai perdeu alguns amistosos, e os atletas chegaram a ser insultados quando partiram de trem para a capital peruana. Apesar de tudo, Fleitas Solich estava no controle, como em 1950: monitorava a dieta, os treinamentos, proibia o álcool e até dosava o consumo de café. Em Lima, como havia acontecido em 1949, Brasil e Paraguai chegaram à rodada final separados por dois pontos. Um empate dava o título aos brasileiros; a vitória paraguaia forçaria outro duelo. Reza a lenda que, aos 35 do segundo tempo e com 1 × 1 no placar, Fleitas Solich se virou para o banco e olhou para Pedro León, do Guaraní, um jovem de poucas palavras, que costumava levar garrafas de água para os companheiros de equipe na beira do campo e esperava pacientemente sua oportunidade. El Brujo disse a ele, metade em espanhol, metade em guarani: "Entre e ganhe o jogo". E León marcou o gol que forçou a partida de desempate, que o Paraguai venceu por 3 × 2, novamente contra os brasileiros. Pela primeira vez, o Paraguai era campeão da América. No fim do campeonato, Fleitas Solich considerou que seu tempo com a seleção havia terminado e aceitou a oferta para treinar o Flamengo, onde já jogavam dois compatriotas: Sinforiano García e Duilio Benítez. Em 1953, 1954 e 1955, o Fla foi campeão carioca. Sua fama como técnico cruzou fronteiras e, na temporada 1959/60, assinou com o Real Madrid, apesar de seu caráter autoritário ter entrado em conflito com os pesos pesados da equipe *madridista* e de não ter conseguido terminar a temporada. Voltou ao Brasil e abandonou definitivamente o futebol em 1973, mas não voltou ao Paraguai, onde o general Stroessner, depois do golpe de Estado de 1954, liderava uma ditadura opressiva que já contava com milhares de desaparecidos; ficou em Copacabana, apreciando o futebol brasileiro.

26
FLÁVIO COSTA

"Você é o autor da obra?"
"Não, eu sou a derrota."
Resposta de Flávio Costa a uma jornalista
no lançamento do livro *Anatomia de uma derrota*

"Saí abalado do Maracanã, mas caminhando firme, passo a passo, sem titubear. Estava surdo às ofensas generalizadas, porque, pessoalmente, ninguém tinha coragem de me dirigir um palavrão. Sentei ao volante do automóvel e fui para casa. Abracei e beijei Florita, minha companheira, minha mulher, uma santa. Não quis jantar. Bebi umas doses de uísque e menos de uma hora depois chegavam os médicos Amílcar Giffoni e Paes Barreto. Falamos sobre o jogo e, depois de meia hora de conversa, mudamos de assunto. A Copa estava encerrada. E perdida." Foi assim que Flávio Costa, o técnico do Brasil, lembrou em 1976 do dia do Maracanazo. Em uma das poucas fotografias tiradas após aquela partida, ele aparece com o cabelo desgrenhado, o olhar perdido e mordendo os lábios; com uma camisa branca e as mãos na cintura. Era a imagem viva da derrota.

Estava destinado a ser um herói nacional, apesar de também não ter sido o vilão, já que se atribuiu mais a culpa a alguns jogadores. O destino dele foi diferente: esquecido deliberadamente pelos meios de comunicação. Se Barbosa foi sentenciado à prisão perpétua por ser o goleiro daquele maldito jogo, o treinador acabou condenado à indiferença. E ainda assim, entre 1955 e 1957, conseguiu o apoio necessário para desfrutar de uma segunda chance na seleção. Ele perdeu o cargo um ano antes de ver Vicente Feola, seu assistente em 1950, finalmente ganhar a Copa do Mundo para o Brasil.

O nome de Flávio Costa ficou ligado para sempre ao 16 de julho. Quando o jornalista Paulo Perdigão publicou seu magnífico livro sobre o Maracanazo, *Anatomia de uma derrota*, uma jornalista distraída perguntou a Costa, que estava presente no evento de lançamento, se ele era o autor da obra. "Não, eu sou a derrota", respondeu.

Flávio Costa *era* a derrota, embora antes de 1950 tivesse fama de vencedor. Ex-jogador do Flamengo, nasceu na cidade mineira de Carangola em 1906. Começou no futebol em um time chamado Heleno. Trabalhando duro chegou ao rubro-negro carioca em 1924. Jogou no Fla, o clube que sempre amou, até 1936. Nunca se destacou. Não era o melhor, nem o mais técnico e tampouco o mais brilhante, mas trabalhava sem descanso e era duro, quase violento. Um técnico dentro de campo. A transição para o banco de reservas foi natural. Matriculou-se na escola de educação física, treinou o Santos durante um ano e voltou ao Flamengo como assistente do húngaro Dori Kurschner. Em 1939, assumiu o comando do time e, sob sua direção técnica, o clube conquistou o primeiro título carioca na era profissional. Depois viriam outros, no Fla e no Vasco, onde ganhou a fama de treinador ditatorial, capaz de fazer frente aos jogadores mais duros. Quando Heleno de Freitas, o gênio rebelde, apontou-lhe um revólver ao descobrir que não havia sido relacionado para um jogo do Vasco, Costa não perdeu a compostura. Alguns dizem que Heleno, um rapaz com sérios problemas de comportamento, chegou a apertar o gatilho, embora a arma, no fim das contas, não estivesse carregada. Conta-se que, mesmo assim, o técnico sustentou o olhar desafiador. Era um vencedor. Ele ganhou tanto que as portas da seleção brasileira se abriram em 1944.

Ao contrário da maioria dos treinadores daquela época, Costa tinha muito poder e tomou a maior parte das decisões que levaram à derrota final. Em 1950, a maioria das seleções tinha um comitê federativo que decidia as convocações, inclusive as escalações. Os técnicos se encarregavam de treinar e de mover as peças, não mais que isso. Com ele era diferente. Apesar das eternas lutas por poder dentro da Confederação Brasileira de Desportos (CBD),[1] Flávio Costa decidia a lista de convocados, as táticas, a preparação física, o local da concentração, os horários, as dietas...

---

1 Precursora da CBF (Confederação Brasileira de Futebol).

Obsessivamente, tentava saber tudo, controlar tudo. É claro que algumas coisas eram feitas sem que ele soubesse, mas era temido e respeitado.

Com seu bigode de estrela de Hollywood, olhos negros, olhar penetrante e sempre bem-arrumado, Flávio Costa era um cara seguro de si mesmo.

Quando a CBD apostou nele para liderar a seleção, pareceu ser a decisão mais lógica. O Brasil sabia, então, que tinha uma boa chance de sediar a primeira Copa do Mundo depois da guerra. Em 1945, isso se confirmou. O Mundial seria disputado em 1950. Enquanto os políticos lutavam para sair nas fotos e conseguir que certas cidades fossem palco de jogos, Costa recebeu poder para evitar o fracasso de 1938, quando uma equipe maravilhosa por pouco não chegou à final. Flávio era o treinador mais disciplinador da época. Todos concordaram que isso era exatamente o que o futebol brasileiro precisava. Ele mandava os jogadores saírem com as meias bem dobradas, a camisa dentro da calça e sempre bem penteados. Exigia dos roupeiros que a camisa da equipe nacional exibisse um branco imaculado. Comportava-se, por vezes, como o coronel que havia sido no passado.

Queria ter tudo sob controle. Com o precedente da edição de 1938, ele tomou decisões. Naquele campeonato, diversos jogadores reclamaram dos critérios dos árbitros europeus, muito diferentes daqueles adotados pelos brasileiros, numa época em que ainda não havia regulamentos unificados. Assim, Flávio Costa pediu a contratação de árbitros ingleses, que chegaram em 1948 para arbitrar partidas e dar palestras para atletas da seleção. Em diferentes viagens à Europa, investigou novos métodos de preparação física e dietética. Logicamente, não tinha dúvidas de que tecnicamente sua equipe era a melhor. No que dizia respeito às táticas, também estava bastante seguro, pois havia sido introduzido ao esquema "WM" no Flamengo, em voga no velho continente, graças a Dori Kurschner. Com alguns ajustes, transformou o desenho tático em um modelo que chamou de "esquema diagonal". Dessa forma, venceu três Campeonatos Cariocas com o Fla e dois com o Vasco da Gama.

Ele acreditava ter tudo sob controle. Acreditava ter estudado tudo, tinha a certeza de ser um vencedor. Entre 1942 e 1949, venceu cinco vezes o Campeonato Carioca. Estava destinado à glória.

Naquela época, Flávio Costa *era* a vitória.

Seu grande teste foi o Campeonato Sul-Americano, organizado no Brasil, em 1949. Ele conquistou o título, apesar de uma derrota para o Paraguai. Deixou clara sua personalidade no torneio quando tirou de campo uma de suas estrelas, Ademir, por desobedecer a uma ordem direta. Para a partida final, ele o perdoou. Naquele mesmo ano, continuava como técnico do Vasco e também venceu o Campeonato Carioca. Um ano perfeito. Campeão estadual e campeão com a seleção, que reinava no continente. O passo seguinte era dominar o mundo.

A preparação para a Copa foi planejada nos mínimos detalhes, e os resultados positivos se seguiram. A tradicional Copa Rio Branco, um confronto anual contra os uruguaios, terminou com vitória brasileira. Contudo, o caminho para a fase final não foi fácil. Em 1990, Costa publicou em parceria com o jornalista Edson Pinto suas memórias sob o título *O futebol no jogo da verdade*. Ele queria dar um relato detalhado de sua visão sobre aqueles anos tão intensos.

Flávio tinha que prestar contas a uma comissão técnica criada pela CBD, com o poder de demiti-lo. Surpreendentemente, essa comissão, normalmente composta por seis pessoas, cresceu e chegou a dezessete dirigentes. Assustado, o treinador pediu explicações e o presidente da entidade, Rivadávia Corrêa Meyer, afirmou que era para seu próprio bem: "Se fossem seis, não te deixariam trabalhar. Se forem dezessete, será difícil para se reunirem, não se entenderão entre eles". Sentiu que os escritórios elegantes não seriam mais um problema, de modo que começou a pensar no aspecto esportivo da coisa e pediu à confederação que organizasse uma viagem pela Europa para observar os adversários. Acompanhado dos jornalistas Oduvaldo Cozzi, Luiz Mendes, Pedro Luiz, Gagliano Neto e Geraldo Romualdo da Silva, partiu para o Velho Continente, onde assistiu aos dois jogos da repescagem entre Portugal e Espanha, em Lisboa e Madri, assim como ao duelo Escócia × Inglaterra, no Hampden Park, no qual os ingleses conseguiram a classificação.

Ao retornar, reuniu-se com a comissão. "Fiz um relatório ao presidente da CBD, informando que todos tinham muito medo de vir ao Brasil. Eles pensavam que veriam cobras na avenida Rio Branco e que em qualquer esquina poderiam encontrar um tigre", brincou.

O presidente do colegiado, o doutor Castelo Branco, perguntou se já tinha a lista com os convocados. "Meti a mão no bolso e tirei um pedaço de papel com os nomes escolhidos. Li a relação dos vinte e cinco jogadores. O comandante Martinelli, almirante e desportista do Botafogo, pediu a palavra e declarou: 'Eu quero discordar de dois nomes que estão na lista e fazer uma indicação'", recordou Costa, que reagiu com ira. "Imediatamente retruquei que, como tinha sido pedido, anunciara a lista, que poderia merecer explicações, mas não estava sob discussão e nem para ser vetada." Martinelli não recuou e o acusou de impor suas ordens. "Novamente lembrei a todos que era um técnico diplomado, ocupando provisoriamente uma posição, amparado por lei, e que meu trabalho estava encerrado." Martinelli apresentou sua demissão. Flávio Costa se safou.

O obstáculo seguinte foi um amigo pessoal, o jornalista Mário Filho, também membro da comissão. De seu jornal, era uma das vozes mais influentes do mundo do futebol. Primeiro, defendeu até o fim a construção do Maracanã na área onde o colosso acabou finalmente concluído. Em seguida, pediu que a seleção iniciasse um plano de treinamento específico com duração de seis meses. Costa, seu amigo, tinha uma visão diferente. "Mário Filho achava que eu deveria parar tudo e começar imediatamente o que ele estabelecia no seu projeto. Eu defendia a tese de que três meses eram suficientes, para não entediar os jogadores. No meu esquema, tínhamos de chegar a 80% do rendimento no começo da competição para, durante os jogos, atingirmos o ápice da preparação física, evitando o retorno." O treinador venceu a batalha e o jornalista se demitiu da comissão.

Flávio Costa deu início à preparação três meses antes do torneio com exames médicos e odontológicos. Um jogador, Rubens, expressou sua desaprovação, e o técnico logo o mandou para casa. A equipe se concentrou na cidade de Poços de Caldas, onde treinaram com afinco. Depois vieram diferentes amistosos com seleções locais de estados como São Paulo e Rio Grande do Sul.

O próximo passo eram as tradicionais taças anuais contra uruguaios e paraguaios. Na Copa Rio Branco, derrotou o Uruguai. Na Copa Oswaldo Cruz, bateu o Paraguai. Para finalizar, dois amistosos, um no Rio de Janeiro e outro em São Paulo. O Brasil ganhou tudo o que podia, apesar de a imprensa afirmar que a seleção ainda não estava pronta. O técnico não se importou. Tudo estava indo de acordo com o planejado. Finalmente, veio a estreia: 4 × 0 sobre o México; jogaram bem e não tiveram complicações. Depois da partida, Costa encheu o peito e lembrou aos jornalistas mais críticos suas palavras dos dias anteriores.

Em parte, ele foi vítima do próprio ego. Pronto para dar o salto para a política com o título de campeão mundial no currículo, tentou a todo momento equilibrar a preparação com os compromissos políticos. Foi ele quem disse que seria uma boa ideia disputar uma partida da primeira fase em São Paulo. Enquanto o calendário obrigava quase todas as equipes a fazer em longas viagens, o Brasil tinha sua base no Rio de Janeiro, onde jogou todas as partidas, exceto essa em solo paulista. A rivalidade entre cariocas e paulistas sempre deu sentido ao futebol brasileiro, e o treinador, com um nome estabelecido no Rio, pretendia ficar bem com todos. Assim, contra a Suíça, no Pacaembu, escalou um time formado principalmente por jogadores dos clubes de São Paulo, para ganhar a cumplicidade do público. O Brasil empatou por 2 × 2 e quase saiu eliminado, pois três dias depois teve dificuldades para vencer os iugoslavos por 2 × 0 e terminar em primeiro do grupo. Reza a lenda que Flávio Costa deixou o estádio municipal disfarçado de mulher em um carro para escapar dos insultos da torcida. Ele sempre negou.

Com a seleção classificada para a fase final, a CBD se reservou o direito de definir o calendário a dedo, sem fazer sorteio. Embora isso tenha sido negado publicamente, todo mundo sabia que o técnico havia sido consultado sobre qual combinação beneficiaria o time brasileiro. Decidiu-se por começar contra os suecos, depois os espanhóis e, finalmente, os uruguaios. Mais tarde, essa decisão seria fortemente criticada pela imprensa, que considerou um erro deixar a Celeste para a última rodada. Além disso, a única equipe que não sairia do Rio de Janeiro para jogar o quadrangular seria, claro, o Brasil.

Após a primeira partida, contra os suecos, Costa decidiu deixar a concentração no Joá e mudá-la para a sede do Vasco da Gama, em São Januário. O Joá era um lugar idílico e tranquilo, onde o treinador podia controlar tudo. Ou pelo menos durante o dia, pois ele ia para casa dormir com a esposa e, na sua ausência, os rapazes desciam para a praia para se encontrar furtivamente com as amantes. O "Gordo" Feola, seu assistente, fingia não ver nada. São Januário era muito diferente. Um recinto cheio de jornalistas, sócios do Vasco e políticos que queriam sair nas fotos com os jogadores. Quando o técnico, pensando nas eleições de outubro, mudou a concentração de lugar, todos os atletas o criticaram por isso. Barbosa, o goleiro, lembrava como eles tinham que se levantar às sete da manhã para ir à missa e depois passavam o dia rodeados de pessoas, sem poder descansar.

O Brasil goleou os suecos por 7 × 1 no primeiro duelo da fase final. Depois veio o jogo contra a Espanha, um dos adversários que Flávio analisou em sua viagem à Europa. "Esse é nosso primeiro jogo contra um adversário difícil", disse ele antes do confronto, com algum desdém. A seleção goleou os espanhóis por 6 × 1. Bastava um empate contra o Uruguai para ser campeã.

"O Maracanã estava lotado, com mais de 200 mil pessoas que foram ver a vitória brasileira e, por nossas atuações anteriores, nos viam como francos favoritos. No time uruguaio, despontaram os veteranos Máspoli, Tejera, Gambetta e Obdulio Varela, que se postaram muito bem em campo, não permitindo as ações de nossos jogadores, tornando o jogo difícil e decepcionando o grande público", recordou Flávio Costa em suas memórias. "No segundo tempo, logo após a saída, num ataque bem-coordenado, fizemos o nosso gol, mas, por falha no sistema defensivo brasileiro (Juvenal não deu a cobertura necessária a Bigode) na marcação da ala direita uruguaia, que era muito boa (com Ghiggia e Julio Pérez), num contra-ataque veloz, Ghiggia, depois de bater Bigode, correu isolado até a linha de fundo e atrasou a bola para Schiaffino, que chegava pela meia-direita, acertar um chute reto, que entrou no ângulo esquerdo de Barbosa. Esse gol, que ainda não representava nossa derrota, emudeceu o público, que não estava preparado para essa surpresa. O silêncio no Maracanã foi tão assustador que induziu nos jogadores um complexo de culpa, tirando-lhes todo o natural espírito de reação." O Brasil caminhava à beira do abismo.

"Os uruguaios, sentindo isso, cresceram no jogo e pressionaram. Novamente Ghiggia escapou livre, depois de bater Bigode, e, a uns seis metros da baliza esquerda do gol, quase na linha de fundo, meteu a bola no canto. Barbosa, que se adiantara um pouco, saltou para trás, mas a bola, que só chegara naquele canto porque vinha com efeito, raspou-lhe nas mãos e decretou nossa derrota. É bom lembrar que naquele tempo não havia substituições. A gritaria também era muita na área técnica, impossibilitando que minhas instruções chegassem aos jogadores. Isso me deixou bastante nervoso."

Costa recordava como o time atacou de forma desordenada nos últimos minutos, e ainda assim teve duas ou três chances. "Nossa sorte estava selada e, para nosso desgosto, perdemos o jogo e o título com dignidade, em um campeonato que tinha tudo para ser do Brasil. Coisas do futebol... Foi o dia mais triste em toda a minha carreira de treinador. Decidimos a Copa de 1950 em uma partida, mas se a jogássemos dez vezes, ganharíamos nove."

Flávio foi embora para casa. Argumentou durante toda a vida que, apesar da derrota, naquele dia o futebol brasileiro amadureceu e ganhou o respeito da imprensa estrangeira. Em 1956, ele liderou a primeira excursão da seleção pela Europa, mas não chegou ao Mundial de 1958, quando o Brasil finalmente venceu. "Sempre disse que nossa obrigação como brasileiros era organizar uma Copa do Mundo perfeita, e foi o que aconteceu. Jogamos limpo, ganhamos de forma limpa e perdemos do mesmo modo. Apesar da decepção, os uruguaios não receberam tratamento hostil. Varela, Máspoli ou Julio Pérez, quando íamos a Montevidéu, sempre nos tratavam com respeito e convidavam jogadores como Zizinho ou Ademir para festas e eventos. Nós soubemos perder."

Flávio Costa morreu em 1999 com 92 anos. Passou a vida inteira ligado ao futebol, treinando, conquistando títulos como técnico de diferentes times, embora seu coração sempre tenha pertencido ao Flamengo. Até seus últimos dias, fez parte de um grupo de sócios chamado Boca Maldita, que discutia calorosamente sobre seu querido Fla.

27 FRANK BORGHI

Se jogássemos contra eles vinte vezes, ganharíamos dezenove.
Tamanha era a diferença de nível.
Bert Williams, goleiro da Inglaterra

Frank Borghi, com suas vastas sobrancelhas e o cenho permanentemente franzido, parecia um gigante bonachão. Alto e forte, tinha um rosto severo, mas um olhar inocente e mãos enormes que usava para agarrar bolas de futebol. Ou de beisebol. Um bom esportista, como se esperava que fosse. O costume nos bairros do sul era trabalhar duro durante a semana e competir aos domingos.

Quando tinha 16 anos, seu pai morreu. Os Borghi moravam em uma área modesta de St. Louis e o garoto fez o que pensou que deveria fazer: abandonou a escola e procurou trabalho. Em 1943, aos 18 anos, foi recrutado para o Exército e acabou lutando na frente de batalha da Europa. Era o que se esperava que um jovem fizesse então: lutar pela pátria.

Desembarcou na Normandia com a Nona Divisão de Infantaria na função de médico de combate. Ele se lembra como a água normanda ficou manchada de sangue, mas não do seu próprio, pelo menos não naquela ocasião. Com os pés enlameados, atravessando com dificuldade as estradas que o mantinham afastado daquelas malditas praias, encontrou um veterano soldado alemão ferido. Os jipes americanos passavam pelo homem e ninguém lhe dava atenção. Óbvio que iria morrer, o ferimento era fatal. Ele sentia frio. Borghi tirou seu capote e entregou ao alemão. "Era um homem de idade. Ele olhou para mim e sorriu." Nunca pôde esquecer aquele olhar. Pouco depois, na Batalha das Ardenas, foi atingido por estilhaços de uma bomba alemã. Terminou a guerra como sargento, com duas condecorações na lapela: o Coração Púrpura[1] e uma estrela de bronze.

No entanto, Frank Borghi não tinha espírito de herói. O que tinha eram as imensas mãos que deram aos Estados Unidos uma de suas vitórias mais incríveis em toda a história do esporte. Ele era o goleiro da seleção que derrotou os ingleses em Belo Horizonte.

Talvez seu momento de glória tenha sido aos 36 minutos do segundo tempo, quando salvou um chute de Jimmy Mullen, que alguns ingleses protestaram achando que havia cruzado a linha. Borghi se esticou e pegou a bola. Em seguida, deu um bico nela, mandando-a para longe. Tudo aconteceu em um segundo que poderia ter mudado a história das Copas do Mundo: se a bola tivesse avançado alguns centímetros mais, aquele grupo de jogadores norte-americanos não teria passado à eternidade. Mas se tornaram eternos, e só por causa daquele jogo na capital mineira.

Quis o destino que Frank pudesse jogar aquele Mundial para ganhar seu lugar na história. O mesmo destino que o tirou da guerra quando era apenas "um jovem assustado que queria cumprir seu dever, mas voltar de uma vez para casa". E foi o destino, também, que fechou as portas do beisebol para ele. O destino e sua mãe.

Em março de 1946, enquanto seus pais tentavam convencê-lo a estudar para ser embalsamador de cadáveres — algo que nunca aceitou por ter visto muitos mortos na guerra —, Borghi começou a jogar beisebol em um time amador, o Carondelet Sunday Morning Club. Seu sonho era virar profissional, como o amigo de infância Yogi Berra, contratado pelos Yankees, de Nova York. Assim, seus olhos brilharam quando um treinador do St. Louis Cardinals lhe ofereceu um contrato. Jogaria nas categorias de base com a possibilidade, caso se destacasse, de chegar ao time principal. Em 1947, foi enviado para Jackson, Mississippi. Ganhava pouco atuando nas ligas inferiores e não podia ajudar a família, de modo que sua mãe, depois de dois anos tentando dissuadi-lo, chegou ao limite e disse ao filho para acabar com aquele negócio de beisebol. Decepcionado, Borghi voltou para casa, estudou um pouco e conseguiu alguns dólares dirigindo carros funerários da empresa da família, a Calcaterra Funeral Home. Nunca mais

1 Medalha concedida pelo governo dos Estados Unidos a integrantes das Forças Armadas que tenham se ferido ou morrido em combate.

jogou beisebol. Em 1948, casou-se com uma siciliana. Parecia ser o fim do esporte em sua vida, apesar de jogar aos domingos em times de futebol amador. Era o esporte praticado no bairro, uma tradição entre aquelas famílias de sangue italiano, porém tratava-se mais de uma brincadeira do que de uma opção para o futuro. Ninguém ganhava a vida com o *soccer* em St. Louis.

Com o sonho do beisebol acabado, Frank Borghi era apenas mais um cidadão dono de uma capacidade para trabalhar duro. Como o resto dos rapazes que jogaram aquela Copa do Mundo com as lindas camisas dos Estados Unidos, brancas com uma faixa diagonal vermelha. Ele tinha um emprego sério durante a semana e praticava um esporte descontraído aos domingos. Mas, ao contrário dos colegas, sua camisa levava o número 1 nas costas.

Quem se lembrava bem de tudo isso era Walter Bahr. "Frank era um garoto normal. Em campo, um goleiro maravilhoso." Bahr cresceu em Kensington, na Filadélfia, jogando nas ruas repletas de filhos de irlandeses, escoceses e alemães. "No meu bairro, basquete era coisa dos judeus", recordou, diretamente de sua residência em Boalsburg, na Pensilvânia.

Com memória privilegiada, Bahr lembrava-se de cada detalhe daquela aventura. "Diabos, não tínhamos chance de ganhar nenhum jogo e vencemos o que parecia menos provável. Aqueles ingleses eram estrelas e nós, um bando de garotos que jogava por algumas horas quando saíamos do trabalho." Bahr recebia cerca de 2.500 dólares por ano como professor de educação física na John Paul Jones Junior High School. Aos domingos, recebia um mísero extra vestindo a camisa de um dos melhores times da época, o Philadelphia Nationals, uma equipe da *American Soccer League*, uma das muitas competições de um sistema de futebol fragmentado em mil pedaços. Borghi, como todos os rapazes de St. Louis, ganhava menos dinheiro ainda.

Bahr sorria ao se lembrar da personalidade de Charlie Colombo, que trabalhava em uma fábrica de embalagem para carnes. Harry Keough era carteiro em St. Louis. Ele já havia sido guarda-noturno e, em 1955, quase ganhou um famoso programa de perguntas e respostas na TV chamado *The $64.000 Question*. Joe Maca cortava tecidos em uma empresa de decoração de interiores de Long Island. Quando levantava a cabeça procurando os atacantes, Maca se deparava com um lavador de pratos, um desempregado, um carteiro, um trabalhador de uma linha de montagem e um sujeito que manuseava uma máquina de tratamento de couro. Se olhasse para trás, havia a elegante figura do goleiro Frank Borghi, motorista funerário. O único a viver do futebol era Ed McIlenny, um escocês sem amigos que faleceu no anonimato. Pela direita estavam Gino Pariani e Frank "Pee Wee" Wallace, dois velhos amigos de St. Louis que jogavam no Schumaker Funeral Home.

Quatro dos rapazes tinham sangue italiano: Colombo, Borghi, Pariani e Wallace. Embora Wallace julgasse conhecer suas origens, quando tirou o passaporte para poder ir ao Brasil, descobriu que seu avô tinha mudado de sobrenome. Na verdade, sua família se chamava Valecenti. Outros dois eram filhos de portugueses: Ed e Clarkie Sousa, ambos de Fall River, em Massachusetts, onde jogavam num clube chamado Ponta Delgada. Apesar do mesmo sobrenome, não eram parentes, ainda que em campo parecessem ser, pois se entendiam muito bem. Alguns tinham raízes irlandesas ou alemãs. Aliás, Maca, McIlenny e Gaetjens não possuíam nem sequer passaporte americano. Maca era belga e guardava em casa duas condecorações da guerra pelo seu papel na resistência contra os nazistas. McIlenny — um sujeito taciturno, fechado inclusive com os companheiros, que nunca souberam muito sobre ele — era escocês; Gaetjens, do Haiti.

O treinador era Will Jeffrey, mais um escocês com experiência como jogador em equipes modestas de sua terra natal. Uma lesão o afastou dos campos e sua mãe o mandou para o outro lado do Atlântico para que construísse o seu próprio futuro. Começou trabalhando na loja de uma estação ferroviária enquanto treinava uma equipe na Pensilvânia. Os jornalistas ingleses presentes em Belo Horizonte acharam divertido que o treinador dos norte-americanos fosse um escocês. Antes do jogo, Jeffrey conversou com eles e disse: "Não temos chance alguma. Faremos o que pudermos." Enquanto Jeffrey falava com a imprensa, seus rapazes entraram nos antigos vestiários do Independência dando risadas. Joe Gaetjens tinha bebido demais na noite anterior e estava com dor de barriga. O repórter do *Belfast Telegram* descreveu-os como a equipe mais estranha que já havia jogado uma Copa do Mundo. No entanto, ganharam aquele jogo com um gol de Gaetjens.

Uma grande parcela do mérito por aquele triunfo foi de Frank Borghi, que fez a partida de sua vida. "Os ingleses ganharam o sorteio e deram o pontapé inicial. Durante dois minutos passaram a bola entre eles e nem encostamos nela. Depois, pouco a pouco, começaram a finalizar. Mas Frank estava inspirado", lembrou Bahr.

Antes daquele jogo, Borghi era ironicamente conhecido como o "*six-goal wonder*" [o prodígio dos seis gols], porque com ele embaixo das traves a média de gols sofridos era de seis por jogo. Antes de sua estreia, costumava ser ainda maior. "Nós não éramos tão ruins como se dizia. Nem tão bons como querem recordar alguns", admitiu Bahr, referindo-se ao filme de Hollywood *The Game of Their Lives* [*Duelo de campeões*, no Brasil], lançado em 2005 com o ator Gerard Butler no papel de Borghi. "Também não éramos tão bonitos assim. Mas nos divertimos muito", acrescentou.

Bahr foi o autor do chute que Gaetjens, com um estranho peixinho, completou para fazer 1 × 0 antes do intervalo. "O primeiro tempo foi muito confortável para os ingleses. Eles tiveram chances de gol e pareciam tranquilos. Apesar de tudo, marcamos na nossa única oportunidade clara e, no segundo tempo, eles já pareciam mais sérios. Estavam convencidos de que naquele momento estariam ganhando por 4 × 0, e perdiam por 1 × 0", recordou Bahr, que admitiu: no vestiário, antes de voltar para a etapa final, enquanto Gaetjens contava aos defensores sobre a jogada do gol, o técnico Bill Jeffrey ficou sem palavras. "Continuem assim, rapazes. Continuem assim", murmurou.

De repente, a torcida brasileira começou a acreditar que os norte-americanos poderiam derrotar os vaidosos ingleses. "Quanto mais avançava o tempo, mais gritavam. Comemoravam cada bola que recuperávamos, cada defesa de Frank, e pediam um segundo gol", lembrou Bahr, um orgulhoso pai de família: os três filhos seguiriam seus passos no mundo do futebol. Um deles jogou as Olimpíadas de 1972 com a seleção. Os outros dois passaram para o futebol americano chutando bolas na NFL e chegaram a faturar o Super Bowl. Chris levantou o troféu em 1981 e 1984, o primeiro com o Oakland Raiders e o segundo com o Los Angeles Raiders; e Matt, com o Pittsburgh Steelers, em 1979, e com o New York Giants, em 1990. "Em casa gostávamos de futebol e de beisebol, mas se você é jovem e pode ganhar dinheiro na NFL... Que diabos, foi uma boa escolha!", admitiu Bahr, que em certo momento da carreira ganhou muito bem jogando dois anos no campeonato canadense de futebol.

Os últimos minutos da partida foram agonizantes. A Inglaterra reclamou de um pênalti e também de uma bola que teria cruzado a linha de gol. Foi um jogo de ataque contra defesa, apesar de os norte-americanos quase terem marcado o segundo. "Faltavam três minutos e Clarkie Sousa pegou a bola e se mandou, driblando todo mundo, sem destino aparente.

Ele só queria esconder a bola. Ficou assim com ela por mais de um minuto", lembrou Walter Bahr, que foi o encarregado de pegar a bola com as mãos quando o árbitro italiano deu o apito final. Bahr a abraçou como se fosse o maior tesouro do mundo e se atirou no gramado. Muitos torcedores brasileiros entraram em campo e levantaram nos braços os heróis: o goleiro Frank Borghi e o atacante Joe Gaetjens. Ambos foram fotografados com um sorriso de felicidade infinita.

A vitória deixou os Estados Unidos com chance de se classificar para o quadrangular final: tinham que vencer os chilenos no último jogo do grupo e torcer para Inglaterra e Espanha empatarem na outra partida, no Maracanã. Nada disso aconteceu. Os rapazes de Giesler e Jeffrey viajaram mais de mil quilômetros até o Recife. Chegaram cansados e saíram à noite, embora com menos sede do que em Belo Horizonte. Em campo, os chilenos, que não tinham nada a perder, rapidamente abriram 2 × 0 antes do intervalo. Os norte-americanos haviam começado o jogo de forma ofensiva, e os adversários não desperdiçaram os espaços deixados por uma equipe que jogava melhor quando se fechava na defesa. Contudo, na etapa final, Frank Wallace e Joe Maca empataram com dois gols no intervalo de um minuto. Parecia que outro milagre poderia vir: o placar marcava 2 × 2 com quarenta minutos pela frente. Foi apenas uma miragem. Os chilenos aproveitaram a fragilidade defensiva dos rivais e acabaram goleando por 5 × 2. Charlie Colombo foi humilhado repetidas vezes por Robledo, o melhor em campo. Os norte-americanos foram para o chuveiro chorar. Borghi não fez um bom jogo.

Depois de perder para o Chile, a seleção dos Estados Unidos voltou para casa em uma viagem interminável que incluiu cinco escalas e dois aviões diferentes. Levaram dois dias para chegar a St. Louis, Fall River ou Nova York. Ninguém os recebeu nos aeroportos. Chegaram à noite e, algumas horas depois, estavam de volta ao trabalho: um entregando cartas, o outro em um funeral. A família de Frank o parabenizou, mas ele não tirou nem um dia de descanso. Pelo menos vivia em Dago Hill, onde cinco dos heróis daquele jogo se reuniam todas as semanas depois de suas partidas para relembrar as histórias vividas no Brasil. Outros, porém, viviam longe de seus companheiros de aventuras. Muitos nunca mais jogaram pela seleção. Gaetjens, que foi para a França, e McIlenny, que retornou para o Reino Unido, jamais viram os colegas novamente. Para alguns, Recife foi a última vez em que sonharam juntos.

28
SERGIO LIVINGSTONE

Como eram surpreendentes os saltos
que dava aquele goleiro chileno de nome tão estranho!
Estanislao Basora, atacante espanhol

"El Sapito" seguiu com os olhos o cruzamento em direção ao centro da área. Ele estava distante demais para chegar, a bola, alta demais para que saltasse. Com os joelhos dobrados e o olhar atento, ele era o típico goleiro da velha guarda. Virou-se lentamente para a esquerda para se posicionar no centro do gol, pronto para proteger a trave que estava mais distante. De repente, seus olhos se depararam com a elegante camisa branca de Stan Mortensen. O inglês intuiu o movimento do goleiro e com uma cabeçada precisa o pegou no contrapé. El Sapito tentou reagir, mas tinha sido enganado por Mortensen. Quase caiu no chão. Não foi capaz de se atirar à bola, que entrou suavemente na meta do Maracanã.

"Nada a contestar, eles eram melhores", recordava sobre aquele jogo Sergio Livingstone, El Sapito, talvez o melhor goleiro já nascido em solo chileno. Em sua estreia no Maracanã, tinha como missão encarar aqueles que eram considerados por muitos os favoritos para ganhar a Copa do Mundo: os ingleses, que estreavam em Mundiais se vangloriando por terem inventado o futebol. "Tínhamos Jorge Robledo, que jogava na Inglaterra, porque sua mãe era de lá. Ele disse que eram bons e muito técnicos, mas que não devíamos nos deixar intimidar por isso. E nós realmente fizemos um bom jogo", contou o goleiro, um sujeito falador como poucos. No fim, a Inglaterra estreou em Copas do Mundo vencendo por 2 × 0, apesar de os chilenos terem jogado bem, e Livingstone, protagonizado algumas defesas em uma atuação honrosa. "A imprensa inglesa estava curiosa sobre o meu sobrenome e perguntou se, como Robledo, eu tinha sangue inglês", relembrou o goleiro, nascido em uma família com raízes na Escócia. "Eu disse que era metade escocês, para brincar um pouco com eles."

Sergio Livingstone costumava aparecer nas fotos com um leve sorriso e um bigode, como de costume na época. Era um sujeito otimista. Seus genes escoceses o destinavam a ser um senhor de bochechas rosadas. E assim foi. Até o fim de sua vida, era visto em estúdios de televisão. Até o fim de sua vida, ele sorria.

O Chile disputou no Brasil o seu segundo Mundial na história — o primeiro havia sido em 1930. Antes de chegar em solo brasileiro, teve sorte. Logo em seguida, ela virou-lhe as costas. "Nos classificamos sem jogar porque a Argentina se retirou por causa de um conflito com os brasileiros." Assim, Chile e Bolívia garantiram vaga direta para a Copa do Mundo. O orgulho estava em jogo para chilenos e bolivianos, o que não é pouca coisa considerando a trajetória particular de ambos os países, com tantas feridas do passado abertas pelas contínuas disputas sobre o controle do norte do Chile. A Bolívia perdeu cerca de 120 mil quilômetros quadrados de superfície e o acesso ao mar na Guerra do Pacífico contra os chilenos. Cada partida representava uma pequena batalha na qual velhos lemas de outrora eram revividos. "Era difícil ir para a Bolívia, e não apenas por causa da altitude. Perdemos por 2 × 0 em La Paz e Francisco Platko, nosso treinador, teve uma pistola apontada para ele", recordou Livingstone.

A equipe chilena acabaria realizando as Eliminatórias com um treinador e viajaria ao Brasil com outro. Aquele dia na Bolívia marcou o destino da equipe do húngaro Platko. Era um sujeito de personalidade, que aprendeu espanhol durante os anos em que jogou na meta do Barça, quando conquistou seu lugar na eternidade em uma final de Copa do Rei, depois da qual acabou hospitalizado e visitado por Carlos Gardel. O poeta espanhol Rafael Alberti chegou até a dedicar-lhe um poema. Aquele "loiro Platko da Hungria", nas palavras do poeta, treinava a seleção junto a Waldo Sanhueza depois de ter deixado a Espanha por causa da Guerra Civil. El Sapito recordava carinhosamente os treinamentos duros do técnico, nos quais costumavam conversar muito, afinal, Platko havia sido goleiro. "Em Santiago, vencemos os bolivianos por 5 × 0, e Platko queria humilhá-los colocando o goleiro reserva, Nano Fernández, de centroavante. Os dirigentes se opuseram..." Platko, ferido em seu orgulho por aquela pistola apontada para ele na Bolívia depois de uma confusão, não pôde humilhar seus rivais. Pouco tempo depois, perdeu o cargo. O homem que iria substituí-lo era Alberto Bucciardi, da Universidad Católica, clube que cederia uma importante parcela de jogadores para a seleção. Um deles, El Sapito.

Depois, a sorte abandonou os chilenos, sorteados para um grupo muito complicado, com Inglaterra, Espanha e Estados Unidos. "Os torcedores chilenos acreditam que teriam tido mais sorte se tivessem ficado no grupo de Itália, Suécia e Paraguai. Diz-se por aqui que a Itália não está enviando sua melhor equipe para a Copa e que não será uma ameaça para seleções do nível dos espanhóis ou ingleses", assegurou o jornal *El Litoral*. Para muitos, a Inglaterra era a favorita para ganhar a Copa do Mundo. É verdade que ninguém apostava nos norte-americanos, mas na Espanha, sim. "Com a Universidad Católica, fizemos uma excursão pela Espanha em 1949 e não ganhamos uma única partida", acrescentou Livingstone. A Católica, base da seleção chilena, empatou por 1 × 1 com o Atlético de Madrid, obteve o mesmo resultado contra uma seleção catalã, depois perdeu por 2 × 0 para o Mallorca e de 3 × 1 para o Sevilla.

O Chile voou para o Rio de Janeiro, onde passou uma boa imagem contra os ingleses. "Depois jogamos contra a Espanha, e novamente eles foram melhores. Venceram por 2 × 0, Basora e Zarra marcaram. Zarra era um goleador temível." O basco aguentou a carga do defensor chileno na jogada do segundo gol. Foi agarrado, tentaram derrubá-lo, mas Zarra seguia adiante. "Eu estava esperando, sem saber se ele ia cair ou não", recordava El Sapito. Zarra resistiu, e quando Livingstone tentou sair para cobrir o espaço, o atacante do Athletic deu um toque e o superou. "Aquela seleção espanhola era maravilhosa", lembrava o goleiro chileno. Naquele dia, a glória foi para o outro goleiro, Ramallets. "Como se atirava na bola! Que coragem!", elogiava El Sapito.

O pai de Sergio, John Henry Livingstone, de origem escocesa, foi um pioneiro do futebol chileno e jogou pelo Santiago Nacional como *wing* esquerdo. "Foi jogador, esportista, jornalista, teve um jornal, organizou lutas de boxe, campeonatos de equitação, um homem versátil, sendo até enviado aos Jogos Olímpicos de Amsterdã de 1928 como observador do Chile", gabava-se o filho, que cresceu assistindo a boxe e futebol. "Em 1926 foi disputado diante de 15 mil pessoas o Campeonato Sul-Americano, onde o artilheiro foi David Arellano, com sete gols, e meu pai apitou uma partida." Graças a seu pai, Sergio se apaixonou pelo futebol e, aos 15 anos, chegou à Unión Española. "Uma tarde fomos jogar no Instituto Inglês, que ficava em Macul. O Instituto Inglês era um colégio atípico que tinha um professor de dança e de futebol. O professor em questão era Luis Tirado, que me convidou para jogar na Unión Española. Não me interessei, mas depois me levaram para tomar um chá na confeitaria Hucke, em Ahumada, antes de chegar à Plaza de Armas, e foi lá que me convenceram", recordou Livingstone, um sujeito com reputação de mulherengo e travesso. Em sua nova equipe, El Sapito praticamente não jogou devido à tensão dentro do clube causada pela Guerra Civil Espanhola. Muitos chilenos viam a Unión como a encarnação do franquismo em solo chileno, e suas partidas eram frequentemente canceladas devido a incidentes.

Pouco tempo depois, Sergio Livingstone foi para a Universidad Católica. "Naquele tempo, você tinha que estudar, não ganhava a vida com o esporte. Quando comecei o curso de direito na Universidad Católica, consegui o passe da Unión Española porque namorava com a filha do presidente, Carlos Otto, que concordou com a transferência em troca de poder usar a academia da universidade duas vezes por semana." Era 1938 e o Chile, uma terra cheia de imigrantes europeus, assistia a brigas entre partidos de esquerda e de direita, e os jornais falavam da guerra da Espanha, de Hitler e de Stálin. No entanto, El Sapito era feliz. Chegou à Universidad Católica com o time na segunda divisão, mas, em 1939, a promoção foi obtida nos bastidores. "Pela janela", como brincava Livingstone. Dois anos depois, quando tinha 21, o arqueiro foi eleito o melhor jogador de um Campeonato Sul-Americano realizado no Chile. A seleção local terminou em terceiro lugar. O desempenho valeu a Livingstone uma transferência para o Racing, da Argentina, onde ganhou uma capa da revista *El Gráfico*, mas voltou rapidamente para casa depois de alguns anos malucos. "Eu morava em uma pensão em Suipacha, n. 463, perto da avenida Corrientes. Meu colega de quarto era Severino Varela, o uruguaio que jogou no Peñarol e sempre usava uma boina branca. Ele se divertia muito em Buenos Aires. Todo mês encomendava um terno numa alfaiataria."

Livingstone voltou ao Chile, onde se consagrou rumo à Copa do Mundo do Brasil. "Jogar um Mundial significava muito, especialmente depois de tantos anos sem disputa por causa da guerra." Antes do torneio, a federação chilena, sempre dominada pelas brigas entre diferentes clubes, apostou em Alberto Bucciardi como treinador. Ele chamou nove jogadores da Universidad Católica. "O grupo era bastante difícil, tivemos azar, embora tenha sido legal jogar no Maracanã. Ele ainda não estava terminado... a gente se deparava com pessoas trabalhando nos túneis de acesso ao gramado", lembrou Livingstone.

Depois de perder para ingleses e espanhóis, os chilenos viajaram ao Recife para enfrentar os Estados Unidos. "Eles vinham de uma vitória contra a Inglaterra. Só se falava naquilo, mas não podíamos ir embora sem ganhar pelo menos uma." Foi uma partida difícil, na qual os norte-americanos, que tinham muito poucas chances de se classificar para o quadrangular final, terminaram goleados por 5 × 2, com gols de Jorge Robledo, Fernando Riera, Andres Prieto e dois de Atilio Cremaschi. "Robledo fez uma partidaça", recordou Livingstone. A imprensa presente no duelo enalteceu o jogador do Newcastle, que driblou repetidas vezes os defensores ianques, até que um deles lhe acertou com tanta força que foi expulso. "Naquela época é que se batia de verdade", afirmou Livingstone, que durante sua carreira esportiva passou por mais de dez operações, nos dedos e nos braços. "As mulheres gostam das cicatrizes", brincou El Sapito, protagonista de vários rumores sobre romances com atrizes famosas. El Sapito foi um sujeito feliz. Só faltou ver o Chile ganhar um título.

Sergio Livingstone sempre jogou com joelheiras. E, no início da carreira, também sem luvas. Quando trabalhava na televisão, recordava cada detalhe das partidas de sua longa trajetória de mais de vinte anos como goleiro. Até depois dos 90 anos, permanecia firme e forte, com um rosto que irradiava saúde. Quando faleceu, encontraram em sua residência caixas cheias de fotos e lembranças do homem que se aposentou na Universidad Católica, duas décadas depois de ter estreado no futebol profissional pelo clube, em 1938. Foi lá que ganhou o apelido de El Sapito, devido à forma como saltava, com as pernas arqueadas. Livingstone não podia ser chamado de *Pulpo* [polvo], dizia um torcedor fanático da Católica, porque esse apelido já pertencia a um goleiro da Universidad de Chile, Simián.

29
MATÍAS PRATS

Terminada a transmissão com a qual acompanhei a emocionante partida e a brilhantíssima vitória, envio minhas entusiasmadas felicitações a vocês pela técnica e coragem na defesa de nossas cores.
Arriba España!
Francisco Franco

"Eu articulava bem o espanhol, mas durante anos quis superar meu *seseo*[1] andaluz. Até que descobri que, se eu usasse o 'efe' em vez do 'ce', eu poderia evitá-lo. Fui até um amigo e lhe disse: '*Faragofa*'. Funcionou, porque ele escutou 'Zaragoza'", recordava Matías Prats. Assim, graças a esse truque, o jornalista cordobês[2] narrou o gol de Telmo Zarra contra a Inglaterra no Maracanã. "*Y gol! Gol de Farra!*", berrou Prats. E toda a Espanha escutou que Zarra havia marcado.

O Espanha × Inglaterra da fase de grupos foi um dos primeiros jogos de futebol transmitidos ao vivo pela rádio espanhola a partir do continente americano. Matías Prats narrou à beira do gramado, onde ficavam muitos

---

1 O "seseo" refere-se à pronúncia das letras z, s, ce ("c" com "e") e ci ("c" com "i") todas da mesma forma e igual à pronúncia dos "dois esses" do português, tanto no início de palavras ou de sílabas como no final das palavras. Na Espanha, esse fenômeno costuma ocorrer na Andaluzia. No resto do país, em geral, utiliza-se o "ceceo", que se refere à pronúncia das letras já mencionadas, todas da mesma forma, com um som "interdental", como a pronúncia do "th" em inglês.

2 Natural de Córdoba, na Espanha.

jornalistas internacionais, um espaço em que ele também se acostumou a trabalhar na liga espanhola. "No Brasil, temos a tradição de a imprensa poder entrar e transmitir suas impressões dali. É algo que está se tornando cada vez mais difícil de defender, mas, em 1950, ainda era possível. Alguns de nós, narradores, estávamos lá em cima e tínhamos companheiros no campo", lembrava Luiz Mendes, um dos brasileiros que narraram aquela Copa. Em todos os estádios, mas, especialmente no Maracanã e quando os donos da casa jogavam, os jornalistas entravam em campo no início, no fim e durante o intervalo; e até mesmo depois de uma equipe balançar a rede.

O gol de Zarra, ou o de Ghiggia na partida final, saltou das páginas de notícias esportivas para os livros de história em parte devido ao papel da imprensa, encarregada de politizar ou mitificar um torneio que já nasceu com o objetivo de apresentar o Brasil como um país de Primeiro Mundo. "O já ganhou instalara-se na alma do povo. E não queríamos uma vitória apertada. O escore pequeno seria humilhante para o nosso orgulho. Queríamos a goleada faraônica. E, por isso, quando diante de 200 mil patrícios, o escrete fez 1 × 0, não bastou para nossa sede e nossa fome. Exigíamos quatro, cinco, meia dúzia. E aconteceu o que se sabe", escreveu o jornalista brasileiro Nelson Rodrigues. "Arrancada para o título supremo", era a manchete do *Jornal dos Sports* depois do 6 × 1. Justamente em cima da Espanha, que também precisava de um bom desempenho para melhorar a imagem de um regime sem aliados, amplamente criticado e difamado. Foram anos em que se fazia necessário dar uma de bonzinho para obter o reconhecimento da ONU (Organização das Nações Unidas), quando, não muito tempo antes, os olhares se concentravam em Berlim. Como foi dito aos jogadores antes de partirem, eles não eram mais apenas esportistas, eram embaixadores. E os jornalistas assumiram a tarefa de enaltecer seus feitos.

Vários jornalistas espanhóis — de veículos como *Marca*, *ABC*, *Arriba*... — viajaram ao Brasil com a seleção. Matías Prats Cañete, com Carlos Pardo nos comentários, era o encarregado de narrar os jogos. "Foi motivo de orgulho e uma experiência narrar aquelas partidas. Me mandaram para lá sozinho e trabalhei duro", recordou o cordobês. Sua estreia naquele Espanha × Estados Unidos, em Curitiba, acabou virando um desastre. As instalações precárias fizeram com que Prats se visse cercado de torcedores eufóricos, que gritavam e impediam seus ouvintes de escutarem adequadamente a narração. O jornalista passou mais de 25 dias viajando por todo o país, narrando partidas e conquistando a confiança dos jogadores. "Era um sujeito encantador, muito engraçado", lembrou Ramallets, um dos que receberam melhor tratamento da imprensa a ponto de, durante os jogos, quando a Espanha fazia um gol, procurar atrás de sua meta a equipe de repórteres que o *No-Do*[3] enviara para filmar os jogos. As imagens que a televisão brasileira forneceu ao mundo inteiro chegaram aos cinemas espanhóis, com filmagens específicas da seleção acrescentadas posteriormente.

O regime franquista sobressaiu-se: ao contrário de outros países, pôde contar com a infraestrutura necessária para narrar os confrontos pelo rádio. No dia do famoso Espanha × Inglaterra, nenhuma estação inglesa realizou a transmissão. A RNE, sim: era uma questão de Estado. Depois da partida, o próprio Matías Prats foi até o vestiário e perguntou ao presidente da federação, Armando Muñoz Calero, se tinha alguma mensagem para o *Caudillo*. O dirigente murciano proferiu a tão célebre frase: "Vencemos a pérfida Albion." De repente, a rádio e os jornais transformaram esse triunfo na vingança pela destruição da Armada Invencível e pela perda de Gibraltar. "A rádio e os jornais popularizaram a fórmula de comparar os defensores com Indíbil e Mandônio,[4] os alas com os *tercios de Flandes*[5] e os atacantes com o Cid,[6]" escreveu Julián García Candau.

A rádio era então uma arma de valor inestimável. Já em 1945, havia sido inaugurado o centro emissor de *Onda Corta de Arganda del Rey*, equipado com um transmissor de 40 kW, muito potente para a época, com a intenção de impulsionar o serviço estrangeiro, especialmente para a América. O diretor da RNE, o basco Lucio del Álamo Urrutia, compreendeu a importância do esporte — ele também foi diretor do jornal esportivo *Marca* — e trabalhou duro para garantir que os jogos da Copa do Mundo de 1950 chegassem a todos os lares. O homem escolhido para narrar o evento foi Matías Prats, uma das vozes mais conhecidas da Espanha.

Prats trabalhava sempre de terno, gravata e óculos escuros para esconder a ferida no olho causada por uma bala perdida durante a Guerra Civil.

---

3 O "Noticiario Cinematográfico Español" ou "*No-Do*" (acrônimo de *Noticiario y Documentales*) era um noticiário propagandístico semanal do regime franquista que se projetava nos cinemas espanhóis antes dos filmes, entre 1942 e 1981.

4 Líderes dos Ilergetes, um povo que vivia na Península Ibérica no século III a.C, que se rebelou contra a dominação romana na região.

5 Unidade militar do Exército espanhol na época da dinastia dos Habsburgo.

6 Famoso cavaleiro do Reino de Castela na Idade Média.

Gentil com o público, uma esponja de conhecimento e com grande capacidade de conquistar simpatias nos bastidores, o cordobês desfrutou de tanta fama que foi recompensado com um cargo público. Prats era a rádio e seu testamento foi certamente aquele gol de Zarra cujo documento original foi perdido: alguém reutilizou a fita da narração daquele jogo do Maracanã de 1950.

Mais de quatrocentos jornalistas trabalharam no Mundial, a maioria brasileiras. Alguns países tiveram apenas um representante, como foi o caso dos Estados Unidos, onde o futebol despertava pouco interesse. Na véspera do jogo entre Espanha e Estados Unidos, em Curitiba, *El Mundo Deportivo* enviou seu correspondente E. L. Jimeno aos escritórios da federação de futebol norte-americana, no vigésimo quarto andar da Quinta Avenida de Nova York. Ele intitulou sua matéria: "Chamam o futebol de '*Soccer*' na América do Norte." O redator-chefe do *Marca*, Antonio Valencia, enviado especial ao Brasil, escreveu que "este esporte suscita o mesmo interesse no país deles [norte-americanos] que o badminton na Espanha". Valencia foi um dos jornalistas presentes àquela partida. Ele ficou na área de imprensa, onde também estava Dent McSkimming, do jornal *St. Louis Post-Dispatch*, que teve de arcar com suas próprias despesas para contar aos leitores sobre as duas derrotas e a grande vitória sobre os ingleses. "É como se a Universidade de Oxford ganhasse dos Yankees num jogo de beisebol", escreveu ele depois do triunfo por 1 × 0. McSkimming, que havia sido voluntário da Cruz Vermelha tanto na Primeira como na Segunda Guerra Mundial, era fluente em espanhol e viveu no Panamá e no México, onde se apaixonou pelo futebol. "Nós o conhecíamos de St. Louis, de onde vinha grande parte da equipe. Ele nos acompanhava quando saíamos para beber", lembrou Frank Borghi. Se McSkimming foi o único jornalista norte-americano a testemunhar a derrota inglesa em Belo Horizonte, mais de trinta o fizeram representando a Grã-Bretanha. Os ingleses viajaram com o maior contingente de profissionais da mídia, com oito repórteres de jornais, nenhum de televisão e três que trabalhavam em rádios, apesar de quase nenhum ter ficado até o fim do torneio. O rigor não foi a norma entre a imprensa inglesa, pois chegou-se a noticiar que o Independência era uma arena de touros, quando os espetáculos taurinos, que Matías Prats tanto apreciava, não eram exatamente a tradição local. Outros falaram de um desastre semelhante ao de Dunquerque, em referência à famosa batalha da Segunda Guerra Mundial.

Se os ingleses e Matías Prats chegaram com voos que fizeram entre três e quatro escalas, o jornalista que veio de mais longe foi o francês Marcel Pinel. A vida dele está envolta em mistério. Nascido na Baixa Normandia, destacou-se como jogador de futebol em Paris com o Stade Français e o Red Star. Em 1930, jogou todas as partidas da primeira Copa do Mundo da história, realizada em Montevidéu. Durante o torneio, escreveu artigos com seu colega de equipe Augustin Chantrel para o jornal esportivo *L'Auto*, nos quais relatou as peripécias dos jogadores franceses. Ele se aposentou em 1935, compareceu ao Mundial de 1938 e depois desapareceu. Em 1950, pôde ser reencontrado em Saigon, onde escrevia artigos sobre futebol para o *Journal d'Extreme Orient*.

O nível futebolístico na colônia francesa não era muito alto e as informações sobre as ligas francesa e vietnamita eram publicadas separadamente, como se não se pudesse falar na mesma seção sobre partidas de futebol jogadas com chuteiras e uma liga de futebol onde se jogava descalço. Pinel reservou passagens para o Brasil antes de se inteirar de que a federação francesa havia recusado o convite oferecido pela Fifa para disputar a Copa do Mundo, apesar de não ter se classificado nas Eliminatórias. Mas ele decidiu ir mesmo assim para escrever sobre um Mundial que ele resumiu de forma um tanto simplista: o futebol europeu era masculino e o futebol sul-americano, afeminado. O francês só publicou três matérias em um jornal que nem sequer circulava diariamente. Foi entrevistado pela imprensa brasileira, à qual relatou suas memórias da Copa de 1930 e confessou que o triunfo uruguaio se baseou num conceito de masculinidade *charrúa*, em oposição a um certo maneirismo do jogo brasileiro.

Pinel foi um dos jornalistas que ficaram até o Maracanazo. Por perto estava o grande Vittorio Pozzo, treinador da Itália em 1934 e 1938, que escrevia sobre os jogos para o jornal *La Stampa*. Pozzo, que suportou estoicamente os voos internos, pois tinha pavor de aviões depois do acidente do elenco do Torino, em 1949, também ficou encantado com o comportamento viril dos uruguaios na partida final. Era um futebol ainda de clichês, no qual se recompensava mais a garra de um atleta do que sua técnica. Panizo, o atacante do Athletic, lembrava como algumas de suas melhores atuações não foram suficientemente valorizadas, e sim aquelas em que terminou lesionado, como o jogo das Eliminatórias em Lisboa, quando acabou coxo e foi batizado como o "herói do Jamor" — em referência ao estádio onde o duelo foi disputado. Além disso, o San Mamés não valorizava Panizo até que o San Lorenzo de Almagro, da Argentina, fez uma excursão a Bilbao e todos na Catedral[7] ficaram surpresos com o nível dos visitantes: "Todos jogam como Panizo", disseram. Ou seja, todos eram técnicos.

Matías Prats era um dos jornalistas que valorizavam a técnica, mas também acreditava firmemente que "a seleção jogou com garra e a personalidade que se espera de um espanhol", como disse depois de a equipe derrotar os chilenos. Em suas crônicas no *Arriba*, o jornal oficial da Falange Espanhola, o vice-diretor José María Sánchez-Silva também enfatizou a garra de Zarra e o comportamento de "patriota espanhol" de Puchades. O jornalista madrilenho, enviado especial ao Brasil e sempre ao lado dos líderes da federação durante os jogos, era então uma das vozes mais respeitadas na imprensa espanhola. Ele já havia escrito clandestinamente no *Arriba* durante a guerra em Madri, quando se escondia das tropas republicanas. Filho de um jornalista anarquista que mal conheceu, Sánchez-Silva viajou para terras brasileiras porque considerava que aquele torneio esportivo constituía uma informação de vital importância. Anos mais tarde, ele alcançaria a fama graças a um relato transformado em filme por Ladislao Vajda, um dos grandes sucessos do cinema espanhol da época: *Marcelino pan y vino* [*Marcelino pão e vinho*, no Brasil]. Ganhou ainda o Prêmio Hans Christian Andersen de literatura infantil, o Prêmio Nacional de Literatura, em 1957, e escreveu o roteiro do filme *Franco, ese hombre*. Suas crônicas esportivas foram esquecidas, assim como as fotografias no estádio do Flamengo nas quais o vemos observando os treinamentos da seleção espanhola ao lado de Muñoz Calero.

Se Sánchez-Silva foi lembrado por uma história infantil, Matías Prats foi lembrado pelo gol de Zarra. Nascido em Villa del Río, Prats sabia que queria ser jornalista desde criança, quando recitava poemas e imaginava notícias. Em 1939, começou na Radio Nacional, em Málaga, época em que nasceu sua paixão pelas transmissões de futebol graças a Salvador Rueda, diretor da estação de rádio. A primeira partida que transmitiu, em 1942, foi um Betis × Málaga. Oito anos depois, ele havia se tornado a voz dos esportes em Madri. No Brasil, empenhou-se em "memorizar as escalações e pronunciar bem os nomes. Aprendia tudo e queria saber tudo", recordava Zarra, com quem formou uma dupla inseparável: um marcou o gol contra os ingleses e o outro o narrou. Quando Armando Muñoz Calero,

7 Forma comumente utilizada para se referir ao estádio San Mamés, em Bilbao.

presidente da federação, enviou um telegrama a Franco informando-lhe da vitória, ele não levou em conta que o rádio já era mais rápido. Franco escutara a memorável transmissão de Matías Prats e a famosa frase de Muñoz Calero quando perguntado pelo jornalista se tinha alguma mensagem para Sua Excelência. O general então enviou um telegrama em resposta no qual dizia: "Terminada a transmissão com a qual acompanhei a emocionante partida e a brilhantíssima vitória, envio minhas entusiasmadas felicitações pela técnica e coragem na defesa de nossas cores. *Arriba España!*" [*sic*]. A fama desse gol foi tanta que, quatro décadas depois, Matías Prats foi eleito o filho preferido de Córdoba e o fizeram narrar o gol outra vez. Ele, é claro, sabia o relato de cor. A Copa do Mundo mudou sua vida de tal forma que não demorou muito para dar o salto para a televisão, onde se tornou uma das vozes do *No-Do*. Hoje existem doze ruas e um parque público com seu nome.

A fama de Matías Prats não foi uma exceção. Em outros países, os gols históricos marcados no Brasil elevaram os jornalistas às alturas, como aconteceu com os uruguaios Carlos Solé, Duilio De Feo e "Cheto" Pelliciari. Os brasileiros tiveram a tarefa de explicar uma tragédia sem precedentes. Carlos Heitor Cony escreveu que "deixei de acreditar em Deus no dia em que o Brasil perdeu a Copa do Mundo no Maracanã". Na crônica de José Lins do Rego sobre o jogo, podia-se ler que "vi um povo de cabeça baixa, de lágrimas nos olhos, sem fala, abandonar o estádio Municipal como se voltasse do enterro de um pai muito amado. Vi um povo derrotado e, mais que derrotado, sem esperança".

O Uruguai havia levado quase toda a esperança consigo, apesar de Matías Prats e Zarra terem guardado um pouquinho para elevar os ânimos dos dez milhões de pessoas que, acredita-se, escutaram a narração daquele Espanha × Inglaterra. Dez milhões de pessoas atentas à voz do cordobês que, apesar do calor daquele dia, narrava trajado com seu terno habitual e uma elegante gravata. E de óculos escuros, claro.

30
GIAMPIERO BONIPERTI

Como jogador de futebol, teve a mesma grandeza de Bach.
Salvatore Accardo, violinista italiano

Foi num amistoso entre Novara e Juventus. Antes da partida, a Miss Itália — uma moça chamada Marisa — entrou em campo com um calção justo e a camisa da *Veccia Signora*. Era a Itália da década de 1950, quando os homens iam engravatados ao estádio, davam em cima de todas as moças e blasfemavam ao sair da igreja.

Alheia aos comentários indecentes, Marisa se aproximou do capitão da Juve, Giampiero Boniperti, e entregou-lhe um ramo de flores. Boniperti, nascido na província de Novara, era objeto de toda a ira sempre que jogava no local, porque havia ido para Turim e feito sucesso por lá. "Marisa, Marisa, Marisa!", cantava a torcida. "Toda vez que eu tocava na bola, eles cantavam 'Marisa, Marisa' para zombar de mim." A partir daquele dia, Boniperti passou a ser conhecido como "Marisa".

"Eu era jovem demais e não tenho boas lembranças daquela Copa do Mundo." Boniperti, talvez um dos três nomes mais importantes da história da Juventus, embarcou no *Sises*, o navio em que a seleção italiana viajou para o Mundial no Brasil. "Não foi uma boa ideia viajar pelo mar, mas a memória da tragédia de Superga estava muito presente e tínhamos medo de avião", lembrou o ex-atacante, que passou a viagem inteira ouvindo as brincadeiras dos companheiros. O apelido "Marisa" pegou. "Todos o chamávamos de 'Marisa'. Na equipe éramos filhos de trabalhadores humildes, gente pobre, e ele era um rapazinho elegante, bem-arrumado e um pouco na dele. É por isso que o chamávamos 'Marisa'. Você tinha que ver o penteado dele", brincou Amedeo Amadei.

Giampiero Boniperti, que outrora ostentava uma cabeleira loira cacheada e bem penteada, com o passar do tempo ficou com a cabeça grisalha. Mas, da mesma maneira que envelheceu, também ganhou em elegância. Na verdade, ganhou em tudo. Como jogador, conquistou cinco ligas, e como presidente, nove. No fim de sua vida, Boniperti era a encarnação da Juventus. Do sucesso do clube.

Mil histórias circulam sobre ele. Alguns garantem que sempre foi um competidor leal. Outros, que conseguiu mexer os pauzinhos nos bastidores para que a Juve desfrutasse de privilégios. "Ou se ama ou se odeia a Juve, você sabe como é", sorria ele ao falar sobre o tema. Originário de Barengo, um vilarejo perto de Novara, Boniperti começou sua trajetória admirando seus rivais. Na década de 1940, não só em Turim como em toda a Itália, quem mandava era o Grande Torino. "Foi um dos melhores times da história. Eu jogava no time B da Juve na temporada 1946/47 e costumava ir ver o Torino no estádio Filadelfia para aprender. Depois joguei contra eles. Eu já sentia o nervosismo no estômago sete dias antes dos clássicos. Costumava comer todos os dias numa *trattoria* na Via Alfieri, onde encontrava Bacigalupo, Rigamonti e Martelli, do Torino. Éramos bons amigos, mas nas semanas de clássico... não nos cumprimentávamos!" Da rivalidade, eles passariam a dividir o vestiário na seleção. "Mazzola era a alma. Ele tinha temperamento, classe, categoria. Unia o grupo. Com ele, com certeza teríamos chegado à fase final da Copa do Mundo. Sem ele, éramos um desastre. Tratava-se do único com peito para falar em nome de todos; sem ele, mudavam a nossa posição em cada jogo de forma totalmente injustificável e ninguém nos defendia. Penso no Mazzola e nos rapazes do Torino toda vez que vejo o monte Superga. E eu o vejo todos os dias." Foi Mazzola quem aconselhou Marisa a ir para o Torino. "Mas eu era jogador da Juve. Impossível."

A morte de todo o elenco do Torino no acidente de 1949 deixou a Itália em estado de choque. Boniperti esteve presente aos funerais, nos quais o elenco da Juve compareceu com suas casacas brancas e pretas. "Todos nós choramos. Vittorio Pozzo estava lá com um olhar perdido, seu paletó no braço e um ramo de flores." Pozzo, técnico italiano nas Copas de 1934 e 1938, conhecia e amava cada um daqueles rapazes que desfilaram pelas ruas de Turim em caixões. Homem de personalidade forte e que construiu seu próprio caminho depois de ter começado a trabalhar na Pirelli, Pozzo foi condenado ao ostracismo nos tempos de Mussolini. Não seria ele, o estrategista maravilhoso, quem lideraria a viagem ao Brasil.

"Ferruccio Novo, o presidente do Torino, foi o escolhido. Ele era um homem duro. Sentia que devia aos rapazes de Superga um bom desempenho na Copa do Mundo, mas aqueles eram outros tempos, e no fim as comissões técnicas é que escolhiam os jogadores. Novo, que após o acidente viajou de avião ao Brasil para provar a si mesmo que não havia nada a temer, trabalhava lado a lado com Bardelli e Copernico", lembrou Boniperti. O trio de técnicos chamou um grupo de quinze jogadores a Turim para se preparar para o Mundial. Boniperti não estava na lista. "Primeiro, me incluíram em uma seleção B, que jogou um amistoso em Milão contra uma seleção inglesa amadora. Aqueles que fomos bem nos unimos então ao grupo principal em Turim."

Um dos que estiveram nessa partida foi Giuseppe Casari, goleiro da Atalanta. Casari era um dos jogadores mais amados do grupo, um piadista impiedoso que não tinha respeito por ninguém. Em seu dialeto de Bérgamo, sempre contava suas aventuras durante a guerra. Enquanto estava na Marinha, escutou, certo dia, que um torneio seria disputado e pediu para participar. "Fui ameaçado com o calabouço caso não fosse verdade que eu era bom. Eu peguei tudo, e então eles me mandaram para Roma, longe da frente de batalha, para continuar jogando. Quando Mussolini caiu, fui mandado de volta para o front. Perto de Gubbio, os alemães me capturaram, mas escapei e passei três meses escondido em uma fazenda, até poder voltar para casa, em Bérgamo. Lá, apesar da guerra, continuei a jogar futebol. Íamos aos jogos de bicicleta e, quando passavam os aviões, nos atirávamos ao chão", recordou ele com um sorriso contagiante. Casari, como capitão da Atalanta, também esteve presente nos funerais do Grande Torino. "Eu estava saindo do cinema em Bérgamo quando fiquei sabendo. Foi um choque enorme. Ficamos tão assustados que todos concordamos que o melhor a se fazer era ir para a Copa do Mundo de barco." A decisão teve consequências desastrosas. "As outras equipes levaram dois dias para chegar; nós, duas semanas. Chegamos destruídos. Dezoito dias em alto mar é bom se seu negócio for jogar cartas. Me lembro que meus pais, Agabio e Camilla, estavam assustados com aquela viagem tão longa. Para eles, ir do vilarejo para Turim já era uma odisseia", recordou Boniperti. "*Sises*, assim se chamava o navio. Só entre a Sardenha e a Córsega, eu já vomitei. Sou de Bérgamo e, apesar de ter sido alistado na Marinha, nunca tinha passado tanto tempo em alto mar como naquela maldita viagem", disse Casari.

A maior parte dos rapazes que embarcaram naquele navio passou por momentos difíceis durante a guerra. Boniperti nem tanto, pois era jovem e passou o conflito na casa de sua família na zona rural do Piemonte. Egisto Pandolfini, um dos melhores jogadores da equipe, brincava com Marisa dizendo que, enquanto ele estava tranquilo em casa com seus pais, outros tentavam jogar futebol entre as bombas. "Eu jogava na Fiorentina. Naquela época, o rio Arno só podia ser atravessado de barca, porque os alemães haviam explodido as pontes. Apesar de tudo, continuávamos jogando. Na final de um campeonato toscano contra o Livorno, jogamos ao lado de alguns vinhedos, num campo perto de Santa Croce."

Boniperti só começou a jogar depois da guerra. Primeiro em equipes modestas; depois, na Juventus. "Em casa, eu jogava com meu irmão Gino, que era melhor do que eu, mas fumava demais. Uma vez, em 1946, organizaram um teste para mim na Juve. No Topolino (um carro da época) do doutor Egidio Perone, levaram-me ao Sporting, o clube de tênis onde os jogadores da Juve se reuniam. Eu estava impressionado. Fui escalado como atacante numa partida em que os reservas jogavam contra um time chamado Fossano. Fui marcado por um veterano que havia jogado na primeira divisão. Ganhamos por 7 × 0. Fiz os sete gols." Boniperti não demorou muito a chegar à equipe principal.

De família muito tradicional e católica, recordou aqueles dias antes de partir para o Brasil. "Fomos recebidos pelo presidente da República, Luigi Einaudi. Depois fomos levados ao estádio Flaminio, onde inauguramos uma placa, e de lá para Nápoles, onde fomos recebidos por muitas pessoas antes de embarcarmos. O prefeito napolitano nos deu comida para a viagem e algumas cafeteiras. De todos aqueles dias eu me lembro de dois momentos: quando Giulio Andreotti, que já era o braço direito do presidente na época, nos disse em particular que tínhamos que dar o máximo para ganhar. E a visita ao Papa." Todos os jogadores fizeram fila à espera da bênção de Pio XII. Um a um, eles desfilaram, curvando a cabeça e beijando a mão de Sua Santidade. Todos, exceto Casari, que, com o melhor de seus sorrisos, deu a mão ao Papa e disse: "Um prazer. Casari, a seu serviço." Posteriormente, o goleiro argumentou que já tinha visitado o Papa antes, quando jogava pela Atalanta.

Pandolfini também tinha sua anedota. Durante o almoço com Andreotti, massagista da equipe que era da Fiorentina como ele, alardeou que Pandolfini era um cantor maravilhoso. "Eu, que sou toscano e, portanto, um pouco louco, comecei a cantar sem pensar duas vezes. Depois nos levaram para Nápoles. O cais parecia o de Nova York e estava lotado de gente. Foi lindo. A viagem, nem tanto. Jogamos uma partida em Las Palmas e acabamos brigados entre nós." Para Boniperti, "tudo foi mal planejado. A única partida que jogamos foi a das Canárias, nada mais. Treinávamos no convés, jogando vôlei, pulando corda, contando estrelas...".

A Itália chegou a São Paulo, sua sede, com os nervos à flor da pele. "Nos dávamos bem, mas aquela viagem foi demais. No final, as brincadeiras impertinentes dos toscanos Lorenzi e Pandolfini tiravam a gente do sério de verdade. E ainda mais com a barriga revirada por causa do alto mar", recordou Boniperti. "Fomos acolhidos pelos italianos que viviam lá, nos acompanharam por todos os lados. Ótimo lugar, o Brasil. Pessoas legais e mulheres bonitas", acrescentou.

Os três técnicos decidiam as escalações depois de acaloradas discussões telefônicas. "Disseram que eu jogaria uma partida. Depois disseram que não, porque minha transferência para o Napoli já havia sido concluída e as pessoas do clube exigiam cuidado para evitar lesões. E eu não joguei", reclamou o goleiro Casari.

"Nossa estreia era contra os suecos. Depois do almoço, divulgaram a escalação. Acho que ninguém gostou muito. Fui escalado fora da minha posição habitual, onde eu não rendia tanto", admitiu Boniperti. Pior para Pandolfini. "Primeiro me disseram que eu jogaria. Depois, que não. Eu me tranquei no quarto e comecei a chorar, e cinco ou seis companheiros vieram me consolar. Mais tarde, vieram alguns dirigentes. Eu só queria jogar. Foi horrível." A Itália entrou em campo no Pacaembu como favorita. Apesar do acidente do Torino, a equipe tinha credenciais: ainda era a atual campeã e as arquibancadas estavam cheias de italianos residentes na cidade. "Estávamos jogando 'em casa'. Respeitávamos os suecos, mas sabíamos que eles haviam chegado à noite na véspera — de trem do Rio de Janeiro, a mais de quatrocentos quilômetros de distância — e que eram amadores. Eles ganharam o ouro olímpico em 1948, mas muitas de suas estrelas atuavam em nossa liga e não podiam defender a seleção, que só permitia atletas não profissionais. Mas nem assim. Eles nos venceram."

A Itália perdeu por 3 × 2. Riccardo Carapellese acertou a trave nos últimos segundos. "Se aquela bola entrasse, talvez fosse diferente, porque no segundo jogo, contra os paraguaios, jogamos melhor. Mas, a essa altura, já estávamos eliminados. A Suécia havia empatado com o Paraguai e não tínhamos chance alguma", lamentou Boniperti, que não atuou na segunda partida. "Depois que perdemos, ficamos arrasados. Quando, após o empate entre suecos e paraguaios, ficou claro que estávamos fora, relaxamos. Visitamos a cidade, nos levaram a um teatro, a uma estação de rádio... Já não havia mais pressão."

Pandolfini, sim, jogou na segunda rodada. "Eu não era o melhor, mas corria mais do que todo o mundo. Embora estivéssemos eliminados, queria fazer um bom jogo e não parei de correr. No segundo tempo, Carapellese cruzou, eu cheguei e chutei. Todos me disseram que fiz um gol bonito. Gol bonito? Poderia perfeitamente ter ido para fora! Bati com força e a bola foi em qualquer direção, menos na que eu queria chutar. Mas entrou." A imprensa elogiou a partida dos italianos e se perguntou por que não haviam jogado com a mesma escalação na estreia.

Para Boniperti, "a pior coisa foi ver tanta gente chorando. Programaram nossos jogos em São Paulo porque estava cheio de italianos. Centenas foram se despedir no aeroporto, e, apesar da nossa eliminação, nos encheram de presentes". O jornal *A Gazeta Esportiva* chegou a dedicar alguns versos de despedida aos italianos, terminando com um "Até logo, *squadra azzurra*". Por sua personalidade, os italianos deixaram grandes recordações na cidade. Eles treinavam nas instalações do Palmeiras, um clube que foi fundado sob o nome de Palestra Itália. "No início, foi difícil conseguirmos nos adaptar ao calor, mas às vezes a gente esquecia que estava longe, porque estava cheio de pessoas falando italiano e cozinhando comida da nossa terra para nós", admitiu Marisa.

Em 1951, Marisa voltou ao Brasil com sua Juventus, convidada a disputar a Copa Rio, torneio que reunia as melhores equipes da Europa e da América da época. "Fomos recebidos com indiferença, porque, depois da Copa do Mundo, os italianos que lá viviam não acreditavam mais em nós." A Juventus derrotou o Estrela Vermelha (3 × 2), o Nice (3 × 2) e o Palmeiras (4 × 0). Nas semifinais, venceu o Austria Viena e, na decisão em duas partidas, perdeu por 3 × 2 no agregado para os palmeirenses. "Quando goleamos o Palmeiras na primeira fase, vi muitos italianos chorando nas arquibancadas. Era o poder do futebol. Em 1950, choraram pela nossa derrota; em 1951, por uma vitória. De repente, estavam novamente conosco. Perdemos por pouco a final no Maracanã, diante de 200 mil pessoas que não paravam de cantar." Naquele torneio, Boniperti sagrou-se artilheiro. "Eu me apaixonei pelo futebol deles, quase uma dança. E o que dizer das mulheres... Uma garota se apaixonou por mim e me seguia por toda parte. Ela passava horas me esperando no saguão do hotel. Nunca chegamos a ter uma conversa. Diziam: 'Ela está lá te esperando'. Como era linda!", recordou ele, sorrindo.

Boniperti afirmava que "se você não jogou no Maracanã, você não pode falar de futebol". Ele podia. E como não? Se foi absolutamente tudo na Juventus...

31
RUBÉN MORÁN

Muito bem, rapazes, agora um colhão em cada chuteira e vamos para cima.
Juan López, técnico do Uruguai

As pessoas saíram de suas casas poucas horas antes do jogo. Quase todo mundo preferiu escutar a partida acompanhado, como se a força do grupo tornasse mais fácil suportar o nervosismo. Em cada rua, em cada bairro, os pontos de encontro escolhidos tinham suas razões: um café, a maior casa, o apartamento do capitão do time amador, o rádio mais potente... No bairro Cerrito de la Victoria, em Montevidéu, muitos foram convidados ou se convidaram para a casa da família Morán. Fazia frio. O rádio estava alto e durante a maior parte do tempo reinou o silêncio, exceto pela voz de Carlos Solé, que narrava a partida pela Radio Sarandí.

Nas paredes da modesta residência estavam penduradas algumas fotos do "Tiza", magrinho, de pele morena e com o cabelo penteado para um lado. Cercado por outras paredes, as do túnel dos vestiários do Maracanã, Tiza mexia as pernas, nervoso e em silêncio. Ele estava tentando memorizar as ordens que o treinador havia dado: "Não jogar duro, permanecer firme na defesa, manter a ordem." De repente, notou algo estranho, uma vibração. Acima de suas cabeças, 200 mil torcedores brasileiros cantavam e dançavam. Tiza olhou para o teto, assustado.

Rubén Morán não nasceu para ser um herói, mas sua cara de menino assustado, mordendo os lábios para tentar parecer calmo, já faz parte da história. Lá estava ele também, ao lado de gigantes como Varela, Gambetta e Máspoli, como se fosse um fiel escudeiro.

Na casa dos Morán já se sabia que ele iria jogar contra o Brasil. A lesão de Ernesto "El Patrullero" Vidal complicava ainda mais as coisas para a seleção uruguaia, que precisava vencer a última partida do quadrangular final se quisesse ser campeã. O treinador Juan López informou Tiza que começaria como titular. Com seus 19 anos, preparava-se para estrear na Copa do Mundo, precisamente no confronto decisivo. Vidal, com uma lesão nas costas, havia pedido para jogar mesmo assim, mas Juan López preferiu deixá-lo fora. O jovem atacante teve que escutar em silêncio quando os veteranos da seleção propuseram que Julio César Britos entrasse no lugar do titular. López se manteve inflexível. Nos dias que antecederam o duelo, a ausência de Vidal foi o tema de mil conversas. Morán estava ciente disso. O que não sabia era da possibilidade de jogar no Maracanã.

Mas ele jogou. Até então, seus pais só haviam conseguido ver o filho defendendo o país por pouco mais de noventa minutos. Morán recebera sua primeira convocação para a seleção dois meses antes da Copa do Mundo, quando o Uruguai ainda não tinha sequer um técnico, para dois amistosos em Santiago, no Chile, contra os donos da casa. Em um, ele foi titular; no outro, jogou apenas dez minutos. O saldo foi de uma vitória (por 5 × 1) e uma derrota. Era uma seleção que se destacava pela ausência das estrelas do Peñarol, em excursão pelo Brasil. A maioria dos rapazes convocados não viajaria para o Mundial; só Morán conquistou a confiança do novo técnico, Juan López, quando os uruguaios enfrentaram o Fluminense no estádio Centenário. Naquele dia, López escalou o mesmo ataque que levantaria a taça no Rio de Janeiro: Ghiggia, Julio Pérez, Míguez, Schiaffino e Morán. O Flu ganhava por 3 × 0 no intervalo. No final, empate em 3 × 3 com dois gols de Míguez e um de Tiza. Vinte e quatro horas depois, os jogadores estavam concentrados em Los Aromos. Em meio a lesões, polêmicas e dúvidas, Morán entrava na convocação: Villamida e Orlandi haviam se lesionado e o treinador considerava fundamental ter um segundo ponta esquerda, já que havia dúvidas sobre as condições de jogo do titular, Vidal, cuja participação ainda dependia da aprovação da Fifa. Ernesto Servolo Vidal nasceu em uma cidade croata, que era então italiana, mas cresceu na Argentina e aguardava permissão para usar a camisa celeste. Ele conseguiu a autorização, mas a lesão que sofreu contra os suecos abriu a porta para Rubén Morán.

No Maracanã, sem Vidal, Juancito López queria jogar defensivamente, com Varela e os pesos-pesados da equipe mais abertos. Terminou optando por Morán, que, embora fosse atacante, sabia que obedeceria às suas ordens. "Se eu o trouxe como reserva do ponta esquerda e o titular se machuca, quem tem que jogar é ele! Além disso, Morán já jogou várias vezes", gritou o técnico, em referência aos quatro amistosos em que Tiza havia atuado antes do Mundial. López pediu ao jovem que se concentrasse em marcar as incursões adversárias no seu setor e ajudasse na contenção. "*Pibe*, jogue do seu jeito e tente escapar em velocidade pelo seu lado", disse-lhe o Negro Jefe, Obdulio Varela, em clara discordância com a vontade do treinador.

Morán estava uma pilha de nervos. Para evitar engarrafamentos, os uruguaios chegaram ao Maracanã algumas horas antes do início da partida. No caminho, os lixeiros levantavam as mãos como sinal de que eles levariam cinco gols. O estreante daquele dia os observava pela janela, consciente de que o Brasil inteiro esperava a vitória dos donos da casa. No vestiário, tiveram que esperar mais de duas horas. Quando chegou o momento de ir para o campo, Gambetta, um dos veteranos, estava dormindo. Uma vez acordado, o goleiro Máspoli lhe disse, brincando, que o jogo seria ainda mais plácido do que seu sonho. Tiza, por sua vez, não tinha conseguido dormir na noite anterior. "Muito bem, rapazes, agora um colhão em cada chuteira e vamos para cima", disse López. Os veteranos subiram para o gramado tranquilos; os novatos, tremendo. Omar Míguez entrou com um telegrama de seus pais escondido na mão. Jogou com o papel dentro do calção. Varela decidiu cantar o hino uruguaio no túnel dos vestiários. Seguindo o conselho dos espanhóis, a equipe uruguaia entrou atrás da brasileira para evitar o impacto dos rojões lançados pela torcida. "Veja como nos aplaudem!", brincou Míguez. As pernas de Morán balançavam.

Ele se posicionou no lado esquerdo do ataque. Era o jogo da sua vida. Outros já tinham disputado finais, com a seleção ou em times grandes, como o Peñarol. Tiza defendia o Cerrito e era o jogador mais jovem de toda a Copa do Mundo. O capitão Varela tentou acalmá-lo brincando com ele antes da partida, mas o garoto mal tocou na bola durante o primeiro tempo. No segundo, teve uma chance clara e desperdiçou. Mas o Uruguai só atacava pelo lado direito. No intervalo, Ghiggia e Julio "Pata Loca" Pérez já haviam proposto concentrar os ataques pela direita, buscando tabelas que deixassem Bigode e Juvenal vendidos. Assim vieram os dois gols uruguaios, com Tiza observando a jogada do outro lado.

Morán, herói anônimo, campeão quase por acaso, acompanhou a corrida de Ghiggia que levou um punhado de uruguaios à glória com sua façanha diante de um país enorme. Quando Ghiggia, cansado, comemorou o gol, Morán pulou em seu pescoço. Algumas imagens imortalizaram a cena.

No entanto, Tiza não aparece nas crônicas. É apenas uma nota de rodapé, um intruso que aparece na foto por engano. Ghiggia admitiu que não se lembrava de quase nada sobre o menino. "Ele não tocou muitas vezes na bola. Era o mais jovem e um pouco tímido." Morán não jogou muitas outras partidas pela seleção. Não conquistou a confiança de seus companheiros. Durante os noventa minutos contra o Brasil, ponderava se deveria seguir os conselhos de López ou os de Varela. As dúvidas o atormentaram.

O Uruguai venceu a partida final com coragem e comemorou o título com alarde. No hotel da concentração, beberam, dançaram, e teve até quem acabasse pelado no chuveiro. Ghiggia, o último sobrevivente daquela festa, também não se lembrava de Tiza naquela noite. Ele foi apenas mais um, um nome dentro de um grupo grande, um garoto tímido impressionado com os excessos de Míguez, o sujeito que, uma vez, quando soube do penico mantido por Schiaffino ao lado da cama para não ter de se levantar durante a noite, furou-o para que o companheiro molhasse tudo.

Assim eram aqueles uruguaios: desafiadores, corajosos, descrentes; jogadores que, poucas horas depois de ganhar a Copa, já estavam brigando com os dirigentes da associação. "Naquela época, não era a Fifa que dava as medalhas de ouro. Só davam a taça. A Associação Uruguaia é que mandou cunhar as próprias medalhas... Mas fizeram de ouro para os dirigentes e de prata para os atletas! Recusamos, não quisemos saber das medalhas", recordou Ghiggia. Somente trinta anos depois, quando uma nova sede da entidade foi inaugurada, corrigiu-se o erro com a entrega de medalhas aos campeões. A essa altura, Tiza já estava morto.

No Maracanã, quase todos os uruguaios que jogaram desfrutaram de seu momento de glória. Varela comandou, Máspoli evitou gols, Matías González foi batizado "Leão do Maracanã", Tejera manteve-se firme, Schiaffino e Ghiggia marcaram. Dizem que Julio Pérez foi o melhor. Rodríguez Andrade defendeu a lateral direita como um louco, assim como Gambetta pela esquerda. Somente Morán não teve seu minuto triunfal, além daquele salto sobre Ghiggia depois do 2 × 1. Obdulio Varela, em uma entrevista na década de 1970, foi o único a destacar que o menino cumpriu bem o seu papel ao ajudá-lo com Gambetta na defesa. Só isso. Fez história mais por sua idade — manteve-se como o campeão mundial mais jovem até ser ultrapassado por Pelé, em 1958 — do que por sua atuação.

Mas, no bairro de Cerrito, esse era um detalhe que pouco importava. Os gols foram narrados e as pessoas saíram às ruas para celebrar o título, com cânticos dedicados a Morán. Um filho do bairro era campeão do mundo. Quando voltou para casa, foi recebido pelos vizinhos com música e bandeiras. A família inteira chorou. Tiza retornava ao lar depois de uma festa que tinha sido terrível: colocaram os jogadores em um ônibus e os levaram para o Centenário, onde deveriam dar uma volta olímpica. No fim das contas, não conseguiram porque os torcedores invadiram o campo. Foi uma loucura, com os atletas levantados nos ombros, golpeados e sufocados. Ghiggia conseguiu sair disfarçado com o chapéu e o sobretudo de um amigo e se enfiou dentro do carro de um policial para fugir da multidão. Esperto ele, que escapou.

Outros só puderam sair do estádio tarde da noite. Tiza, um dos menos conhecidos, conseguiu sair em meio a beijos e abraços. Chegou em casa sem medalha, como os demais, e sem malas, pois a bagagem demorou dias para ser levada a Montevidéu.

Rubén Morán vestiu a camisa do pequeno Cerrito, a do Cerro e, finalmente, a violeta do Defensor. Nunca foi contratado por um clube grande e nunca realizou o desejo da família, que vinha das Astúrias, de ver o menino com a camisa do Sporting de Gijón. Não restam muitas fotos dele, muito menos lembranças. Contam que deixou o futebol muito cedo, desiludido com a falta de oportunidades profissionais. Quando se aposentou, somava apenas cinco jogos com a seleção e nenhum oficial em Montevidéu. Um dos jogos pela Celeste, no entanto, foi o Maracanazo.

Tiza morreu em 3 de janeiro de 1978, na mais absoluta miséria, vítima da depressão. Tinha 48 anos.

32
BARBOSA

A nossa catástrofe, a nossa Hiroshima.
Nelson Rodrigues

Moacir era dono de um nariz imenso, olhos tristes e sorriso acolhedor. Tinha aquela linda cor de pele típica da negritude brasileira. Contam que sempre foi um brincalhão. Ninguém diz abertamente, mas ele costumava ter uma garrafa de licor por perto. Bebia para esquecer, para melhor suportar sua sentença. Antes do fatídico dia, bebia para comemorar as vitórias. A Antarctica dava aos jogadores garrafas de Guaraná quando ganhavam, e eles abriam com os dentes, enquanto eram fotografados. Depois desse dia, as garrafas foram abandonadas cheias, mas mordidas; algumas, fotografadas.

Moacir morreu em 2000. Nesse ano, deixou de ser um homem e tornou-se um personagem de ficção. Ele foi o protagonista de vários curtas-metragens e de livros; histórias nas quais conseguia exorcizar seu destino truncado. Uma geração o crucificou. Outros tentam tirá-lo do purgatório.

O Brasil ama Moacir. Odiou-o, mas agora o ama.

Moacir Barbosa foi o goleiro do Brasil naquela Copa do Mundo. Quem sofreu os gols uruguaios, o que não alcançou o chute mascado de Ghiggia, considerado culpado da derrota que traumatizou todo um país, e, sem julgamento, mas com o maior júri popular da história, acabou condenado por milhões de pessoas. "Quando um homem cumpre trinta anos de prisão, sai livre. Eu, quase cinquenta anos depois, ainda pago a minha pena", afirmou certa vez. Depois daquela última partida do Mundial, Barbosa jogou apenas mais uma vez pela seleção. Apesar de ter sido eleito pela imprensa estrangeira como o melhor da posição no torneio, à frente de Ramallets, não voltou a defender o país em Copas. Uma lesão grave contribuiu, é verdade, mas ele não pôde chegar ao Mundial de 1954 para limpar sua imagem. "Eu fui ao fundo do poço. Somente o carinho dos torcedores do Vasco da Gama, que me visitaram no hospital quando quebrei a perna em dois lugares, me deu forças para continuar jogando", lembrava. A torcida do cruzmaltino atuou como defesa do réu nesse multitudinário julgamento perdido.

O trauma da derrota contra os uruguaios marcou o povo brasileiro. O país, pouco hábil nas artes bélicas, não estava preparado para tal derrota. O Maracanazo tornou-se objeto de estudo de todos os tipos de livros. O antropólogo Roberto DaMatta definiu-o como "a maior tragédia da história contemporânea do Brasil". Muitos sociólogos afirmam que a culpa do desastre foi atribuída aos jogadores negros. Durante aqueles anos, embora as leis raciais brasileiras fossem mais avançadas do que nos Estados Unidos, não era fácil ser negro. Barbosa lembrava que, quando estava no Vasco, foi expulso de uma barbearia por causa da cor de sua pele. Ele comentou na sede do clube sobre o ocorrido e o presidente não sossegou até que o barbeiro fosse multado. Zizinho, uma das grandes estrelas da seleção, disse antes de morrer que toda aquela perseguição existia de fato. "Nunca me responsabilizaram. Se o tivessem feito, eu teria dado o troco. Mas outros... bem... Barbosa morreu por causa disso. Eu disse aos jornalistas: 'Vocês o mataram'". Essa derrota uniu para sempre seus protagonistas. Como os legionários franceses ou as tropas de elite da *Wehrmacht*, que décadas depois ainda se encontravam para relembrar os combates perdidos em Dien Bien Puh ou Stalingrado, os jogadores daquela seleção sempre se mantiveram em contato. "Bigode foi embora do Rio. Foi morar em Minas. Depois também saiu de Minas, porque ficavam enchendo o saco dele falando de Copa do Mundo o tempo todo. Agora está no Espírito Santo. Bigode não saía de casa, só ia a dois lugares, a minha casa e a do Ademir. Juvenal foi para a Bahia e nunca mais voltou", recordou Zizinho, em 2001. Bigode e Juvenal, como Barbosa, eram negros. Todos os três já faleceram. Juvenal foi o jogador que tentou impedir a arrancada de Ghiggia. Bigode não o alcançou e a única coisa que pôde fazer foi colocar as mãos na cabeça ao ver a bola cruzar a linha.

Após o jogo com o Uruguai, Barbosa não ficou em sua modesta casa, comprada com o salário que ganhou agarrando bolas de futebol e quebrando onze vezes os dedos no gol do Vasco da Gama. "No dia daquela final, me levaram para casa, mas depois me esconderam por duas noites em um hotel. Disseram que era para minha segurança", lembrou ele. Quando finalmente pôde voltar para seu lar, tentou viver com normalidade. O jornalista Roberto Muylaert o descreveu como "brincalhão e gentil". Ele saía todos os dias, como se por um lado estivesse esperando o milagre de ter sido perdoado, mas ao mesmo tempo aceitasse sua condição de bode expiatório. Em uma entrevista, lembrou o que chamou de o momento mais triste de sua vida: "Eu tomava um limãozinho num bar de um amigo, quando entra uma senhora com um menino e fala 'olha, meu filho, vem cá, está vendo esse homem aí, é ele que fez todo o Brasil chorar'." Mais de trinta anos haviam se passado e Barbosa só foi capaz de responder: "Escuta aqui, minha senhora, se eu fosse seu filho queria ver se a senhora teria coragem de dizer isso, é porque não sou seu filho, senão a senhora também estaria sofrendo na pele." Moacir ganhava a vida como funcionário da Suderj, trabalhando no complexo esportivo do Maracanã.

Somente depois de sua morte é que foi aliviado do fardo que carregava sobre os ombros desde aquele fatídico 16 de julho de 1950. "Fui tomado como culpado. Agora, se tivesse uma cratera ali e eu pudesse desaparecer, eu desapareceria", sussurrou com uma cerveja na mesa durante uma entrevista em 1988. Barbosa, considerado o melhor goleiro brasileiro da época, chegou atrasado no chute de Ghiggia, aos 34 minutos do segundo tempo do jogo que decidia o campeão do mundo. O chute do atacante uruguaio passou entre seu corpo e a trave. "Foi mérito meu. Eu tinha cruzado antes, por isso Moacir estava vigiando o segundo pau. Chutei no primeiro e o enganei", lembra Ghiggia. Máspoli, o goleiro uruguaio, via de maneira diferente. "Ghiggia não bateu bem na bola, pegou mascado. Moacir, que sabia muito de futebol, vigiava de perto os jogadores na segunda trave. Se a bola entrou, foi porque Ghiggia pegou mal, e Moacir, que sabia o que estava fazendo, foi mais para o meio, esperando o cruzamento."

Aquele chute, aquele gol, aquele momento marcou o destino desses dois homens. Ghiggia é considerado um herói nacional em sua pátria e, quando visitava o Brasil, seu nome ainda assustava, como se fosse Átila. "Uma vez, uma jovem policial no aeroporto de São Paulo olhou meu passaporte, levantou a cabeça para olhar nos meus olhos e disse: 'Você é *aquele* Ghiggia?'"

Sim, era Ghiggia, o próprio. O fantasma que causou as lágrimas de seus pais e avós acabava de aparecer diante dela. No entanto, os verdadeiros fantasmas foram os que perseguiram Moacir Barbosa até o túmulo. "Ele não podia falhar. Eu, por outro lado, poderia perder dois gols. Ele, não", ponderou Ademir. Zizinho o definiu como um "colibri"; a imprensa espanhola, como um felino que pegou tudo quando o Brasil goleou a Espanha por 6 × 1; a história, como um réu acorrentado.

"Era como se ele tivesse uma casca. Aceitava laconicamente seu destino", afirmava Muylaert, que o entrevistou mais de vinte vezes para escrever algumas das melhores páginas sobre o Maracanazo. Aquele maldito chute de Ghiggia destroçou a ascensão ao topo desse goleiraço. Antes da final, o prefeito do Rio de Janeiro, Ângelo Mendes de Moraes, parabenizou os jogadores por serem os iminentes campeões. Depois da derrota, eles foram abandonados à sua sorte. Em 1993, Moacir Barbosa foi notícia de novo, quando funcionários da CBF não o deixaram visitar um treinamento da seleção, acreditando que sua presença traria azar. Curiosamente, o Brasil venceu a Copa do Mundo de 1994, como se esse triunfo desse razão aos supersticiosos.

Barbosa começou a jogar futebol em Campinas, sua cidade natal, num time formado pelos trabalhadores de uma fábrica de embalagens. Um dia ele pediu permissão ao chefe para participar do treinamento de um clube chamado Ypiranga. Nunca mais voltou. Suas mãos deixaram de embalar para defender bolas de couro. Depois de três anos no clube de São Paulo, assinou com o Vasco da Gama.

A vida de Moacir Barbosa tem sido retratada como uma tragédia grega. Ou brasileira. Muitos pensam, como o jornalista Nelson Rodrigues, que, jogando como ele jogava, talvez pudesse ter chegado ao Mundial de 1954 ainda como titular e lutado pela redenção, mas quebrou a perna e nunca mais defendeu a seleção. A sorte nunca esteve ao seu lado, e ele passou os anos procurando estranhas explicações para sua desgraça. Afirmava que no dia do jogo tudo deu errado, como se tivessem sido vítimas de um feitiço. O pequeno acidente do ônibus que levava os jogadores ao Maracanã ao passar pela Quinta da Boa Vista foi, para Barbosa, o primeiro sinal de que algo não ia bem. Mais tarde, alegou ter visto a bandeira brasileira ser hasteada de cabeça para baixo durante os hinos, um detalhe que só ele notou.

Em 1996, sua amada esposa, Clotilde, morreu de câncer. Eles viveram juntos durante 56 anos, e Moacir investiu cada centavo de suas economias no tratamento da companheira, a mesma que lhe deu uma pequena medalha com a imagem de Nossa Senhora Aparecida. A medalha ficou gravada em sua pele por horas depois de ter defendido com o peito um chute. Chegou ao fim de seus dias vivendo de forma humilde, contando aos jornalistas sobre suas desventuras em um tom de voz frio, ministerial, como se tivesse acabado por aceitar que aquele era seu papel. "Ele estava quase sempre de bom humor. Era educado, apesar de seu semblante escurecer quando se lembrava da Copa do Mundo de 1950", acrescentou Muylaert.

Como Sísifo, condenado por toda a vida, só tentou uma vez se livrar deste fardo. Em 1963, ligou para os antigos companheiros de seleção e os convidou para um churrasco em sua casa, na Leopoldina, zona norte do Rio de Janeiro. Zizinho lembrava que, enquanto conversavam, eles viram as chamas do churrasco subindo ameaçadoramente por cima da churrasqueira. "Que carvão você está usando?", perguntaram. "As traves do Maracanã", respondeu Barbosa. Ao que parece, naquele ano haviam sido trocadas, e Abelardo Franco, o responsável municipal pelos estádios do Rio, permitiu que ele levasse a maldita baliza com as traves ainda quadradas.

33
STJEPAN BOBEK

A técnica de Bobek era inigualável.
Não tenho vergonha de admitir que era meu modelo a seguir.
Ferenc Puskás

"Se falamos de Copa, é preciso lembrar dos anos do pós-guerra, quando pela primeira vez participamos de partidas contra as nações mais fortes do mundo do futebol." Stjepan Bobek tinha 21 anos quando os *partisans* libertaram Zagreb. Alguns de seus companheiros de equipe se esconderam. Outros foram para as ruas receber as tropas, lideradas por uma unidade de croatas que voltava para casa como vitoriosa.

Bobek foi filho de uma época, de um tempo. Um croata amado na Sérvia, a maior parte das fotos o mostra com uma estrela vermelha no peito, no centro do escudo da federação iugoslava ou do Partizan. Elegante, atraente, posava para as fotografias como se fosse um ator da moda, sempre bem arrumado, sempre de perfil ou olhando com um sorriso perfeito para a câmera.

Era um sujeito de sorte. Nasceu para marcar gols. À medida que marcava, sua fama crescia. Na Iugoslávia, muitos achavam que havia ultrapassado a marca dos mil gols antes de Pelé. Camarada esperto, com jogo de cintura, teve a sorte de estar no lugar certo na hora certa.

Somente com o tempo, anos mais tarde, quando vivia sozinho em um apartamento em Belgrado já sem sua falecida esposa, lembrou com certa timidez aqueles dias de loucura no Brasil, quando o jeito extrovertido dos jogadores iugoslavos enlouqueceu as garotas locais. Bobek era um sedutor, embora em campo não fizesse concessões. Ao contrário do que aconteceu com alguns de seus companheiros de seleção, os rojões lançados pelos torcedores brasileiros nos estádios não lhe faziam recordar muito as bombas da guerra. "Os sérvios da equipe ficaram muito impressionados com a quantidade de rojões que lançavam, isso os fazia lembrar os bombardeios em Belgrado." Graças ao futebol, Bobek não fora tão afetado pelo confronto bélico.

Justamente das cinzas dos campos de batalha é que nascera um grupo maravilhoso, que não ganhou um único torneio, mas conquistou duas medalhas de prata olímpicas e conseguiu fazer frente aos brasileiros em sua casa e aos maravilhosos húngaros da década de 1950. "Jogávamos todos em duas ou três equipes. Vivemos uma guerra e representávamos uma nação jovem", dizia Bobek, testemunha direta das primeiras ligas iugoslavas após os conflitos, quando nasceram o Estrela Vermelha, o Dinamo Zagreb e o seu Partizan.

Com 12 anos, esse menino que queria ser adulto convenceu o treinador de um clube de bairro de Zagreb chamado HSK Derbi de seu talento. A tal ponto que foi inscrito nos profissionais com um registro falso declarando ter 14 anos. Quando a guerra eclodiu, Bobek estava jogando por outro clube, o SK Zagreb, pelo qual se destacou em torneios de exibição. Ele estava lá quando as tropas de Hitler invadiram as ruas de Zagreb e a transformaram na capital do Estado croata independente, aliado da Alemanha. Com as avenidas da cidade repletas de suásticas e símbolos *ustaše*, Bobek tornou-se um dos goleadores do momento na liga local, e o principal clube da época, o Gradanski, o contratou em 1944. O técnico era o húngaro Márton Bukovi, um homem sábio que mais tarde se juntaria à comissão técnica de Gustav Sebes na seleção da Hungria e o ajudaria a aperfeiçoar a técnica de Bobek e a modificar sua posição em campo. Bobek se transformou em uma máquina de fazer gols enquanto a Iugoslávia sangrava pela guerra e soldados nacionalistas croatas assassinavam judeus, sérvios e opositores. No fim, os nazistas e seus aliados croatas perderam a queda de braço.

Alguns dos companheiros de equipe de Bobek acabaram em campos de concentração por terem participado do movimento *Ustaše*. Outros fugiram para o exterior. Aqueles que não se envolveram na política, como ele, ficaram. "Eu era um esportista, nunca me interessei por política. Fui sempre bem tratado, na Croácia ou na Sérvia", argumentava. O período pós-guerra foi difícil, com seu correspondente acerto de contas. As autoridades decidiram refundar todo o futebol iugoslavo e apagaram do mapa todas as equipes do passado, em uma tentativa de eliminar qualquer tipo de nacionalismo, croata ou sérvio. Além do Hajduk Split, que continuou a existir porque alguns de seus membros se opuseram ao fascismo, quase todos os clubes foram banidos e novos foram fundados. Um deles foi o do Exército iugoslavo, o Partizan. Bobek participou de um torneio para celebrar o fim da guerra em Belgrado, em 1945, no qual se destacou pelo faro de goleador. Foi então que recebeu a proposta para ir a Belgrado fazer parte desse novo clube. A promessa: um bom salário, status social e um lugar no Exército. Ele aceitou.

Bobek jogava como os húngaros da época. Era forte e inteligente. Chegava um segundo à frente dos adversários e sempre sabia onde estava a bola. Não parecia ficar nervoso. Seu estilo era meio monótono, até que deslumbrava o público com um truque. Os torcedores o amavam. Em uma partida da liga em Nis, o Partizan venceu por 10 × 1. Ele marcou nove gols. Antes de um dérbi contra o Estrela Vermelha, decidiu ir caminhando até o estádio para aquecer as pernas. Desceu as escadas de seu apartamento no centro de Belgrado, acima do pub Kalenic, e, em meio a torcedores que o ovacionavam, chegou ao local do jogo. O Partizan venceu com três gols dele.

Como jogador e sócio fundador do Partizan, Bobek virou uma lenda do clube *crno beli* [alvinegro], marcando 413 gols em 466 partidas. As portas da seleção se escancararam para ele. O desafio era chegar à Copa do Mundo do Brasil. "Quase todos os países do Leste Europeu não participaram das Eliminatórias. Nós, sim, nos inscrevemos. Primeiro disputamos os Jogos Olímpicos de Londres e ganhamos a prata. Sabíamos que tínhamos uma boa equipe", recordava. A União Soviética e os Estados do Pacto de Varsóvia decidiram não aderir à Fifa durante os anos do pós-guerra, mas Tito estava seguro de que queria traçar seu próprio caminho longe de Moscou. Sendo assim, a Iugoslávia não se isolou do futebol mundial e postulou uma vaga na etapa classificatória do Mundial.

"As condições para a preparação eram diferentes naquela época; existiam outras maneiras de ver o jogo. Representávamos um país jovem, então nosso papel na Copa do Mundo ia muito além da importância do mero acontecimento esportivo", lembrava Bobek. O primeiro confronto foi contra Israel, que estava saindo da guerra que havia eclodido após sua fundação. Os israelenses tinham feito apenas dois amistosos antes de chegar a Belgrado, um deles em Nova York, no ano de 1948, logo após a votação Da Organização das Nações Unidas para a criação de seu Estado. Perderam para uma seleção olímpica dos Estados Unidos na qual estavam muitos dos rapazes que jogariam no Brasil. Depois, conseguiram uma vitória sobre o Chipre, em Israel. Mas não foram páreo para os iugoslavos, que venceram por 6 × 0, em Belgrado, e 5 × 2, em Tel Aviv. "Nas arquibancadas, quase todas as pessoas estavam em uniformes militares. Era evidente que tinham acabado de sair de uma guerra", recordava o atacante Zeljko Cajkovski sobre o confronto de volta.

O segundo mata-mata decidia a vaga para o Mundial. O adversário: a França. "Tivemos três partidas muito difíceis com os franceses, até que o jogo de desempate em campo neutro nos garantiu o direito de atravessar o Atlântico. Aquelas batalhas foram difíceis e doces ao mesmo tempo", lembrou Bobek. Os franceses arrancaram um empate por 1 × 1 em Belgrado. Na volta, no estádio Colombes, foram eles que inauguraram o placar. Então, apareceu Bobek. "Meu gol favorito eu marquei em Paris, diante de 60 mil espectadores. Corri atrás de uma bola enfiada por um companheiro e, quando tudo parecia perdido, aproveitei a confusão da defesa, enfiei-me entre eles como uma raposa e driblei o goleiro. Estava com tanto medo de perder que chutei no meio do gol." A partida terminou 1 × 1 e, de acordo com as regras da época, haveria um jogo de desempate. Florença, na Itália, foi escolhida como sede.

"Em Florença, os franceses estavam ganhando por 2 × 1 nos últimos minutos. Tudo parecia perdido. Então, marcaram um pênalti a nosso favor. Quem tinha que bater era Rajko Mitić, mas eu diria que ele ficou feliz quando Boba Mihajlović assumiu a responsabilidade. O gol decisivo foi marcado por Zeljko Cajkovski na prorrogação. Acho que ele nem sabe como fez aquilo. Lancei uma bola para ele, que, correndo pela lateral, cruzou com força, a bola pegou efeito e entrou no ângulo." A Iugoslávia estava na Copa do Mundo.

Os iugoslavos realizaram alguns amistosos antes de voar para o Brasil, onde foram acomodados em um hotel em Copacabana. Como se fosse um acordo de cavalheiros, os jogadores quase nunca falaram sobre o que aconteceu ali, mas a imprensa brasileira da época repercutiu o clima "descontraído". O treinador Milorad Arsenijević, que havia disputado a Copa do Mundo de 1930, no Uruguai, quando os iugoslavos chegaram às semifinais, lutou para controlar a disciplina noturna de um time incrível que esteve muito perto de eliminar os anfitriões na primeira fase. Além disso, o calendário não era fácil, pois tiveram que atravessar meio país para jogar em Belo Horizonte, Porto Alegre e, finalmente, no Maracanã.

"No Brasil, jogamos maravilhosamente bem. Tivemos duas vitórias, contra a Suíça e o México. Os brasileiros empataram com os suíços, de modo que precisávamos apenas de um ponto para estar entre as quatro melhores equipes. A polícia insistiu que, por causa das aglomerações, fôssemos para o estádio com duas horas e meia de antecedência. Me lembro da atmosfera infernal do Maracanã lotado, do barulho de 200 mil pessoas, da invejável reputação dos cariocas e, finalmente, da lesão de Mitić quando estávamos prestes a entrar em campo. Todos esses fatores desempenharam um papel na nossa derrota. Apesar de tudo, acho que merecíamos o empate. Dei uma bola fantástica para Zeljko Cajkovski no segundo tempo que poderia ter sido o gol do 1 × 1, o que provavelmente teria nos ajudado a manter o equilíbrio, mas a chance não foi aproveitada. Tomasević também poderia ter superado Barbosa", lembrou Bobek, que também se queixava da lesão de um dos melhores de sua seleção, Tihomir "Bata" Ognjanov, contra os suíços. "Ele jogou com uma perna quebrada, porque as regras da época não permitiam a substituição. Contra o Brasil, já não pôde jogar", lamentou.

Bobek continuou marcando gols pelo Partizan ao longo de sua vida. Posteriormente, ele foi treinador em vários países. Em 1972, voltou a Zagreb para treinar o Dinamo, clube pelo qual sempre nutriu certa simpatia. "Sou croata, mas os sérvios sempre me trataram muito bem. Era especial jogar contra o Dinamo porque eu sou de Zagreb", recordava. Contudo, fixou residência em Belgrado, onde viveu de forma modesta. "O Partizan nunca me pagou dinheiro suficiente para resolver o resto da minha vida. Recebi do Exército por muitos anos. Não ficávamos ricos naquela época", queixava-se, ao mesmo tempo que contava algumas de suas anedotas mais divertidas.

Uma delas envolvia um dos militares responsáveis pelo Partizan: um coronel croata que havia presidido a seção de tênis do clube e que, em 1958, elegeu-se para o mesmo cargo no departamento de futebol. Um ano antes, houve um debate interno sobre a necessidade de continuar crescendo como entidade, e uma das propostas defendida por esse coronel era a de apostar em uma nova camisa. Naquela época, o Partizan usava uma camisa vermelha, calções azuis e meias brancas, cores que lembravam a bandeira sérvia. Assim, inventou um novo uniforme para tentar conseguir mais torcedores, e não apenas na Sérvia. Bobek afirmava que foi ele quem sugeriu as cores branca e preta que o Partizan usa até hoje. "Em 1957, fizemos uma excursão pela América do Sul e jogamos um amistoso contra a Juventus da Itália. Foi um bom jogo, e Umberto Agnelli, dirigente deles, nos presenteou com algumas camisas. Elas eram de grande qualidade e alguns dos nossos rapazes nunca as tiravam. Foi daí que surgiu a ideia." No entanto, esse ambicioso coronel afirmou durante muitos anos que a ideia não era de Bobek, mas dele. Seu nome era Franjo Tudjman, um croata que, depois de ter sido *partisan*, foi condenado em 1970 a dois anos de prisão por ideias demasiado próximas ao nacionalismo croata. Tudjman afastou-se do comunismo e acabou virando o líder croata que conduziu sua pátria à independência. Ele se tornou o primeiro presidente eleito da Croácia e, durante esse processo, um grande torcedor do Dinamo Zagreb. A história surpreendia Bobek. "Em 1997, eu o encontrei e recordamos aquela época em que ambos morávamos em Belgrado, quando ele vinha assistir aos jogos do Partizan, clube que amava acima de todos os outros. Depois, tudo mudou."

Os caminhos desses dois croatas em Belgrado divergiram. Tudjman tornou-se um herói nacionalista croata. Bobek, um herói iugoslavo. Ninguém mais se lembra dele.

34
STAN MORTENSEN

Quando ele saltava,
era como se o polegar e o indicador da mão direita de Deus descessem,
o agarrassem pela gola da camisa
e o deixassem suspenso no ar.
Stanley Matthews

Stan Mortensen pulou com estilo. Ele era um bom cabeceador. Esticou o corpo em um salto vertical e, com um elegante movimento de pescoço, testou no contrapé de Sergio Roberto Livingstone, o goleiro chileno, que nem sequer foi no lance. A bola foi se acomodar suavemente no fundo das redes. Ron Bentley, que acompanhava a jogada caso Stan não a alcançasse, abraçou timidamente o autor do gol. Houve pouca comemoração, como se os ingleses não quisessem dar crédito ao que deveria ser sua obrigação: ganhar. Morty, finalizando com aquela cabeça sempre bem penteada, tinha acabado de marcar o primeiro gol da Inglaterra em uma Copa do Mundo.

Stan "Morty" Mortensen foi um goleador. Um jogador maravilhoso. Um sujeito fiel. Nunca se escondeu e dava o seu melhor em campo, embora a fama e a glória fossem sempre para seu bom amigo Stanley Matthews, com quem jogou durante metade da vida no Blackpool. Mas Morty não se queixava muito. Como contou em *Football Is My Life*, sua autobiografia, de 1949, o futebol o tirou das ruas.

Nas fotos, ele olhava de maneira desafiadora para a câmera, esboçando aquele sorriso meio irônico, meio simpático. Preocupado com a aparência, escondia sob seus cabelos negros as cicatrizes do acidente que sofrera durante os primeiros meses da Segunda Guerra Mundial, pouco depois de entrar para a Royal Air Force. Era operador de rádio de um bombardeiro Wellington, e um dia a aeronave caiu em Lossiemouth, perto do Lago Ness. O piloto e o encarregado das bombas morreram. O navegador, também, após perder uma perna. Mortensen foi o único sobrevivente, apesar dos ferimentos graves na cabeça. Ficou várias semanas em um hospital e recebeu alta, porém foi informado de que jamais poderia jogar novamente. Dez anos mais tarde, aquela cabeça marcava o primeiro gol contra os chilenos no Maracanã.

Neto de um marinheiro norueguês, Morty perdeu o pai aos 5 anos e cresceu num ambiente hostil, sem dinheiro, nem esperança. Chutar uma bola permitiu a ele que construísse um futuro para si mesmo e, antes da guerra, conseguiu o primeiro contrato como jogador. Depois do acidente aéreo, ele não se rendeu e insistiu em jogar, com a promessa de que não iria cabecear. Em um amistoso entre operários de uma fábrica e membros da RAF, marcou quatro gols em quatro minutos. Posteriormente, foi convocado para a seleção da Força Aérea, na qual jogou ao lado de lendas da época como Ted Drake, Raich Carter, Frank Soo, Laurie Scott, Joe Mercer e, claro, Stanley Matthews. Na época dos conflitos, atuou como atleta convidado pelo Arsenal e foi até chamado pela seleção para um amistoso contra o País de Gales, em 1943. Curiosamente, nessa partida, os galeses sofreram muitas lesões e pediram a Morty para jogar por eles. Inglês de coração, estreou antes pelo País de Gales do que pela Inglaterra.

Mortensen era um incrível cabeceador apesar de ser baixinho. Stanley Matthews recordava como ele "conseguia ganhar todos os duelos no ar. Tinha o instinto do goleador que sabe para onde a bola vai. Quando ele saltava, era como se o polegar e o indicador da mão direita de Deus descessem, o agarrassem pela gola da camisa e o deixassem suspenso no ar. Morty parecia desafiar a gravidade e ter ficado parado no ar durante anos". Assim veio o primeiro gol contra os chilenos. Depois veio o segundo, um chute cruzado de Wilf Mannion, meio-campista do Middlesbrough. Os ingleses fizeram sua estreia em uma Copa do Mundo com uma vitória por 2 × 0.

Mortensen foi fiel ao Blackpool durante quatorze anos. Embora tenha terminado a carreira pulando de clube em clube — do Hull City ao Southport, do Southport ao Bath City —, entrou para a história com a camisa laranja, que vestiu em mais de trezentas partidas. Também brilhou com o uniforme da seleção, no qual rugem, orgulhosos, três leões. Um homem de equipe, estimado por treinadores e companheiros, mas que sempre esteve em segundo plano. Quando morreu, um jornalista escreveu que muitos aproveitariam seu funeral para falar de Stanley Matthews. Morty foi o seu fiel escudeiro. Em 1953, o Blackpool ganhou a Copa da Inglaterra ao derrotar o Bolton por 4 × 3. Mortensen marcou três gols. No entanto, a final é lembrada como "*The Matthews' final*". O destino reservou-lhe momentos de glória, como aquele gol em um Maracanã meio vazio contra os chilenos, e outro, um ano antes, em Cardiff, no Ninian Park. Também de cabeça, claro, o primeiro gol inglês em uma eliminatória de Mundial.

Mas por que a Inglaterra estava fazendo sua estreia em Copas do Mundo no Brasil, em 1950? Em 1928, as federações britânicas (a inglesa, a escocesa, a galesa e a irlandesa) abandonaram a Fifa em retaliação por terem sido obrigadas a enfrentar seleções de Estados que tinham perdido a Primeira Guerra Mundial e pela intenção da entidade máxima do esporte de remunerar os jogadores participantes dos Jogos Olímpicos daquele ano. Até o início das Copas, em 1930, o torneio olímpico de futebol era a competição internacional mais importante. Mesmo assim, a Fifa convidou os ingleses para jogar as edições de 1930, 1934 e 1938. Nas três ocasiões, recebeu um não como resposta. Em 1934, o presidente da federação inglesa (FA), John Charles Clegg, respondeu: "Nós temos nosso torneio, que é muito mais importante do que essa copa." O Home Championship, disputa anual entre Inglaterra, Escócia, Gales e uma seleção irlandesa de um país ainda unido, apesar da independência da República da Irlanda, era suficiente para satisfazer o orgulho local. Depois da Segunda Guerra Mundial, as coisas mudaram. Se os soviéticos e húngaros se recusaram a duelar contra os ocidentais por motivos políticos, a Inglaterra não podia fazer o mesmo. Voltou à Fifa com a condição de transformar o Home Championship na fase classificatória para a Copa do Mundo. A entidade recompensou os britânicos com duas vagas diretas. A competição de quatro equipes, que se enfrentariam em jogo único, sem ida e volta, tinha valor agregado naquele ano: o vencedor viajaria para o Brasil. A Inglaterra conquistou a vaga, em Cardiff, com Mortensen anotando o primeiro gol do país em Eliminatórias. A Escócia se classificou em segundo lugar, mas a federação se recusou a bancar a viagem, pois considerava que um vice não merecia prêmio algum. Os jogadores escoceses protestaram, mas parece que ninguém os escutou. Ficaram fora do Mundial.

Sobre a Escócia parece recair uma maldição em relação à Copa do Mundo, pois nunca superaram a primeira fase. Em 1949, atiraram no próprio pé. A oferta da Fifa para garantir a presença dos britânicos não poderia ser melhor: dois vice-presidentes no comitê central, duas vagas diretas para o torneio e um grupo de classificação com menos partidas. Os escoceses, que em 1948 venceram em Wembley por 3 × 1 e ainda não haviam sido derrotados em seus domínios por uma seleção continental, tinham um calendário fantástico: jogar fora em Belfast e receber galeses e ingleses no Hampden Park. Sem um técnico, pois na época um comitê da federação convocava os jogadores, a Escócia venceu os irlandeses por 8 × 2 no Windsor Park. Depois superaram os galeses por 2 × 0 em Glasgow. Um empate em casa contra os ingleses os proclamaria campeões. A Inglaterra foi para o jogo com a classificação no bolso. Com o gol de Mortensen e um *hat-trick* de Milburn, golearam em Cardiff e, em seguida, destruíram os irlandeses por 9 × 2 em Maine Road, na cidade de Manchester, com mais dois gols de Morty. O encontro com a Escócia em Hampden decidiria o campeão entre duas seleções já oficialmente classificadas para o Mundial, mas, para George Graham, o presidente da federação escocesa, isso não era suficiente. Ele proclamou que a seleção só iria ao Brasil se terminasse em primeiro. Um empate, então, era suficiente; uma derrota, não. A Inglaterra venceu por 1 × 0 com um gol de Ron Bentley, do Chelsea, diante de 146 mil escoceses. Após a partida, o capitão inglês, Billy Wright, convenceu o escocês George Young a pedir à sua federação para ir à Copa. Fracassou. A Escócia teve que esperar até 1954 para estrear em Mundiais. Curiosamente, naquele ano, conseguiram a classificação terminando novamente em segundo lugar no Home Championship, mas o presidente não voltou a cometer o mesmo erro.

A Escócia ficou sem conhecer Copacabana. A Inglaterra, não. Mas para chegar lá foi uma provação, com um voo cheio de escalas: Heathrow-Paris-Lisboa-Dakar-Recife-Rio de Janeiro. Para Morty, que tinha medo de aviões desde seu acidente, aquilo foi um pesadelo. O pior pesadelo, no entanto, foi a Copa do Mundo. Apesar da vitória sobre os chilenos, os ingleses acabaram eliminados na primeira fase depois do gol de Zarra, no duelo contra a Espanha, e da humilhante derrota para os Estados Unidos em Belo Horizonte. Morty procurou levar com humor aqueles dias estranhos no Brasil. A organização estabeleceu a concentração no Hotel Luxor, no Rio, em uma rua movimentada perto da praia de Copacabana. Era o lugar ideal para um turista, mas não para um jogador. Além disso, reclamaram amargamente da comida. Muitas equipes levaram toneladas de alimentos de sua terra natal para seguir uma dieta. Os ingleses optaram por não levar. Alf Ramsey ficou doente por causa da má alimentação. Muitos dos rapazes de Winterbottom se alimentaram quase exclusivamente de bananas. Quando os jornalistas britânicos ficaram sabendo daquilo, perguntaram a Morty se achava que essa era a dieta ideal para um esportista. "Provavelmente não, mas você deveria nos ver escalando uma árvore. Estamos felizes com as bananas. O que mais podemos fazer em um hotel tão ruim onde até as lixeiras sofrem de úlceras?", respondeu ele, bem-humorado.

Mortensen, um otimista nato, tentava amenizar a situação. Afirmava que, se os jogadores brasileiros eram tão técnicos, era graças às bananas e, brincando, previu que as equipes inglesas iriam se alimentar à base de frutas a partir de então. Passou a Copa do Mundo elevando os ânimos dos companheiros, mas as brincadeiras tinham um limite. Não se podia brincar sobre a guerra ou a derrota para os norte-americanos. Era humilhante demais. Morty lembrava que, apesar do revés, a camaradagem reinou no duelo entre as duas seleções. Ambas cheias de rapazes que cinco anos antes estavam combatendo, uniformizados, o mesmo inimigo. Frank Borghi e Frank "Pee Wee" Wallace tinham condecorações de guerra do Exército dos Estados Unidos; Morty, cicatrizes na cabeça. Curiosamente, o técnico adversário naquela partida histórica foi um tal Bill Jeffrey, um escocês que havia emigrado para os Estados Unidos. A Escócia, portanto, teve seu papel na Copa.

Morty nem falou tanto da falta que sofreu nos últimos minutos do jogo: um bom inglês não procura desculpas. Era um pênalti claro, mas o árbitro assinalou fora da área. Logo depois, a partida acabou.

Stanley Mortensen deixou a seleção em 1953. Sua última apresentação foi numa derrota em Wembley contra os húngaros por 6 × 3. Ele, um sujeito sagaz, esteve entre os mais críticos após o resultado negativo, o primeiro da Inglaterra em casa contra uma equipe continental. "Cabe a nós melhorar, não somos mais os mestres", disse. Assim terminou um período de seis anos com a equipe nacional, nos quais marcou 23 gols em 25 jogos. Até o fim de seus dias, perguntaram-lhe inúmeras vezes como Stanley Matthews jogava. Costumava responder que "se ele tivesse jogado contra os Estados Unidos no Brasil, talvez tivéssemos vencido aquela maldita partida". Morreu em 1991. Em Blackpool, é comum encontrar flores ao pé de sua estátua, erguida do lado de fora do estádio Bloomfield Road.

35

GEORGE READER

Duzentas mil pessoas não podem intimidar um inglês.
Arthur Ellis, árbitro britânico

Soou o hino britânico e os três súditos da Rainha ficaram sérios. Levantaram a cabeça e ergueram o peito. Respiraram fundo. Dois deles cantaram sem levantar muito a voz; o outro, com um sorriso orgulhoso, fechou os olhos. Lá estavam aqueles três britânicos, no meio do Maracanã, escutando o "God Save the Queen", que tocava em homenagem aos árbitros escolhidos para conduzir a partida final da Copa do Mundo de 1950.

Um deles era Arthur Ellis, então com 36 anos, os olhos vivos, o cabelo castanho bem penteado e a nuca raspada para suportar as inclemências do tempo. Nascido no condado de West Yorkshire, era o típico inglês aventureiro capaz de atravessar metade do mundo e fazer amigos onde quer que seu périplo o levasse. A vida tinha mil façanhas reservadas para ele, como se fosse um casaca-vermelha[1] pronto para cruzar os mares em nome da Rainha. Na mão, segurava a bandeirinha de juiz de linha. No peito, levava orgulhoso o escudo da FA com os três leões, os mesmos leões com os quais, desde a época de Ricardo I, os ingleses entravam nos campos de batalhas.

Já no peito de George Mitchell rugia um leão solitário, embora aquele leão fosse escocês. O suficiente para que o árbitro, nas noites brasileiras,

1 Referente à cor dos casacos dos soldados de infantaria britânicos no período entre os séculos 17 e 20.

contasse a qualquer pessoa disposta a escutá-lo sobre a linhagem de sua família, 100 por cento escocesa. Com seu bigode e penteado à moda antiga, costumava viajar pelo mundo para arbitrar partidas com o traje de gala na mala, caso tivesse que ir a uma recepção — traje com kilt, é claro. Mitchell, um homem de quase dois metros de altura que mandava fazer os paletós do uniforme de arbitragem nas melhores alfaiatarias de Edimburgo, ostentava o escudo da Associação Escocesa de Futebol, com o leão rampante que Alexandre II já defendia nos campos de batalha no ano de 1222. Aquele escudo, costurado sobre um bolso confeccionado com os quadrados identificadores do clã ao qual pertencia, foi a única representação oficial escocesa na Copa do Mundo.

Entre os dois estava George Reader, então considerado o melhor árbitro do mundo. O britânico de 54 anos nasceu no coração da ilha, em Nuneaton, onde a língua inglesa tem uma inclinação poética e caçar raposas é tradição ancestral, quase sagrada. Reader trazia o escudo da Fifa em uma camiseta moderna, feita especialmente para aquele Mundial; por baixo, uma camisa branca com o colarinho saltando por cima da casaca elegante que usava com orgulho, ao lado daqueles dois auxiliares ainda em paletós clássicos, como antes da guerra. Pela primeira vez, um inglês apitava em um torneio internacional oficial e, pela primeira vez, fazia-o sem o escudo da federação britânica. Apesar de tudo, para Reader era uma grande satisfação. Antes de entrar em campo, com o semblante sério, as grandes orelhas e aquele olhar próprio do inglês sabedor de que apenas cem compatriotas são suficientes para conquistar a Índia, recordou aos companheiros de equipe suas obrigações e da necessidade de estar à altura em nome do "nosso futebol". O britânico, claro.

Não foi fácil arbitrar naquela Copa do Mundo. Em 1950, as regras do jogo nas diferentes federações estavam longe de ser as mesmas. Os ingleses ainda admitiam as cargas sobre os goleiros (Arthur Ellis foi responsável pela anulação dessa regra alguns anos depois), enquanto os sul-americanos permitiam as cargas por trás. Durante os congressos da Fifa anteriores ao torneio, a questão das regras esteve no centro dos debates mais intensos. Os britânicos defendiam sua forma de entender o esporte e, enquanto inventores do jogo, a Fifa atribuiu-lhes um papel central. Além disso, a entidade sabia que exigiria muito trabalho convencer as federações da ilha a se juntarem à grande família do futebol mundial, de modo que seus pedidos e suas sugestões eram escutados atentamente. Dos 27 árbitros convidados, cinco foram britânicos, de longe a nacionalidade mais representada, à frente dos três brasileiros e dos dois espanhóis, italianos, paraguaios e suecos. Dos 22 jogos, dezenove foram arbitrados por europeus, dez por britânicos e os três restantes, por brasileiros.

Reader, um ex-jogador de pouco sucesso no Southampton, apitou partidas de alto nível entre 1930 e 1944. Em plena Segunda Guerra Mundial, foi o árbitro das finais das Copas de Guerra, disputadas pelos clubes ingleses para elevar o ânimo da população, mas em 1944 decidiu se aposentar. Passou a ocupar cargos na federação, a partir dos quais analisava o estado da arbitragem, propunha emendas ao regulamento e servia como embaixador de seu país nos encontros da Fifa. Ocasionalmente, aceitava apitar jogos internacionais quando as federações recorriam à arbitragem inglesa, então considerada a mais confiável.

Participou de muitas das reuniões da Fifa por ocasião da Copa do Mundo de 1950. Seu nome surgiu quando chegou o momento de elaborar a lista de árbitros. Inicialmente, a ideia era que Reader fosse uma das referências em uma série de sessões informativas sobre os critérios de arbitragem a serem estabelecidos, mas depois pediram que botasse seu uniforme. Giovanni Mauro, o dirigente da entidade máxima do futebol que coordenava o departamento de arbitragem, pediu a ele pessoalmente que aceitasse a honra. Assim, Reader partiu para o Brasil no avião no qual, além de jornalistas e dirigentes britânicos, viajavam dois árbitros ingleses, Arthur Ellis e Reginald Leafe, o galês Benjamin Griffiths e o escocês George Mitchell.

A Fifa organizou algumas reuniões no Clube Ginástico Português, no Rio de Janeiro. O inglês Stanley Rous, vice-presidente da Fifa e ex-árbitro, presidia a sala, acompanhado pelo representante do comitê organizador, José Maria Castelo Branco. Giovanni Mauro conduzia as reuniões e Reader era a estrela. O britânico mandou construir uma maquete de um campo de futebol de três metros de comprimento, colocada no meio do ginásio onde foram realizadas as reuniões. Em torno dela colocou as cadeiras para os árbitros e solicitou a presença de tradutores para tentar trazer alguma ordem para aquela Torre de Babel. Perguntado se era apropriado permitir que a imprensa brasileira cobrisse as sessões, Reader foi contundente: "Sem dúvida, um bom árbitro não tem nada a esconder. Que a imprensa nos ajude a divulgar as disposições estabelecidas para que o público possa entender melhor as decisões tomadas em campo." Com a chegada dos fotógrafos à sala, George Reader tornou-se uma das figuras mais famosas da Copa do Mundo.

Não era fácil colocar ordem no ginásio. A maioria dos árbitros europeus se conhecia, embora o iugoslavo Leo Lemešić tivesse ordens de um comissário político para não confraternizar muito com os espanhóis José García Carrión, que atuou como bandeirinha no torneio, e Ramón Azón. O grande problema nessas sessões de trabalho foi encontrar um idioma comum. Aliás, a questão motivou até uma proposta de colocar um intérprete na linha lateral para ajudar em caso de dúvidas. No entanto, os árbitros acharam que seria ridículo ver um sujeito entrando em campo para mediar debates linguísticos no meio do jogo, e descartaram a ideia. Durante as reuniões, foi acordado um protocolo de trabalho. Antes dos encontros, preparava-se um discurso com os pontos-chaves, que era lido em três idiomas diferentes. Giovanni Mauro começava em francês. Depois, o madrilenho Pedro Escartín, membro do Comitê Disciplinar da Fifa e uma das vozes mais respeitadas da época, lia o mesmo texto em espanhol. Finalmente, falava em inglês o histórico dirigente francês Henri Delaunay, o braço direito de Jules Rimet. Os três relatavam os destaques da sessão, as resoluções e as propostas. Em seguida, passavam a vez para Reader.

Ele se movia pela sala sabendo que a melhor maneira de comunicar as decisões não era com discursos, mas com lições práticas. Sendo assim, com seu elegante terno confeccionado em Londres, colocava-se de pé, pedia uma bola e interpretava diante dos colegas. Para deixar claro quais tipos de cargas eram permitidas e quais não, pedia ao chileno Sergio Bustamante ou ao holandês Karel Van der Meer que se levantassem, e ele mesmo investia contra os dois. Sem fraquejar, conseguia captar a atenção, fazer a sala explodir em risos e, no processo, deixar bem claros os conceitos. Reader insistiu que a comunicação com os auxiliares era fundamental, especialmente naqueles jogos em que o árbitro principal e os assistentes nunca haviam trabalhado juntos. Provocou uma gargalhada generalizada quando sugeriu que saíssem para jantar juntos para fortalecer seus laços.

Um dos pontos mais polêmicos das reuniões foi a questão de quais profissionais teriam permissão para ficar perto do campo durante as partidas. A proposta inicial era que se permitiria a presença de um médico, dois massagistas e o responsável pela segurança, além dos narradores de rádio instalados mais perto das arquibancadas do que do gramado. Por sua vez, os brasileiros pressionaram para que fosse permitida a presença tanto de fotógrafos como de repórteres de rádio, pois era uma tradição no país que eles entrassem em campo quando saía um gol ou alguém se machucava. Finalmente, resolveram que os profissionais de imprensa ficariam a cinco metros da lateral e só poderiam entrar no intervalo e no término dos jogos.

No fim das contas, as regras não foram cumpridas. Reader foi o encarregado de apitar a partida de abertura, entre Brasil e México, no Maracanã, com o galês Benjamin Griffiths e o escocês George Mitchell nas laterais. Depois do primeiro gol dos donos da casa, dezenas de fotógrafos e jornalistas invadiram o campo para tirar fotos e tentar obter declarações dos jogadores, que comemoravam abraçados. A normalidade com que os atletas brasileiros reagiram — tal comportamento era perfeitamente normal nos campeonatos locais — contrastou com a cara de poucos amigos do árbitro principal. Nas arquibancadas, o resto dos juízes presentes na Copa do Mundo assistia ao jogo. Anos mais tarde, Arthur Ellis recordaria aquele instante em sua autobiografia: "Eu nunca tinha visto nada parecido. Não eram dois ou três, eram muitos. Como um só homem conseguiria colocar ordem? Bem, George Reader conseguiu, e o fez em poucos minutos. Ele tirou as pessoas com a ajuda de uma só mão, deu as ordens apropriadas e continuou conduzindo o jogo de abertura da Copa do Mundo como se fosse uma partida da liga local de Yorkshire." Ellis recordava aquele momento como "a situação mais caótica já vivida em um estádio. O gramado estava cheio de pombos que haviam sido lançados antes do jogo, atiravam-se rojões, as pessoas corriam pelo gramado... Lembro-me de olhar para Reginald Leafe, que mais tarde se tornaria um dos meus melhores amigos, e dizer a ele que estava feliz por não ser o árbitro daquele jogo. Como eu admirava a maneira de Reader de conduzir as partidas". Ellis e Leafe viriam a formar uma dupla bem conhecida, especialmente para os torcedores do Barça e do Real Madrid, pois apitariam os duelos entre as duas equipes na Copa dos Campeões da Europa uma década depois, jogos que seriam lembrados pelas polêmicas decisões tomadas por eles.

Em sua segunda partida no Mundial, o Brasil empatou por 2 × 2, em São Paulo, contra a Suíça. A imprensa local criticou a atuação do barcelonês Ramón Azón. O catalão, ainda lembrado em Sevilha por anular um gol na temporada 1950/51 que deixou os *rojiblancos* sem o título da Liga, tornou-se o primeiro árbitro espanhol a apitar uma partida da Copa do Mundo. Em seu traje clássico e elegante — usava um paletó que confeccionaram para ele em uma loja na Rambla de Barcelona —, foi criticado por permitir o jogo defensivo dos suíços, que conseguiram um empate surpreendente. Azón, que teve um funeral na Sagrada Família, embora tenha morrido em total anonimato, não apitou outra vez naquela Copa, em parte devido à pressão exercida pelos jornalistas brasileiros. Um dia depois, o editor da *Gazeta Esportiva* escreveu: "Pedimos energicamente que o Brasil não jogue outra partida neste Campeonato Mundial sem a participação de um árbitro britânico. Mesmo que joguemos a última partida contra os ingleses, pedimos um árbitro inglês, no qual confiaremos cegamente." Curiosamente, todas as partidas posteriores dos donos da casa foram conduzidas por árbitros britânicos. Incluindo o duelo final, contra os uruguaios. Não há dúvida de que, no Brasil, havia uma predileção especial pela arbitragem britânica. O próprio Reader tinha sido convidado, em 1948, para comandar um Fla × Flu. Durante aqueles anos, os árbitros britânicos ganhavam um extra aceitando convites para partidas "quentes" em todos os cantos do globo. Arthur Ellis, por exemplo, foi árbitro durante a década de 1950 na Colômbia, no Uruguai, nos Estados Unidos, no Egito e até mesmo na União Soviética.

Depois da Copa do Mundo, os árbitros britânicos receberam propostas para permanecer em terras brasileiras. Chegaram a oferecer a eles duzentas libras por partida, sendo que recebiam cerca de vinte para apitar em seus próprios países. Todos retornaram, mas com as malas cheias de lembranças. Os descendentes do escocês Mitchell encontraram no meio de suas coisas cartões postais, fotos, passagens aéreas, o cardápio do Hotel Serrador e até um plano arquitetônico do Maracanã. "Ele nunca falou muito sobre a carreira. A única coisa que lembramos era que contou certa vez que, depois do segundo gol do Uruguai no último jogo, se uma moeda tivesse caído no chão, aquilo seria escutado em todo o Maracanã", recordou seu neto. Os árbitros formaram seus grupos e foram vistos pela noite brasileira. A imprensa noticiou inclusive que o austríaco Beranek se animava a bater bola na praia.

Cada árbitro tinha sua história, seu passado. Também seus problemas. Alguns lutaram na Segunda Guerra Mundial. Outros viajaram para ser auxiliares em partidas pouco importantes. Não foi o caso do italiano Giovanni Galeati, o árbitro que, junto a Reader, apitou o maior número de jogos. Conhecido como "príncipe do *fischietto*" [apito] em seu país, Galeati perdera o pai na Primeira Guerra Mundial. Graças ao futebol, tinha conseguido deixar para trás uma adolescência difícil como operário ferroviário em Bolonha. Em 1938, fizera sua estreia em uma Copa do Mundo e, doze anos depois, retornava. "Partimos para o Brasil conscientes de que representamos uma escola de arbitragem e com o orgulho de defender sua maneira de trabalhar", escreveu em seu diário. Elogiado por espanhóis e ingleses depois de apitar a vitória da Espanha por 1 × 0 sobre os britânicos no Maracanã, protagonizou uma das histórias do torneio quando, antes do confronto entre Suíça e Iugoslávia, em Belo Horizonte, percebeu duas irregularidades: a presença de uma fila de cadeiras de espectadores demasiado próxima do campo e a ausência de bandeirinhas de escanteio. Sem perder a calma, orientou as forças de segurança até os espectadores serem reacomodados e as bandeirinhas aparecerem. Sua frieza e elegância fizeram com que, em 1951, fosse convidado a apitar alguns jogos da Copa Rio. Nesse mesmo ano, um decreto determinou que, aos 50 anos de idade, era preciso abandonar a arbitragem.

Se Galeati voltou com seu currículo impecável, o outro árbitro italiano, o romano Generoso Dattilo, foi o protagonista de uma das partidas mais polêmicas: Estados Unidos × Inglaterra. Os ingleses reclamaram de sua permissividade com as faltas dos norte-americanos e de não marcar um pênalti claro de Charlie Colombo. O sujeito mais duro da zaga ianque contaria anos depois como, depois de cometer aquela falta dura, olhou para o árbitro e este piscou o olho enquanto sussurrava "*Buona, buona*". Metade dos jogadores da seleção dos Estados Unidos era de filhos de italianos.

Os árbitros britânicos salvaram o orgulho de seu futebol, arruinado pelo desempenho patético da seleção inglesa. Os ingleses protestaram pela permissividade de Dattilo da mesma forma que os espanhóis se queixaram da dureza dos uruguaios, que puderam fazer o que quiseram sob o olhar do galês Griffiths. Contudo, não foi um torneio de grandes escândalos de arbitragem. Quando o Uruguai levou a Copa contra os brasileiros, Reader foi igualmente elogiado pela maioria dos jornalistas locais. Ele conduziu a partida do Maracanazo com calma, sem problemas. Houve apenas um momento em que teve dificuldades para controlar o jogo: depois de o Brasil abrir o placar, quando o capitão uruguaio, Obdulio Varela, confrontou o bandeirinha Mitchell gritando palavras que os árbitros não conseguiam entender. Reader não se alterou, mas também não conseguiu acalmar Negro Jefe. Passaram-se alguns minutos que pareceram horas. Quando o duelo foi finalmente reiniciado, Reader ainda não sabia de que diabos Varela estava reclamando. Pouco importava, o capitão uruguaio conseguiu quebrar o momento de magia brasileiro: parou o jogo por alguns segundos para que seus companheiros se recuperassem do golpe. E foi aí que a picardia *charrúa* marcou um gol na solenidade britânica.

36
ALCIDES GHIGGIA

Que chute de merda! Como ele pegou mal na bola!
Bigode, defensor brasileiro

Um, dois, três, quatro, cinco, seis e sete. Sete passos. Sete passos em uma corrida, cansado. Uma corrida sem estilo, quase enlouquecida, daquele garoto desajeitado. Seu penteado, que na época era moda, virou um punhado de cabelos que caíam sobre sua testa de forma bagunçada. O suor ensopava a camisa celeste. Pressionado pela chegada do brasileiro Bigode, terminou a corrida com sete passos. Um, dois, três, quatro, cinco, seis e sete, e então ele chutou.

Foram uns quarenta metros. Ghiggia ameaçou um passo para trás para atrair Bigode e começou uma corrida em busca da bola que Julio Pérez, talvez o homem mais inteligente em campo, lançou para ele nas costas da defesa. Quarenta metros pelo flanco direito até entrar na área, até alcançar o lançamento. Então ele deu os sete passos que precederam o chute. Juvenal, desesperado, chegou um segundo atrasado. A bola, que foi projetada com a perna direita, quicou duas vezes no gramado antes de entrar por entre a trave e o corpo do goleiro Barbosa.

A bola morreu dentro das redes. Ghiggia continuou sua corrida diante da baliza até que "Tiza" Morán, o jogador do Cerro que foi reserva durante o torneio e só jogou a partida final, passando quase despercebido, saltou no seu pescoço. Atrás, Barbosa levantou-se do chão e bateu nas próprias coxas: é a personificação da derrota. "*Pobrecito,*"[1] murmurou Alcides Edgardo Ghiggia enquanto observava as imagens do gol outra vez, muitos anos depois.

Ghiggia deu início a tudo e foi quem terminou tudo. O destino, sempre travesso, quis que ele fosse o último sobrevivente das equipes que se enfrentaram no dia 16 de julho de 1950, no Maracanã. Despediu-se de todos, uruguaios e brasileiros, titulares e reservas. A última testemunha foi o autor do gol que transformou uma partida em lenda, no relato lendário; o gol de Ghiggia fez com que aqueles onze jogadores vestidos de celeste se tornassem protagonistas de uma epopeia heroica, sua Odisseia; para os brasileiros, o gol de Ghiggia representou a maior tragédia brasileira de todos os tempos. "Ainda hoje, os brasileiros me reconhecem. Se escutam meu nome, olham para mim de maneira diferente, com respeito, mas diferente", admitia o ponta-direita, mais de cinco décadas depois do Maracanazo, como se fosse um monstro, como se tivesse saqueado o país.

Nada é real acerca daquele gol. Com o passar do tempo, o próprio Ghiggia o recordaria de maneiras diferentes: disse que chutou mascado, que pegou bem na bola, que Barbosa falhou, que não falhou... Roque Máspoli, o goleiro uruguaio, defendia que o brasileiro não falhou pois estava atento ao segundo pau (assim tinha sido o gol de Schiaffino). Ele também dizia que seu companheiro não pegou bem na bola, o que Ghiggia negava. Bigode, um dos defensores que ficaram para trás naquela jogada, lamentou e disse que havia sido um chute de merda, como se um arremate seco no ângulo pudesse aliviar um pouco a dor. Barbosa, a grande vítima, limitava-se a dizer que o atacante uruguaio foi mais esperto.

Ghiggia divertia-se ao recontar o lance. Sentia prazer, embora tentasse escondê-lo com falsa modéstia. "Eu recuei para atrair o Bigode, meu marcador. Tínhamos conversado sobre isso no intervalo, que os venceríamos com bolas nas costas. Julio Pérez, que era um jogador fantástico, tocou a bola para mim, eu devolvi rapidamente e ele me lançou em profundidade, porque sabia que eu era muito rápido. Comecei a correr com o Bigode atrás de mim. Cheguei cara a cara com Barbosa e todos esperavam que eu cruzasse, que procurasse Schiaffino, porque eu estava um pouco desequilibrado. Quando Barbosa deu um passo para o lado para cobrir o segundo pau, vi que era a minha chance: bati com a alma e ela entrou junto à trave

1 "Coitadinho".

mais próxima dele. Gol." Sete passos e um chute. Foi assim que ganhou a imortalidade.

Ghiggia era magrinho, com bochechas chupadas, braços esqueléticos e pernas finas; mais esperto do que bom, mais competitivo do que brilhante, e com aquele bigode e corte de cabelo da moda que mal disfarçavam o rosto desarmônico, de nariz grande e olhos pequenos. Tinha aquela cara típica de imigrante italiano e, de fato, seu avô era do Piemonte. "Quando joguei na Roma e no Milan, eu ainda consegui conhecer um parente do meu avô. Era um advogado. Ele não sabia muito sobre minha família. Naquela época, as crianças não faziam perguntas aos pais, apenas obedeciam e trabalhavam duro." O herói do Maracanã foi criado no bairro de La Blanqueada, batizado em homenagem a uma conhecida taberna. Cresceu em uma casa com um pequeno jardim que era o orgulho da família Ghiggia, pois custara a eles muito suor e muitas lágrimas para chegar até ali. O avô, italiano; o pai, argentino de Tucumán; a mãe, de um vilarejo do interior do Uruguai. O filho, que com 15 anos ajudava o pai em seu trabalho como entregador, virou um herói nacional.

Lá, em La Blanqueada, cresceu o sujeito que, anos mais tarde, de forma zombeteira e ousada, afirmaria que "três pessoas calaram o Maracanã: o Papa João Paulo II, Frank Sinatra e eu". Ele deu seus primeiros chutes naquelas ruas tranquilas, que só se tornavam barulhentas em dias de jogos. "No bairro, todo mundo torcia para o Nacional porque estávamos ao lado do Parque Central, mas na minha família torcíamos para o Peñarol. Meu pai e minha mãe não perdiam um jogo do *manya*, tinham um assento perto da tribuna Colombes." Ghiggia cresceu nas arquibancadas do estádio da final da primeira Copa do Mundo, maravilhando-se com os times argentinos que iam jogar ali, como o River Plate, de Peucelle e Pedernera, o Boca Juniors, de Cherro, Marante, Lazzatty e Cáceres ou o Independiente, de Erico. O menino destinado a ser lenda sonhou desde muito jovem em se tornar um daqueles que apareciam nas figurinhas de chocolate: "Dos chocolates Águila, que vinham com figurinhas", recordava. Anos mais tarde, apareceria nas figurinhas o rosto dele.

Montevidéu é um grande vilarejo onde tudo é futebol e quase todos se conhecem. Quando tinha 7 ou 8 anos, Ghiggia viu "Obdulio Varela jogar muitas partidas no Parque Central, no campo auxiliar, porque defendia o Deportivo Juventud. Quem diria que um dia estaríamos na final da Copa do Mundo e ele me carregaria nos ombros!". Com 16 anos, Ghiggia jogava em um clube chamado Sud América, formando o ataque ao lado de Óscar Omar Míguez, o mesmo que alegava ser o responsável pelo gol que decidiu o Mundial de 1950. "Quando eu e Míguez nos conhecemos nas categorias de base, nasceu uma amizade que duraria para a vida inteira. Jogamos a maior parte de nossas carreiras juntos, nós dois e Sacco, no Peñarol, até minha ida para a Itália. Na família me chamavam de 'Negro', porque no verão eu me queimava na praia. Na jogada do gol, Míguez entrou pelo meio e me pediu a bola, gritando 'Negro!' Eu, de qualquer forma, chutei, mas ele sempre dizia que o seu grito despistou Barbosa, que era negro, e por isso fiz aquele gol. Dizia que meio gol era dele. Além disso, quando estávamos comemorando o gol, ele me repreendeu por não ter tocado a bola. Eu lhe disse para deixar a bola ali, dentro do gol. Que ela estava bem ali." Dois garotos que já jogavam juntos aos 16 anos protagonizaram o lance que decidiria a Copa do Mundo. "O Uruguai é um país pequenininho", afirmava Ghiggia.

Nos bairros, nos cafés onde ficavam penduradas fotos antigas de times da década de 1920 e nos campos lamacentos de Montevidéu, fermentava-se o sucesso de 1950. Ghiggia assinou com o Peñarol aos 19 anos, depois de recusar uma proposta do Nacional e ter sido procurado pelo argentino Atlanta. Foi contratado para o time B, embora por pouco tempo. Depois da greve dos jogadores de 1948, o clube *carbonero* trouxe o húngaro Emérico Hirsch, um técnico moderno que fez sucesso na Argentina e no Brasil. Com suas ideias revolucionárias, organizou sessões de treinamento com os atletas das três primeiras categorias para conhecer a equipe. No dia da primeira partida, deu a escalação. "Depois de seis nomes, ele apontou para mim e disse 'este aqui'." Os dirigentes disseram que não podia ser, o Peñarol já tinha Ortiz e Britos, dois jogadores da seleção. O húngaro, seco, insistiu: "Este é quem eu quero no time." Ghiggia jogou e pela primeira vez se deparou com lousas nos treinamentos. O húngaro trabalhou muito a técnica e a tática e montou um ataque que ainda é cantado de cor pela torcida do Peñarol: "Ghiggia, Hohberg, Míguez, Schiaffino e Vidal", a máquina de 1949. Quatro deles foram titulares na Copa do Mundo de 1950, ainda que Ernesto "El Patrullero" Vidal tenha perdido o jogo final devido a uma lesão. Ghiggia e Schiaffino marcaram os gols do Maracanazo. Somente Hohberg, argentino, não esteve no torneio, embora tenham procurado naturalizá-lo. "Alguns disseram que se podia negociar com a Fifa, já que ele morava em Montevidéu havia dois anos. Hohberg jogava muito bem e tínhamos muito entrosamento com ele. Queriam que a seleção jogasse com o ataque do Peñarol", lembrou Ghiggia.

Terminadas as greves, nas quais Ghiggia ficou ao lado dos companheiros mesmo sem participar ativamente nas assembleias, iniciou-se a preparação para o Mundial em meio a duras discussões sobre quem deveria ser o treinador. O Peñarol propôs Hirsch e o Nacional, Enrique Fernández. No fim das contas, foi Juancito López, o homem proposto pelos jogadores. Ghiggia, aos seus 24 anos, ainda vivia com os pais na casinha de La Blanqueada. Ele não tinha carro e só contava com dois ternos. Como todos os atletas do Peñarol, antes do torneio fez mais amistosos com o clube do que com a Celeste. "Era tudo muito diferente. A seleção era tão importante quanto o nosso time. Com a equipe nacional você só treinava uma vez por semana." Ghiggia não jogou duas partidas com o Uruguai, no Chile, porque estava com o Peñarol no Rio Grande do Sul. "Fomos de trem para Porto Alegre para jogar contra Grêmio e Internacional. Voltamos e nos juntamos à seleção. Retornamos ao Brasil de avião para enfrentar os paraguaios e, depois, os brasileiros. Finalmente, voltamos para casa. Dois meses mais tarde, partimos novamente para o Brasil, para fazer nossa estreia no campeonato. Era inconcebível." O Uruguai, encurralado entre Argentina e Brasil, nunca é um convidado agradável para os seus vizinhos. "Mesmo sem técnico, vencemos os brasileiros na casa deles antes da Copa do Mundo. Também é verdade que nos venceram na Copa Rio Branco, mas ganhamos um dos jogos e aquilo nos deu força." Quando faltavam vinte dias para a estreia, o Uruguai realizou seu último amistoso de preparação, no primeiro jogo do novo técnico, Juan López: um empate por 3 × 3 contra o Fluminense, em Montevidéu. "Eu não o conhecia. Era um amor de pessoa, como descobri mais tarde. Você podia falar com ele sobre qualquer coisa, te escutava. No dia do jogo do Maracanã, no intervalo, eu disse que era mais rápido do que Bigode, mas não do que Juvenal. Por isso, pedi a Julio Pérez que não me lançasse em profundidade, que me desse a bola no pé, que viesse até mim e tocasse. Então, eu iria para cima do Bigode e tocaria de volta para Julio, para que ele marcasse. Faríamos o 'um-dois' em cima do *back* esquerdo." E assim saiu o gol de Ghiggia, que havia sido forjado em mil reuniões, em mil conversas, até o último detalhe. "Juancito López foi proposto pelos veteranos da equipe, porque sabiam que ele era um cara honesto e ouvia os jogadores", afirmava Ghiggia. Nos quinze dias antes da Copa do Mundo, a seleção ficou concentrada em Los Aromos e López conquistou o respeito dos atletas conversando com todos eles.

O Uruguai voou para o Rio de Janeiro, onde compareceu à abertura. Em seguida, viajou a Belo Horizonte para fazer a estreia contra os bolivianos em sua única partida da fase de grupos. "As outras chaves eram de quatro e a nossa, de dois. Aí tivemos sorte", admitiu Ghiggia. "O campo em Belo Horizonte era pequeno. Você olhava e nem parecia estádio de Copa do Mundo, tinha poucas arquibancadas e vestiários muito precários. Não conhecíamos os bolivianos e sentimos o nervosismo da estreia, mas assim que começamos a fazer gols, nos soltamos e foi um passeio. O jogo era fácil, mas eu não conseguia fazer o meu gol. Eles já não tinham nada a perder, mas eu não marcava. Já estava pensando nas zoações quando, aos 38 do segundo tempo, um zagueiro deu um passe curto para o goleiro e eu anotei com o gol livre." O Uruguai venceu por 8 × 0, e Ghiggia foi o autor do último.

"Depois fomos para São Paulo. Ficamos concentrados no Canindé e almoçávamos na casa de uma família uruguaia." Como uma grande irmandade, o Uruguai estreou na fase final resgatando um ponto contra a Espanha (2 × 2). Foi a única partida que a Celeste não venceu. "Marquei o primeiro gol do jogo, no Ramallets. Um gol idêntico ao da final; uma jogada que sempre se repetia no Peñarol. Depois eles fizeram dois e tivemos que empatar. Chovia. Ramallets levou uma pancada e estava lento. Varela empatou com um chute de longa distância — ele sabia que, com a chuva, a bola era um sabão — que escapou do goleiro. Naquele jogo, González se lesionou e, por isso, na final jogou o 'Mono' Gambetta, que tinha dado o seu máximo nos treinamentos, caso ele tivesse que entrar", lembrava Ghiggia, que marcou em todos os jogos do torneio. "O jogo mais duro foi contra os suecos. Eles eram muito bons e atuavam bem no contra-ataque; tinham atacantes excelentes. Começamos bem, mas nunca vi perder tanto gol. Eu empatei com um chute de fora da área, mas eles marcaram outro. O goleiro Svensson salvava tudo, mas os dois gols de Míguez foram decisivos. Varela continuou nos encorajando, dizendo-nos que se continuássemos assim, a próxima entraria." E entrou. A vitória por 3 × 2 deixava os uruguaios com a possibilidade de serem campeões.

Ghiggia, que tinha apenas um ano como titular no futebol profissional, recordava-se perfeitamente daqueles dias no Rio de Janeiro. "O hotel Paysandu... A comida era boa e havia poucas pessoas, o lugar era lindo. Havia um bar e bebíamos cerveja. As pessoas acenavam para nós, mostrando quatro ou cinco dedos, como se dissessem que iam nos golear. Estava tudo preparado, o Rio era um carnaval. No dia 15, fizemos um treinamento suave no campo do Flamengo. Apareceram jornalistas brasileiros. Nossos dirigentes estavam assustados e pensavam que iríamos perder." Naquela noite, Ghiggia falou ao telefone com sua família, que estava em La Blanqueada.

No dia da partida, um ônibus sem escolta policial ou qualquer sinal que identificasse a equipe levou os uruguaios ao Maracanã em total anonimato. Os jogadores passaram duas horas no vestiário deitados, esperando. "Juan caminhava e falava. Ele deu a escalação: Máspoli, Matías González e Tejera, Gambetta, Obdulio e Rodríguez Andrade. Eu, Julio Pérez, Míguez, Schiaffino e Morán. Disse que Morán jogaria no lugar do lesionado Vidal, que queria jogar de qualquer jeito. Quando chegou a hora de entrar em campo, tudo o que Juan nos disse foi o seguinte: 'Muito bem, rapazes, agora um colhão em cada chuteira e vamos para cima.'" O Uruguai foi para o jogo com um ataque formado por dois jovens de 23 anos, um de 24, outro de 23 e um de 19.

Fizeram um bom primeiro tempo, principalmente na defesa. Ghiggia não conseguiu criar perigo. "Bigode me derrubou com uma falta dura e, na jogada seguinte, Obdulio veio atrás dele", recordou. "Obdulio foi impressionante. Como jogou!" A coragem daquele líder que Ghiggia havia visto jogar quando garoto manteve os uruguaios de pé. Foi Obdulio que, depois de o Brasil abrir o placar, "coloca a bola debaixo do braço e vai até o árbitro assistente para pedir explicações", acalmando os ânimos. "Naquela época, reclamávamos de tudo", admitiu Ghiggia. Pouco tempo depois, o próprio Ghiggia escapou. "Eu vou até a linha [de fundo] e cruzo para trás, porque vi o Schiaffino chegando. Ele bateu com o peito do pé e colocou a bola no ângulo. Então, quando empatamos, comecei a ver que poderíamos vencê-los. Senti que estavam frios, abalados." Era 21 do segundo tempo. Faltavam apenas treze minutos para os sete famosos passos de Alcides Edgardo Ghiggia.

"Muitos dizem que foi um milagre. Eu digo que não. Algumas semanas antes, eles precisaram de três partidas para nos vencer na Copa Rio Branco. Sempre fizemos jogo duro contra os brasileiros. Aquilo não foi um milagre", argumentou Ghiggia. De fato, aquele chute na base da trave próxima a Barbosa não teve nada de divino. "Dizem muito que se jogássemos aquela final contra o Brasil cem vezes, perderíamos 99 delas. Não sei, ganhamos a que importava", disse seu companheiro de aventuras, Míguez.

O gol de Ghiggia foi o clímax dessa epopeia uruguaia. O momento em que Davi mata Golias, em que o cavalo de Tróia cruza as muralhas, em que Ulisses pisa de novo em Ítaca. Sete passos, um chute. Depois, um festejo tranquilo, uma comemoração incapaz de prever o que viria a seguir. "Quando o jogo terminou, Obdulio me levantou. Disse que eu tinha sido o melhor do jogo, apesar de eu achar que foi Julio Pérez, que participou nos dois gols, um craque. Depois me abraçou ele, Julio Pérez. E demos a volta. Algumas pessoas nos aplaudiram, embora a maioria estivesse ali chorando. Nós também chorávamos, feito crianças." Os jogadores comemoraram o título alheios aos dirigentes da federação, com os quais nunca se relacionaram. "Um relógio de prata e 250 dólares foi tudo o que eles nos deram... nada mais."

O nome Ghiggia deixou de definir um modesto atacante do Peñarol. Ele foi inundado com propostas da Itália, e aquelas sete letras, como seus sete passos, assombrariam toda uma geração de brasileiros. O herói do Maracanazo, o executor do Maracanazo, voltou para casa com seus companheiros no dia 18 de julho, após escapar escondido em um carro de polícia da festa organizada no estádio Centenário. "Foi assim que cheguei em casa, escondido. Estavam me esperando com sanduíches, bebidas... Todo o bairro veio até a porta. Como eu estava destruído, fui até a varanda, cumprimentei-os e disse que os veria no dia seguinte. No outro dia, me levantei e fui para o café Los Andes. O proprietário era um espanhol, Manuel Pan. Passamos o dia todo conversando. Naquele momento percebi que teria de recontar aquele gol um milhão de vezes pelo resto da vida."

O café Los Andes, na esquina da Jaime Cibils com a avenida 8 de Octubre, a um quarteirão de onde ficava o estádio do Nacional, não existe mais. Manuel Pan morreu e o bar fechou logo em seguida. Ghiggia, depois de sua estada na Itália, frequentou-o durante toda sua vida. Ali serviam seu café e não faziam perguntas. Não precisavam escutar mais uma vez como ele marcou aquele gol. Já sabiam de cor.

37
TELMO ZARRA

Veja a melhor cabeça da Europa depois da de Winston Churchill.
Publicidade sueca para um jogo entre Suécia e Espanha

Telmo Zarra voltou da Copa do Mundo do Brasil com uma fissura em uma costela. Voltou também transformado em estrela internacional, apesar de levar alguns dias para assimilar seu novo status. O gol contra a Inglaterra fez dele uma das personalidades mais famosas da Espanha. "Então, depois do jogo, não demos tanta importância àquilo. Estávamos felizes, claro, mas não sabíamos o que havia acontecido", lembrou. Depois daquele gol, ele não pôde mais ir ao cinema em paz porque, assim que era reconhecido, produzia-se um tumulto incrível. Por isso, sempre chegava com o filme já iniciado, oculto na escuridão da sala.

O Brasil mudou a vida de Zarra, apesar de não ter mudado o homem, que sempre foi humilde e trabalhador. "Marquei centenas de gols durante minha carreira de jogador, embora, tratando-se de uma Copa do Mundo, seja normal que se lembrem mais daqueles", afirmava esse goleador nato, que tinha uma lembrança magnífica dos gols anotados nas finais de Copa do Rei com o seu Athletic. Em Bilbao, essas finais são tão importantes quanto os textos do Antigo Testamento: são memorizadas, são relembradas; tornam-se um refúgio, um ato de fé.

Mas foi no Brasil que o mundo todo conheceu o nome Telmo Zarra. Já no primeiro jogo, contra os Estados Unidos, Colombo, o defensor norte-americano que jogava de luvas, provocou muito o espanhol. Foi uma marcação mais suja do que o habitual, um estilo com o qual o atacante não estava acostumado. Sentiu-se desconfortável, mas acabou anotando seu gol. "Era como se um boxeador estivesse me perseguindo", brincou ele com a imprensa.

Zarra era um sujeito nobre. Estava disposto a receber estoicamente uma surra de pontapés, sempre e quando estes fossem regidos por um código de cavalheirismo não escrito. Quando criança, era chamado de "Telmo, o medroso", porque era tímido e tinha medo das confusões nos jogos de futebol. Se o defensor tentasse o choque, ele se afastava. Se houvesse uma dividida em um cruzamento, ele não ia na bola, por medo de colidir com o adversário. "Aprendi a cabecear tão bem quando, por medo de uma colisão, tentava me antecipar aos outros", admitia. Zarra superou seus medos e, no Brasil, já nada mais o assustava. Era um dos melhores cabeceadores do futebol mundial, apesar de naquela Copa do Mundo ter marcado todos os seus gols com os pés.

À medida que os jogos foram acontecendo, sua fama foi crescendo. Marcou contra os Estados Unidos. Depois, contra os chilenos, quando chegou antes do goleiro Livingstone, no Maracanã. Foi um gol que ele nem conseguiu ver, pois acabou no chão após se chocar com o arqueiro adversário. O duelo entre Livingstone e o atacante espanhol foi tão memorável que até Pedro de Miranda lhe dedicou o poema "Romance das chuteiras de Zarra", no qual entoava que "Livingstone entre seus braços aprisiona toda a Espanha / O Chile inteiro é impotente diante das chuteiras de Zarra / O leão e a pantera olhando-se cara a cara."

Depois de abater a pantera chilena, Zarra também fez um gol em alguém que viria a ser um grande amigo, Bert Williams, o goleiro da Inglaterra. Na Espanha, todo mundo memorizou aquela jogada: Ramallets passa para Alonso, que toca para Gonzalvo II. A bola volta para Alonso, que atravessa metade do campo até cruzar. Gaínza cabeceia e Zarra marca. Seu rosto aflito pela dor, as mangas longas e as pernas musculosas no momento em que superou o goleiro inglês, metáfora viva da soberba britânica, compuseram uma imagem que sobreviveu ao tempo. Embora, na verdade, Williams fosse a pessoa menos soberba do mundo e, décadas mais tarde, tenha dado a Telmo aquela foto, formosamente emoldurada.

Após esse gol, os brasileiros começaram a ir aos treinamentos da Espanha para tomar nota das suas qualidades. Os jornalistas estrangeiros o perseguiam. Mas Zarra parou de marcar. Nas duas primeiras partidas da fase final, contra Uruguai e Brasil, não conseguiu balançar as redes.

Foi durante aqueles dias que a imprensa local iniciou uma campanha de difamação contra ele, alegando que, se jogava com mangas compridas em um calor tão forte era porque, com as mãos escondidas, seria mais fácil dominar a bola de forma irregular. Entretanto, quando os donos da casa golearam os espanhóis, voltaram a exaltar as virtudes de Zarra, que recebeu algumas propostas para jogar no futebol brasileiro.

O atacante do Athletic, assim como seu companheiro de aventuras, Panizo, sofreu tantas faltas no Brasil que retornou destruído para seu país. Panizo ficou fora de algumas das partidas mais importantes, e sua falta se fez sentir. Zarra fornecia os gols; Basora, do Barcelona, a velocidade. Panizo, o coração. Panizo mal podia andar depois da última partida, contra os suecos, jogo do qual não queria participar porque a Espanha não tinha mais chance de classificação e ele estava mancando. Quando a Copa do Mundo terminou, Panizo só sonhava com a cama. Zarra, com a costela dolorida, também não estava com disposição para recepções e festas. O autor do que até então era o gol mais importante do futebol espanhol só tinha uma coisa em mente quando chegou a Bilbao: assim que conseguiu escapar dos festejos, foi ver Carmen Beldarrain, sua amada, e presenteou-a com os tecidos de seda levados do Brasil. Naquela época, eles ainda não estavam comprometidos. Casariam-se pouco depois.

Em Mungia, vilarejo onde Zarra nasceu, os mais veteranos ainda se lembram desse dia em julho de 1950, quando o herói voltou do Brasil. Todos ali conheciam o jogador, filho de Pedro, o chefe da estação de trem local. Além disso, o atacante veio ao mundo dentro de outra estação, a de Asúa, em Erandio, onde seu pai, acompanhado da esposa, estava trabalhando. Mas Pedro, um homem duro e sério, marcado pela dor da Guerra Civil, não gostava de futebol. Quando Zarra marcou o gol contra os ingleses, as crianças do vilarejo, que estavam ouvindo a partida no rádio, correram para a estação, onde Pedro vendia passagens. Entusiasmados, contaram a ele sobre o gol do filho. Pedro olhou para elas. "Ah, então Telmo..." Baixou os olhos e continuou trabalhando.

Telmo Zarraonandia Montoya, com suas eternas mangas longas e sua cara de durão com um coração enorme, tinha aquela dualidade do jogador com o olhar desafiador que logo sorri, espalhando alegria. Era um atleta incansável, que ficava de cara feia quando Gaínza o vencia no *mus* nas eternas concentrações da equipe, que cantava alto com sua turma em Bilbao, que fez o gol contra a Inglaterra no Maracanã, o filho de Pedro.

Zarra era adorado pelos companheiros. Quando o Athletic jogava em Valencia, o *valencianista* Puchades o presenteava com sacos de arroz. Quando jogava em Barcelona, voltava com os tecidos que Basora e Ramallets lhe davam. Retornava de cada partida com presentes para a família, embora nunca fossem ostentosos: azeite, roupas, comida... coisas necessárias e úteis, coisas que se atribuiria a alguém com uma mentalidade trabalhadora e prática, que havia herdado do pai.

Ninguém duvidava de que Zarra seria titular naquela Copa do Mundo, embora ele não tivesse certeza disso, pois tinha grande admiração por César, do Barcelona, seu reserva. Em 1950, Zarra terminara como artilheiro da liga espanhola pela quarta vez em seis anos. Além disso, decidira a final da Copa do Rei em Madri contra o Valladolid com três gols na prorrogação. "Não foi fácil para mim. No início, eu gostava de driblar em vez de chutar logo de cara, mas naquela época, e ainda mais em Bilbao, o atacante tinha que finalizar, não driblar. Assim, aprendi a finalizar e chutei o máximo que pude. Até que não me saí mal...", brincava o centroavante, que cresceu batendo bola na rua. Em Erandio, jogava descalço para evitar o desgaste das alpargatas, o que seria motivo de castigo em casa. A porta da igreja local foi sua primeira baliza. Seu irmão Tomás, que jogaria no Real Oviedo com o grande Isidro Lángara e no Arenas de Getxo, era o goleiro. Dominguín, outro dos dez filhos de Don Pedro, também jogava e chegaria a estrear no futebol profissional, mas faleceu durante a Guerra Civil. Durante o conflito, a família deixou Erandio e se estabeleceu em Mungia. A Guerra Civil foi uma ferida que nunca parou de sangrar, apesar de que, na casa de Zarra, como em quase todas as outras, não se falava a respeito. Dominguín deixou um vazio insubstituível e os bombardeios franquistas, que podiam ser ouvidos em toda a Biscaia, foram uma lembrança que nunca puderam esquecer. Zarra diria a Obdulio Varela, o capitão uruguaio, que em algumas partidas no Brasil jogou desconcentrado por causa do costume dos torcedores de lançar centenas de rojões, que só faziam lembrá-lo das bombas.

"Em casa, todos os irmãos eram jogadores. Nós cinco jogamos. Meu destino era ser jogador de futebol", disse Zarra, que cresceu sonhando em chegar a La Catedral. San Mamés tornou-se o templo onde vencedores e vencidos, inimigos e amigos, reuniam-se todos os domingos para desfrutar da geração dourada do futebol basco. Zarra jogou no Asúa e no Erandio até ser contratado pelo Athletic em 1940. Na estreia, um amistoso contra um time de Guipúzcoa, marcou sete gols. Rapidamente formou um ataque que era recitado como se fosse o Pai Nosso por todos os amantes do futebol: Iriondo, Venacio, Zarra, Panizo e Gaínza. Depois vieram os seis prêmios de artilheiro da primeira divisão, aquela partida contra o Lleida na qual marcou seis vezes, os títulos e a única expulsão da carreira, em 1943, numa decisão questionável, argumentando que o árbitro Pedro Escartín havia cometido um erro. Foi uma mancha em seu currículo, embora as pessoas se lembrem mais do dia em que o goleiro do Málaga se machucou e, com um gol vazio, Zarra mandou a bola para fora. "Algumas pessoas me deram uma bronca, porque estávamos perdendo por 1 × 0, mas em Málaga, sempre que eu voltava, lembravam desse dia", contava sorrindo. "Apesar de termos vencido o jogo por 3 × 1 e eu ter marcado dois gols, me presentearam com uma medalha brilhante."

Aquele ataque do Athletic fez parte de sua vida. Com Iriondo jogava pelota basca, pois ambos eram bons *pelotaris*. Faziam parte da mesma turma e saíam para jantar. Quando, já veterano, mantinha um restaurante, os outros apareciam por lá. Gaínza, o autor da assistência no gol do Maracanã, era o melhor nas cartas; Panizo, o mais sério; Zarra, o mais querido. Depois de derrotar os ingleses, no ônibus de volta ao hotel Paineiras, foram eles que começaram a cantar "Desde Santurce a Bilbao", eufóricos.

Os gols marcaram sua vida. Mas o gol que mudou sua carreira foi esse contra a Inglaterra. Na primeira temporada após a Copa do Mundo, os torcedores se reuniam na estação de trem ou nos hotéis das cidades onde o Athletic jogava para ver o herói do Maracanã. Ele recebeu uma chuva de ofertas, mas nunca quis sair do clube basco. Nessa mesma temporada de 1950/51, o goleiro do Atlético de Madrid, Montes, quebrou sua perna após uma queda involuntária e Zarra ficou quase um ano sem atuar. Foi então que, durante as festas de San Antontxu,[1] ele aproveitou a oportunidade para se declarar a Carmen. Quando se conheceram, estava lesionado. Quando voltou do Brasil, também. E quando ficaram noivos, estava com a perna quebrada. O casamento aconteceu dois anos depois e Matías Prats, o homem que narrou seu gol no Maracanã, relatou o evento, exibido depois em todos os cinemas da Espanha. "Zarra se lança ao ataque, chegando à igreja", brincou o jornalista cordobês, que foi um amigo fiel do basco por toda sua vida.

Aquele gol marcou um antes e um depois. "Eles sempre me provocavam dizendo que foi um gol fácil... mas você tem que colocar para dentro. Era um

1 Festividade celebrada no mês de janeiro na cidade de Mungia, no País Basco. Entre as atrações há um concurso de morcillas e chorizos (tipos de linguiça) e partidas de pelota basca, além da exibição e venda de gado.

jogo muito complicado, eles tinham um timaço. Wright não saía de perto mim. Por isso, a chance que eu tivesse não poderia desperdiçar. Quando fiz o gol, não comemorei muito. Eu apenas busquei a bola no fundo da rede e joguei para o meio do campo", recordou. Desse gol, nasceu uma maravilhosa camaradagem com Bert Williams. "Era um homem maravilhoso. Me tratou muito bem quando o visitei", lembrou o goleiro, que, com seu nariz de águia e sua elegância inglesa, chegou perto dos cem anos de idade e passou os últimos, depois da morte da esposa, arrecadando dinheiro para lutar contra o mal de Alzheimer. Zarra e Wiliams mantiveram contato, e quando o Athletic organizou uma homenagem a Telmo, em 1997, Williams quis estar presente. Em plena Semana Grande de Bilbao, compareceu com seu filho, um gesto que tocou Zarra. O atacante, que comemorou o gol friamente em 1950, chorou de emoção naquele dia. Como costuma ser o caso em Bilbao, Zarra admirava o futebol britânico e gostava do cavalheirismo inglês. Ele tinha piores lembranças de brasileiros e uruguaios. "Violentos e sujos, sempre com os pés na frente", reclamou em 1950, antes de voltar. Apesar de tudo, abraçou Obdulio Varela, o capitão da Celeste, que, por sua vez, sempre admirou a garra daquele ataque com três jogadores do Athletic. "Na Inglaterra, Zarra teria estátuas e as pessoas o parariam na rua", disse Williams. Em Bilbao, ele era parado, mais como um amigo do que como um herói. Seu clube nunca deixou de ser uma grande família.

O gol contra a Inglaterra fez com que, durante o resto de sua vida, Zarra nunca deixasse de receber cartas, apesar de sempre ter tentado minimizar a situação. "Telmo, você é o maior", disse Benito Díaz, o técnico *donostiarra*,[2] quando entrou correndo em direção ao centro do campo do Maracanã para abraçá-lo. Zarra respondeu que não era verdade, o crédito era dele, pela tática." Ele era um fenômeno, um dos melhores treinadores que já conheci. A equipe tinha muita classe, mas eles dirigiam bem", afirmava o jogador de Erandio. E lá estavam eles, abraçados, Zarra, símbolo do Athletic, e Benito Díaz, que ia para os jogos nos estádios brasileiros com a camisa da Real Sociedad. A camisa de Zarra, a do gol contra os ingleses, acabou sendo leiloada pelo próprio jogador, que doou o dinheiro arrecadado para as vítimas do terrível incêndio no município basco de Santurce, em 1967, que registrou setecentos feridos.

Telmo Zarra marcou seu gol mais famoso com suavidade. Foi um toque doce, elegante. Não foi de cabeça, como tantos outros que fizeram sua fama de goleador eterno. Ele não comemorou muito. Não sabia então o que significava aquele chute.

---

2 Natural da cidade basca de San Sebastián.

38
JOE GAETJENS

Harry, esse Gaetjens… ele marcou alguns dos golaços mais incríveis que já vi.
Walter Bahr

Joseph Gaetjens tinha tudo para ser o protagonista de uma daquelas histórias que dão vida ao mito do sonho americano: a história do lavador de pratos de um bar pé-sujo do Harlem que acaba marcando o gol decisivo em uma das façanhas esportivas mais impactantes da história. Conhecido como Joe Gaetjens em campo e como "Ti Joe" na família e entre amigos, o garoto viveu com paixão cada dia de seu *american dream*. Só havia um detalhe: ele não era norte-americano.

Joe Gaetjens era haitiano. Em algum momento, Deus, a história ou o destino decidiu que os Estados Unidos seriam recompensados por sua decisão de deixar de ser uma colônia britânica e se tornariam uma nação próspera. Depois, esse mesmo Deus, a história ou o destino decidiu que o Haiti não seria recompensado por ser o primeiro Estado majoritariamente negro a livrar-se do jugo europeu. Pelo contrário, os movimentos de libertação do país deram lugar a todo tipo de calamidades: seguiram-se tiranias, epidemias, terremotos e pobreza. No Haiti, os heróis têm um final trágico. Nos Estados Unidos, um final feliz. Gaetjens gravitou entre esses dois mundos.

A história de Ti Joe não deixa ninguém indiferente. É maravilhosa e cruel. Alegre e muito triste.

Gaetjens marcou *aquele* gol, o gol do qual não há registro cinematográfico, o gol com o qual os Estados Unidos da América derrotaram a Inglaterra em uma partida de futebol. "É como se a Universidade de Oxford ganhasse dos Yankees num jogo de beisebol", escreveu nesse dia Dent McSkimming, o repórter do *St. Louis Post-Dispatch* que pagou a viagem ao Brasil do próprio bolso e testemunhou a façanha no velho estádio de Belo Horizonte.

Aquele gol, o gol do "milagre na grama" do esporte norte-americano, só é igualado pelo "milagre no gelo" de um grupo de jovens amadores que derrotou a seleção soviética de hóquei em 1980. Do milagre no gelo sobreviveu tudo: o jogo inteiro, fotos, entrevistas e arquivos de áudio. Do milagre na grama, no entanto, não restou quase nada. Sabemos, por exemplo, que a foto mais conhecida da partida é uma fraude. Nela vemos Gaetjens no momento em que, após bater o goleiro Bert Williams, que está olhando para o seu gol, a bola atravessa a rede. O inglês parece relaxado. Na verdade, a jogada havia sido previamente anulada por impedimento, mas Gaetjens finalizou à queima-roupa e a bola transpôs a rede. Havia um buraco nela ou foi a força do chute, a centímetros da linha do gol? Em todo caso, alguém adulterou a imagem e recolocou a bola dentro do gol. Era necessária uma foto do gol e a única que existia era muito ruim e desfocada, e havia sido tirada quando o lance já tinha terminado, com o goleiro de joelhos e a bola ao seu lado. Assim, a primeira imagem foi manipulada, e a fotografia de uma chance perdida foi durante muito tempo considerada a imagem daquele famoso gol de Ti Joe.

Joe Gaetjens tinha cara de bonachão. Um nariz largo e o olho esquerdo um pouco fechado. Sua cor de pele e suas características sugeriam certa mestiçagem no sangue de seus ancestrais. Ele costumava aparecer nas fotos com um sorriso sincero.

Era um bom rapaz e ninguém falava mal dele. Se alguém o fazia, provavelmente, era um defensor adversário vítima da habilidade de Gaetjens. Fora de campo, ele era gentil e tranquilo, mas quando calçava as chuteiras, transformava-se num adversário assustador.

A competitividade e a cor da pele podem ter vindo de seu avô Thomas Gaetjens, que deixou Bremen no século XIX rumo a Porto Príncipe, com um papel que, segundo consta, atribuía a ele poderes para representar o rei da Prússia no Haiti. Apesar de soar mais como uma lenda apócrifa, o certo é que Thomas Gaetjens chegou ao Haiti vindo de Bremen, fez fortuna e casou-se com uma bela mulher negra.

Ti Joe cresceu correndo atrás de uma bola, apesar de ter frequentado mais o pátio da escola do que as ruas. Teve uma infância feliz. Sua família tinha dinheiro. Teve uma boa educação e passava os dias jogando com a irmã Mireille no jardim da família. As primeiras partidas foram entre irmãos: os quatro irmãos contra as três irmãs e duas primas. Eles jogavam descalços. Embora os pais insistissem na educação, permitiam que Joe aprendesse como se deve acariciar uma bola com os pés.

Com 14 anos, ingressou no Étoile Haïtienne, graças ao melhor amigo de seu pai, Daniel Beauvoir, titular na defesa do clube, que utilizava uma camisa branca com uma estrela preta no peito. Ti Joe rapidamente se destacou e, aos 18 anos, liderou uma virada histórica contra o arquirrival, o Racing, que o catapultou para a fama: perdiam por 3 × 0 aos dez minutos do segundo tempo e acabaram vencendo por 4 × 3. Era 1942. Nesse mesmo ano, seus futuros companheiros de seleção dos Estados Unidos estavam lutando na Segunda Guerra Mundial. Os Gaetjens viviam felizes.

No Haiti, porém, a felicidade dura pouco. Alguns anos mais tarde, Ti Joe decidiu continuar seus estudos em Nova York, onde já vivia um de seus irmãos. Insatisfeito com a situação econômica e política cada vez mais tensa em seu país, deixou Porto Príncipe em 1947. Graças ao dinheiro da família e a uma bolsa de estudos, ele pôde se matricular na Universidade Columbia. Entretanto, a vida em Nova York era muito cara, mesmo para o filho de uma boa família haitiana, de modo que o garoto criado com empregada e jardineiro começou a ganhar a vida lavando pratos no Rudy's, um boteco de comida espanhola no cruzamento da rua 11 com a Lenox Avenue, no Harlem.

Mas Ti Joe havia nascido para jogar futebol, não para lavar pratos ou estudar. Nas fotos em que aparece com uniforme de jogo, ele tem um semblante sério. Não era mais o rapaz tranquilo que posava pulando e sorrindo em frente aos monumentos mais famosos dos Estados Unidos nas fotos enviadas para casa. Em Nova York, Ti Joe abriu o próprio caminho à base de gols. Foi assim que conheceu Boston, Chicago e Filadélfia. Graças ao futebol.

Logo juntou-se ao Brookhattan-Galicia, um dos times da moda na época. Já em 1948, seu faro artilheiro levou o clube à final da National Challenge Cup, perdida para o Simpkins-Ford, de St. Louis, a única cidade que fazia sombra a Nova York como a mais forte no mundo do *soccer*. O futebol norte-americano era fragmentado em mil ligas regionais e repleto de equipes representando diferentes comunidades de imigrantes: ucranianos, poloneses, alemães, irlandeses... O Brookhattan-Galicia era de um empresário de origem galega, Eugene "Rudy" Díaz, grande amante do futebol e proprietário de diversos negócios locais, além de uma importadora. Díaz havia acrescentado a palavra "Galicia" ao nome do clube em homenagem às suas origens e estava comprometido em construir um time vencedor. Atraía muitos torcedores de origem hispânica. Pagava 25 dólares por jogo a Gaetjens, e o atacante retribuía com gols. Em 1948, foi o artilheiro da liga. Seu nome ganhou peso e ele acabou convidado para as sessões de treinamento que a federação organizou em St. Louis com o intuito de selecionar os melhores jogadores para a Copa do Mundo do Brasil. Gaetjens não tinha passaporte dos Estados Unidos, só os documentos de residência legal como estudante bolsista. A polêmica sobre a legalidade da convocação de Ti Joe segue até hoje. Seja como for, foi um bom negócio para os norte-americanos. Como quase sempre.

Os Estados Unidos se classificaram para o Mundial, apesar de terem sido humilhados pelos mexicanos nas Eliminatórias. A Fifa tinha dado às equipes da região duas vagas diretas, decididas em um torneio na Cidade do México em setembro de 1949. O Canadá se retirou e restaram três seleções. O México venceu os ianques duas vezes (6 × 0 e 6 × 2), e a segunda vaga foi disputada entre Estados Unidos e Cuba. A primeira partida terminou 1 × 1. A segunda, 5 × 2 para os norte-americanos.

As goleadas sofridas no México alertaram a federação, que organizou essas jornadas em St. Louis para tentar descobrir novos talentos entre as numerosas ligas locais. Com o futebol fragmentado em mil competições diferentes, sempre surgiam garotos novos. Walter Bahr, Gino Pariani, Harry Keough, Frank Borghi, Benny McLaughlin, Frank Wallace, John Souza e Charlie Colombo passaram pelo crivo e continuaram na seleção. Em St. Louis, Walter Giesler, o presidente da Ussfa (United States Soccer Football Association), e seu treinador Bill Jeffrey acrescentaram Ed McIlvenny, Ed Souza, Joe Maca, Robert Annis, Geoff Coombes, Adam Wolanin e Gino Gardassanich ao grupo. E também Ti Joe.

Gaetjens impressionou todos. Walter Bahr, um dos campeões da Copa de 1948 com o Simkinds-Ford, já havia informado seus companheiros de equipe sobre o fenômeno antes das sessões de preparação: "Ele marcou alguns dos golaços mais incríveis que já vi." Gaetjens era um goleador nato. Tornou-se titular de uma seleção que teve apenas dois amistosos para se preparar para o Brasil. O primeiro terminou com uma goleada sofrida por 5 × 0 contra o Besiktas, da Turquia, que fazia uma excursão pela América, resultado que ligou o alerta. Depois teve um amistoso em Nova York contra um combinado de jogadores da liga inglesa, com o famoso Stanley Matthews. Os ingleses venceram por 1 × 0 e Walter Giesler suspirou um pouco mais aliviado, apesar de achar difícil oferecer alguma resistência na Copa do Mundo, pois os problemas só cresciam. Benny McLaughlin, uma de suas estrelas, por exemplo, não conseguiu entrar no avião porque não foi liberado por seu empregador. Pior ainda: ele marcou a data de seu casamento para o meio do Mundial. Jack Hynes, outro dos melhores jogadores, criticou os treinos e um jornal publicou suas palavras. Também ficou em solo norte-americano.

Cerca de catorze dias antes da primeira partida, contra a Espanha, a seleção deixou Nova York com uma escala em Porto Rico, onde passou doze horas devido a um problema mecânico com o avião.

No dia 25 de junho veio a estreia em Curitiba. Giesler e Jeffrey não estavam muito confiantes. Seus três jogos seriam disputados em cidades muito distantes entre si: Curitiba, Belo Horizonte e Recife. Tinham o pior calendário e o maior número de quilômetros a percorrer. Além disso, os jogadores ficavam acordados até tarde todas as noites bebendo cerveja e indo atrás de garotas. Giesler se lamentava: "Não somos marinheiros nem soldados para ficar indo atrás de mulheres". No entanto, os inexperientes Estados Unidos abriram o placar graças a um gol de Gino Pariani, que surpreendeu o goleiro Eizaguirre. A equipe das listras e das estrelas se fechou como pôde na defesa e resistiu até os 36 minutos do segundo tempo. Mas a Espanha se inspirou e evitou o desastre: três gols em oito minutos, de Igoa, Basora e Zarra.

Quatro dias depois, estavam cerca de mil quilômetros ao norte, em Belo Horizonte, para enfrentar os ingleses, no que muitos consideravam o duelo mais desequilibrado de toda a Copa do Mundo. "A cidade inteira sabe que os norte-americanos, ao contrário de seus adversários, ficam acordados a noite toda. Para o espanto dos cidadãos de Belo Horizonte, os jogadores passeiam pelas ruas até as seis da manhã", escreveu *O Globo Sportivo* antes da partida. Os ingleses preferiram se isolar nas montanhas, nas instalações de uma empresa de mineração britânica. Tinham acabado de derrotar os chilenos no Maracanã. Eram profissionais. Eram os inventores do futebol. Eram os embaixadores da terra do futebol. Ninguém duvidava de que o jogo terminaria em uma goleada, e as casas de apostas pagavam quinhentos para um na vitória dos Estados Unidos. A Inglaterra mandou a campo alguns dos jogadores mais famosos da época, apesar de Stanley Matthews ter ficado nas arquibancadas, poupado para partidas mais importantes. Seus adversários naquele dia tinham uma escalação composta por um professor, um funcionário de um cemitério, um decorador de interiores, dois carteiros, um mecânico, um maquinista, um operário, um carpinteiro e um estudante e lavador de pratos — Joe Gaetjens. O único a ganhar a vida com o futebol era John Hynes, um escocês que chegou lá aos Estados Unidos com 13 anos, apesar de mal conseguir pagar as contas com o que recebia de seu clube, o New York Americans.

E então começou a partida entre profissionais e amadores. Noventa minutos depois, os amadores haviam derrotado os profissionais. O resto é lenda.

"Bahr chutou da direita. Foi uma boa batida, mas o goleiro se preparava para pegar a bola. Gaetjens estava na marca do pênalti e mergulhou para conseguir tocar nela", recordou Harry Keough. Walter Bahr admitia que "meu chute estava indo para a direita, mas não entraria. Foi mérito de Joe". E de Frank Borghi, o goleiro norte-americano que trabalhava dirigindo o carro da agência funerária da família em St. Louis, que pegou absolutamente tudo. "Se jogássemos aquela partida outro dia, levaríamos dez. A sorte sorriu para nós", sempre reconheceu Bahr. A Inglaterra teve muitas chances para marcar. Os ianques, poucas. Mas fizeram o único gol do jogo.

Apesar de a imprensa britânica ter noticiado que o chute desviou acidentalmente em Gaetjens, os americanos negavam. "Você tem que saber como era Joe. Ele buscou aquele gol", afirmou Keough. "Joguei com ele por cerca de cinco anos e foi o atacante mais acrobático que eu já vi. Ele estava sempre tentando finalizar, de qualquer forma. Fazia gols impossíveis. Ele buscou aquela bola, estava sempre pensando em finalizar. Foi um arremate estranho, mas não foi uma casualidade", defendeu quase que com raiva Walter Bahr.

Quando terminou a partida, Ti Joe se viu cercado por brasileiros eufóricos que entraram em campo para levantá-lo em desfile como se fosse um general vitorioso. Ele quase caiu. Está sorrindo nas fotos, animado e feliz, enquanto um torcedor corpulento e de bigode e um garoto negro de gravata o carregam nos ombros. Dizem que a noite foi daquelas inesquecíveis. Depois, a equipe perdeu para o Chile e foi eliminada.

Antes de voltar para Nova York, um emissário lhe ofereceu uma nova vida: transferir-se para o Racing Club de Paris. O gol de Belo Horizonte transformou Ti Joe em uma estrela. Assim, durante três anos, Gaetjens viveu em Paris como jogador profissional. Não decepcionou, apesar de não ter se tornado a grande estrela que todos pensavam que viria a ser. Em 1954, decidiu voltar para casa, para o Haiti. Fazia sete anos que ele não via os parentes.

Na chegada, uma multidão o esperava. O gol contra os ingleses fez dele o herói local, apesar de alguns meios de comunicação terem noticiado que Gaetjens era argentino. O comitê de boas-vindas foi curioso: familiares, amigos, jornalistas e torcedores encontravam-se atrás de um cartaz que dizia: "O melhor jogador do Haiti, dos Estados Unidos e do mundo inteiro". Também estavam presentes seus ex-companheiros do Étoile Haïtienne, que pediram para que jogasse com eles naquela noite em uma partida contra o rival de sempre, o Racing. Gaetjens entrou em casa, beijou os pais, os irmãos e se preparou. O técnico da seleção do Haiti, Paul Baron, advertiu-o sobre o tipo de confronto que estava prestes a disputar. Ti Joe vinha de lugares onde se jogava um futebol organizado e preciosista, mas o futebol local tinha virado um jogo de arruaceiros. O Étoile Haïtienne perdeu e o Racing desceu o sarrafo em Gaetjens, que decepcionou. Acabava o sonho norte-americano e começava o inferno haitiano.

Joe Gaetjens voltava a um país que caminhava em direção ao buraco. A situação política era cada vez mais tensa. Ele tentou criar seu próprio espaço vital. Casou-se com uma amiga de infância que reencontrou na igreja, começou a dar aulas de futebol e trabalhou com afinco em uma empresa de pasta de dentes, a Colgate-Palmolive. Em 1956, seu filho nasceu e ele pendurou as chuteiras no time de sempre, o Étoile Haïtienne. Foi técnico por alguns meses e trabalhou com a seleção local, inclusive atuando por ela, até que, em 1957, abandonou definitivamente o futebol. Nesse mesmo ano, ocorreu o golpe de Estado que depôs o presidente, Paul Magloire. François "Papa Doc" Duvalier, com o apoio do exército, venceu as eleições posteriores contra Louis DeJoie, que denunciou a manipulação na contagem dos votos, mas viu o rival assumir a presidência mesmo assim. Era o começo do fim.

Duvalier iniciou uma purga no Exército para colocar seus homens em posições-chaves. Os apoiadores mais radicais formaram uma milícia chamada *Tonton Macoute* [" bicho-papão", em criolo haitiano], que aterrorizava os opositores. Começaram as prisões e as batidas noturnas. DeJoie convocou uma greve, a que Gaetjens aderiu. Fechou sua loja e escapou por pouco de uma surra quando os Tonton Macoute o obrigaram a abrir as portas.

Ti Joe tentou seguir em frente com a vida. Comprou uma casa e criou os filhos o melhor que pôde, mas todos os dias um amigo ou membro da família era preso. Ou desaparecia. A cidade se tornou o reino do medo e dos rumores. Muitos membros da família Gaetjens, todos considerados opositores, fugiram, e seus irmãos, Jean-Pierre e Fred, começaram a colaborar com as guerrilhas contrárias a Papa Doc. Isso o colocou em uma situação delicada, mas Joe disse aos seus que nunca mais deixaria o Haiti. Em dezembro de 1963, organizou uma festa para inaugurar a nova morada. Poucos meses depois, em 1964, François Duvalier se autoproclamava presidente vitalício. O círculo estava se fechando.

Em 8 de julho de 1964, a família Gaetjens recebeu um telefonema. Um amigo que fazia parte do Tonton Macoute disse a eles que estavam procurando Ti Joe para prendê-lo. Joe não atendia o telefone no negócio da família, então todos começaram a procurá-lo por toda parte. Sua mãe, Marianne, correu até a loja e a encontrou fechada. Esperou na porta, sem saber que os milicianos já haviam passado por lá. Um deles esperava escondido, vigiando. Logo depois, Ti Joe chegou em seu carro. Viu a mãe nervosa e, sem descer, perguntou que diabos estava acontecendo. Ali mesmo, o miliciano que guardava a cena apareceu, apontou a arma para Gaetjens, entrou no veículo e mandou ele acelerar. Sua mãe foi a última pessoa a vê-lo com vida. Perdeu-se o rastro do futebolista. Nunca se soube o que os Tonton Macoute fizeram com seu corpo.

Durante meses, a família tentou de todas as formas descobrir o paradeiro dele. A mãe chegou ao ponto de implorar pessoalmente a François Duvalier por clemência, assistindo uma vez por ano a uma recepção organizada pelo ditador para indultar alguns dos detentos. Ele liberava pequenos ladrões e golpistas, mas não opositores. Quando ouviu o nome Gaetjens da boca da senhora, expulsou-a da sala. No fim, aceitaram a realidade: Ti Joe não voltaria. Fugiram, então, para o exílio e acabaram nos Estados Unidos, onde organizaram uma fundação com o nome Gaetjens para denunciar o desaparecimento de milhares de haitianos. Um de seus eventos foi um amistoso do New York Cosmos, com Pelé em campo.

Arquivos da CIA tornados públicos finalmente ajudaram a lançar luz sobre seus últimos dias. Um documento datado de 13 de julho de 1964 cita declarações de um informante que afirmava que o próprio Papa Doc visitou a terrível prisão de Fort Dimanche. Vinte e três prisioneiros torturados anteriormente foram colocados em um pátio. Estavam com as mãos e os pés amarrados, descalços e apenas com suas roupas íntimas. Entregaram a Duvalier uma submetralhadora; ele deu uma rajada e matou todos. Um deles era, supostamente, Gaetjens. A denúncia de um colaborador da CIA é a única possível referência minimamente confiável. A família a considera como certa.

39
JULIO PÉREZ

Pode-se discutir quem de nós foi o melhor ou o que melhor rendeu, etcétera, etcétera, mas aquilo em que todos estão de acordo é que o melhor de todos foi Julio Pérez.
Roque Máspoli

Amanhecia no Rio de Janeiro. A cidade estava em silêncio. Julio Pérez entrou em seu quarto e se preparou para tirar uma soneca. Antes de deitar, pendurou a camisa da seleção na janela, para que os brasileiros pudessem ver da rua. Ele tinha bebido.

Pérez era um sujeito de extremos, capaz tanto de oferecer o manto de campeão do mundo à Virgem Maria como de amedrontar os companheiros de equipe com suas artimanhas. Um jogador daqueles com visão de jogo privilegiada, que às vezes parecia dormir em campo. "Como jogava o Julio Pérez!", lembrou Ghiggia.

Dizem que naquele dia, no Maracanã, foi o melhor do Uruguai. Todos amavam o sujeito apelidado de "Pata Loca", sempre metido no meio de todas as confusões. Na véspera da partida final, tiraram sarro dele. Julio César Britos, o atacante que anos depois jogaria no Real Madrid, colocou uma placa em seu quarto no hotel que dizia "*Peluquería.*"[1] Pérez não sabia do que se tratava aquilo. Míguez lhe disse que Britos, além de atleta, tinha uma barbearia na avenida 18 de Julio, no centro de Montevidéu. Pérez concluiu que um corte de cabelo não cairia mal, deixando então que Britos cortasse o

1 Cabeleireiro.

seu. Depois de aparar somente o lado esquerdo, o centroavante saiu correndo e deixou o cabelo do companheiro pela metade. Julio Pérez teve de jogar a partida mais importante da sua vida com um penteado horrível, pois mal conseguiu consertar o estrago, resultado da brincadeira do companheiro.

Mesmo com o cabelo daquele jeito, fez uma grande partida. "Bola com o arqueiro do Uruguai. Mandou na frente na direção de Julio Pérez. Bateu a Danilo, bateu a Jair e vai para o ataque. Vem trazendo pelo centro. Bom jogador o meia uruguaio!", narrava o jornalista brasileiro Antônio Cordeiro no dia do jogo final. "Está com Obdulio, que de cabeça entrega a Julio Pérez. Julio Pérez atrai Jair. Bateu Jair! Bateu Chico! Bateu Bigode! Deu na área para Ghiggia! Prepara o tiro! Entregou a Schiaffino, que atira... para fora! Notável esse meia-esquerda do Uruguai!", dizia Luiz Mendes em outra rádio sobre o jogador do Nacional, que foi quem deu origem às jogadas dos dois gols uruguaios.

"O melhor era Julito", defendia Obdulio Varela, e a palavra de Negro Jefe era sagrada. Os jogadores sempre amaram Pérez. Durante décadas, Míguez, Máspoli e Obdulio se reuniram na casa dele para recordar aqueles dias de 1950 e evocar aquela noite no Rio de Janeiro.

Depois de ganhar a Copa do Mundo, os uruguaios passaram horas fechados no vestiário, por precaução. Cientes do caos que haviam causado, queriam ser cautelosos, apesar de ninguém ter dito nada e de não sofrerem nenhum percalço. De volta ao hotel, após escurecer, viram rostos tristes, uma cidade morta. Estavam sem comer há horas, mas a cozinha fechou. "Não sei para onde foram os dirigentes. Não tínhamos comida, não tínhamos nada. Oito ou nove de nós nos reunimos no quarto do hotel. Estávamos sentados nas camas e alguém sugeriu que coçássemos os bolsos. Não sabíamos quem seria o corajoso a sair, pois usávamos calças cinza e uma camisa com o emblema da Associação Uruguaia de Futebol. Então tirei o emblema da minha camisa com um canivete e Luís Rijo disse que iria comigo, ninguém o conhecia", lembrou Julio Pérez. Rijo, o atacante do Central Español que não entrou um minuto sequer naquele Mundial, acompanhou-o na aventura. Os uruguaios estavam com medo. "Fomos a um balcão de um parque ao ar livre e compramos sanduíches e cerveja. Para minha surpresa, me reconheceram e começaram a pedir autógrafos", recordou o meia da Celeste.

Os uruguaios, eufóricos, começaram a beber cerveja. Os dirigentes estavam em uma festa em outro hotel com membros da embaixada e deixaram os atletas sem vigilância alguma. Os jogadores agradeceram, pois a relação com os membros da associação era muito ruim. Obdulio Varela foi o único que saiu sozinho para tomar uns drinques fora do hotel. Alguns foram dormir, apesar de a maior parte do grupo ter se embebedado. Julito Pérez bebeu tanto que ficou "liquidado". Foi então que seu bom amigo Omar Míguez teve uma ideia.

No local onde estavam hospedados, os quartos não tinham banheiro (eram comunitários), de modo que levaram o amigo Pérez aos chuveiros, tiraram sua roupa e o colocaram debaixo d'água. "Deixa a água cair", recomendavam. Assim, conseguiram que ele se recompusesse. Entretanto, quando quis sair, deu-se conta da travessura: os companheiros tiraram toda sua roupa e roubaram as toalhas. Pelado, começou a gritar com a cabeça para fora do corredor para ver se alguém viria ajudar. O único que apareceu foi Washington Ortuño, meio-campista do Peñarol, totalmente bêbado. Pérez contou a ele sobre a brincadeira de Míguez, que havia se trancado em um quarto com outros jogadores. Ortuño foi até o quarto e pediu as roupas de Pérez. Como resposta, recebeu uma enxurrada de zombarias e gargalhadas dos que estavam lá dentro. Ortuño não conseguia pensar em outra coisa a não ser descer até a cozinha, pegar uma faca e voltar ao andar de cima para tentar desmontar a fechadura. Como estava bêbado, a faca escorregou das suas mãos e cortou seu dedo. O sangue começou a jorrar. Julio Pérez, completamente nu, assistia a tudo aquilo da porta do banheiro. "O animal cortou o próprio dedo. Depois começou a gritar 'Uruguai *pra* todo mundo' e batia com o dedo nas paredes do corredor, sujando-as de sangue. Foi assim que ele deixou para trás vinte metros de paredes vermelhas com sangue." Pérez saiu correndo, ainda sem roupa, e pediu ajuda aos que se aglomeraram dentro do quarto. "Ortuño se cortou! É grave!" Quando Míguez abriu a porta, deparou-se com um sujeito nu e outro cantando enquanto o sangue escorria pela sua roupa. Os mesmos que apenas umas horas antes haviam conquistado a Copa do Mundo.

Enquanto nascia o sol, Míguez e Pérez penduraram a camisa celeste na janela do hotel. Em seguida, Varela chegou de seu passeio noturno com o massagista Matucho Figoli. Vinha triste, pois em sua jornada tinha encontrado muitos brasileiros desolados, sofria por eles. Na praia, onde muitos torcedores haviam se reunido para celebrar o título que nunca chegou, a areia estava suja, cheia de latas de cervejas vazias. Caixas de rojões flutuavam na água. Os funcionários do hotel começaram a limpar o sangue de Ortuño nas paredes.

Começava o dia 17 de julho de 1950. As vendas de jornais despencaram, apesar de os uruguaios, quando acordaram, terem comprado muitos como recordação e posado com eles para os fotógrafos. O Rio de Janeiro perdeu sua proverbial alegria, embora as pessoas tentassem agir normalmente. Moacir Barbosa, o goleiro brasileiro, com os olhos inchados de chorar, chamou sua esposa, Clotilde, para ir ao cinema. Recebido com insultos, teve que deixar a sala. De modo que entrincheirou-se em casa e desconectou o telefone. O comendador Vieira de Castro, dirigente do Vasco da Gama, enviou um emissário à casa de Barbosa com uma mensagem dizendo que convidava todos os jogadores interessados em passar alguns dias na sua fazenda no campo, longe da confusão. Quando o goleiro e Ademir embarcaram rumo ao local, esconderam-se atrás dos jornais. Em seu compartimento no trem, tiveram que ouvir dois senhores: "Se colocassem esse Barbosa na minha frente...", disse um deles. O goleiro não aguentou, agarrou-o pela garganta e gritou: "Sou eu o Barbosa!!" O pobre coitado saiu correndo e desceu na primeira estação.

Os atletas brasileiros passaram aquele 17 de julho procurando o melhor lugar para se esconder. Mendes de Moraes, o político que 24 horas antes proclamara nas arquibancadas do Maracanã que a seleção brasileira venceria, concordou em responder às perguntas da imprensa... desde que nenhuma fosse sobre futebol. Assim, falou sobre urbanismo e as leis. Nesse mesmo dia, um menino, devastado pela desolação de seu pai, que não conseguia parar de chorar, prometeu que um dia seria campeão do mundo. Seu nome: Edson Arantes do Nascimento.

Os jogadores uruguaios, eufóricos, sorriam ao devorar o que escrevera a imprensa brasileira. O retorno deles estava programado para o dia 18. No dia 17, dois aviões da companhia aérea uruguaia Pluna aterrissaram no Rio de Janeiro. Na época, não havia voo direto entre Rio e Montevidéu, mas Mario Artagaveytia, inspetor geral da empresa, havia informado o presidente da Pluna, Óscar Gestido, sobre a necessidade de duas aeronaves caso o Uruguai conquistasse a Copa do Mundo. Artagaveytia alegou que, se os campeões voltassem em dois aviões da Pluna fretados para a ocasião, seria uma campanha publicitária imbatível. O presidente, sobrinho de Álvaro Gestido, campeão olímpico de 1924, considerava aquilo uma perda de tempo, pois o Brasil ganharia o Mundial. Mesmo assim, escutou o conselho e acertaram os detalhes. A delegação voltou no dia 18 nesses dois aviões fretados, e quando sobrevoaram o estádio Centenário, lotado de gente para homenagear os heróis, o piloto de um deles realizou um voo rasante que provocou a euforia dos torcedores e a raiva dos atletas, cujos estômagos pagaram as consequências da manobra imprudente. A bagagem deles demorou alguns dias para chegar.

Depois da festa oficial, Julio Pérez abraçou a família e a namorada, Gladys Castro. Ela, que com o tempo transformaria a sala de jantar de sua casa em um pequeno mausoléu de memórias do marido, lembrava: "Já éramos namorados quando Julio viajou ao Brasil com a seleção. Assim que voltou, ele me perguntou: 'Vamos nos casar?' É claro que eu disse sim imediatamente, para não o roubarem de mim. Julio combinou com Víctor Rodríguez Andrade que nos casaríamos no mesmo dia e na mesma igreja. E assim foi, nos casamos em 26 de agosto na igreja que fica no cruzamento das ruas Mercedes e Julio Herrera." Uma loja de móveis presenteou os dois casais com quartos completos. Transformados em heróis, os jogadores receberam muitos presentes. Um construtor deu a eles um vale de 5 mil tijolos. Pérez comprou o vale do goleiro Aníbal Paz e, com 10 mil tijolos, construiu a casa onde sua esposa morou por mais de cinco décadas na esquina da Edison e da Instrucciones, no bairro onde ele nasceu, o mesmo no qual seu pai o criara como torcedor do Peñarol, o bairro onde disputara as primeiras partidas em times modestos da terceira divisão, como o Última Hora ou o Edison, pelo qual jogou até os 18 anos.

Julio Pérez trabalhou no armazém da família até 1950, pouco antes da Copa do Mundo, quando assinou com o Nacional e partiu o coração do pai, que não conseguia entender como o filho seria capaz de jogar pelo eterno rival. Somente quando retornou do Brasil como campeão do mundo é que pôde perdoá-lo. Pérez passou dias recebendo convites para participar de jogos e comparecer a festas. Na segunda noite em casa, disputou um torneio noturno de futebol de rua. "Todo mundo nos convidava, e a gente voltava para casa às duas da manhã. Durante muito tempo negligenciei meu físico, o que foi um erro a longo prazo. Joguei muito pouco no Nacional, me contundi e, em 1952, estava jogando pelo Edison, no bairro, outra vez", lembrou Julito, que voltaria ao Nacional para conquistar novos títulos, apesar das lesões o privarem da glória que alguns de seus outros companheiros de equipe desfrutaram.

Uma semana depois da partida final, Moacir Barbosa e Ademir voltaram ao Rio de Janeiro e começaram a treinar. Naqueles mesmos dias, Zizinho discutiu com um sujeito que o repreendeu no meio da rua. Na Espanha e na Suécia, ainda faziam recepções aos jogadores após seu papel de destaque na Copa do Mundo. As viagens eram tão longas que algumas delegações chegaram em casa uma semana mais tarde. Em Montevidéu, Julio Pérez obteve o perdão do pai, virou noivo e saiu de casa para agradecer a Deus. Acompanhado do futuro cunhado, Walter Castro, então jogador do Peñarol, percorreu os 96 quilômetros de Montevidéu até Florida, onde fica a capela de San Cono. Lá, deixou a camisa que usou no Maracanã, com o número 8 às costas. Um mês e meio depois, o goleiro Roque Gastón Máspoli seguiu seu exemplo e levou como oferenda, em nome de toda a equipe, a bola com a qual disputaram a partida final. Míguez e Schiaffino depositaram suas chuteiras.

Em julho de 1980, trinta anos depois daquela partida, alguém invadiu a capela de San Cono à noite e roubou o manto que cobria o santo, bem como a maioria das lembranças deixadas ao longo das décadas. Assim desapareceu a bola da final, embora anos mais tarde se tenha leiloado uma parecida, apesar de nunca confirmada a autenticidade. Camisas, chuteiras e luvas desapareceram no tal assalto. Só deixaram uma coisa daquele 16 de julho de 1950: a camisa de Julio Pérez, que ainda permanece na capela.

40
ALDYR GARCIA SCHLEE

Eu não quis ficar com aquela camisa branca.
Eu a deixei jogada no vestiário do Maracanã.
Ademir

Na cidade uruguaia de Río Branco, bem na fronteira com o Brasil, não era fácil de se divertir. No dia da partida final da Copa do Mundo de 1950, alguns moradores locais se reuniram na praça em volta do melhor aparelho de rádio que puderam encontrar. Sendo uma cidade fronteiriça, era possível ouvir tanto as estações uruguaias como as brasileiras, apesar de quase todos os que tinham um aparelho ouvirem as locais, já que as outras informavam pouco e sempre com atraso. Aliás, do outro lado da fronteira, na cidade brasileira de Jaguarão, ligada ao Uruguai por uma ponte, também preferiam a frequência uruguaia. Em ambos os municípios, quase todo mundo falava português e espanhol. Lá, naquelas cidades fronteiriças onde se tinha a sensação de que nunca acontecia nada, beijavam-se as duas nações que, no Maracanã, estavam prestes a escrever uma das páginas mais dramáticas da história do futebol.

Aldyr Garcia Schlee, um garoto de 15 anos, morava em Jaguarão. Seu pai, Augusto, participara da construção da ponte que ligava o Uruguai ao Brasil. Em seu barco, transportara cimento e aço para as fundações do que era, na época, a ponte mais longa da América do Sul. Com 212 metros de comprimento e um andar para carros e outro para a linha férrea, a ponte

Barão de Mauá mudou a vida daquelas cidades fronteiriças. O jovem Aldyr vivia no lado brasileiro, mas podia atravessá-la todos os dias sem que lhe pedissem documentos, pois todos o conheciam. Em Río Branco havia um cinema. Em Jaguarão, não. Ele cresceu com uma carteira de identidade brasileira no bolso e o sentimento de ser uruguaio. Nas fronteiras, as identidades se reforçam ou se diluem. Ou se confundem.

No dia 16 de julho de 1950, Aldyr foi ao cinema para uma sessão matinal dupla. De repente, no meio de um filme de faroeste, as luzes se acenderam e uma voz disse. "Atenção, o cinema Río Branco tem a honra de anunciar que o Uruguai é mais uma vez campeão mundial." As pessoas, entusiasmadas, cantaram o hino uruguaio na plateia e saíram para a rua. Aldyr chorou. Ninguém ficou para ver o fim do filme.

Schlee voltou para casa caminhando, pensativo, deixando para trás os cânticos de alegria dos uruguaios. Atravessou os 212 metros do país que havia acabado de se proclamar campeão do mundo para chegar ao país perdedor, ao solo do vice-campeão. Sentia-se alegre. Sentia-se uruguaio. "Não chorei como brasileiro pela derrota, chorei como gaúcho pela vitória. Em Jaguarão, a gente se sentia mais próximo de Montevidéu do que das grandes cidades brasileiras. Os jornais e as revistas uruguaios sempre chegavam primeiro, e ouviam-se mais programas de rádio em espanhol do que em português. Minhas lembranças são as fotografias dos jogadores do Uruguai campeões da Copa do Mundo de 1930, as imagens dos campeões olímpicos em Colombes e Amsterdã. Meus ídolos eram Nasazzi, Scarone e Andrade." García Schlee era uruguaio. Foi um dos poucos brasileiros que dormiu feliz naquele dia em julho de 1950.

A partir daquela data, todos os brasileiros tiveram que conviver com a sensação de terem sido derrotados para sempre. Em 1953, o trauma ainda perdurava, e o *Correio da Manhã* promoveu um concurso público, com o apoio da Confederação Brasileira de Desportos (CBD), para mudar as cores do uniforme. No Mundial, a seleção brasileira jogou com um uniforme branco, com exceção dos punhos, das meias e da gola, que eram azuis.

A camisa, branca, limpa e impecável, ficou manchada com a lama da derrota. Para muitos, tornou-se um pedaço de pano branco sobre o qual os uruguaios picharam, como vândalos, o registro de sua vitória. Aquela camisa branca era a recordação de um dia de vergonha nacional. Uma memória que os antropólogos e sociólogos brasileiros começaram a comparar com guerras do calibre de Waterloo, pois o Brasil, que tinha pouco histórico bélico, tinha sofrido seu pior golpe não em um campo de batalha, mas em um estádio.

O concurso organizado pelo periódico propunha apenas a condição de que todas as cores da bandeira fossem utilizadas. O problema era que a bandeira, concebida em 1889 com o nascimento da República, tinha quatro cores, e complicava a vida dos artistas. O verde, símbolo da natureza; o azul, do círculo central com estrelas, representando o céu; o amarelo, do losango central, os tesouros naturais do Brasil; e, finalmente, a faixa branca com o lema "Ordem e Progresso". Com resultados desiguais, mais de trezentas pessoas se atreveram a combiná-las em um uniforme.

Nei Damasceno, um conhecido desenhista que já havia produzido o famoso cartaz da Copa do Mundo de 1950 (uma chuteira com as bandeiras das nações participantes desenhadas nas meias), propôs uma camisa verde com calções brancos, meias amarelas e canos azuis. Seu projeto ficou em segundo lugar. O júri, presidido por Alberto Lima, presidente da Sociedade Brasileira de Belas Artes, decidiu que o vencedor era o desenho de um garoto de 18 anos: a camisa amarela com detalhes verdes na gola, os calções azuis com uma listra lateral branca e as meias brancas com canos verde e amarelo. "É a proposta mais harmoniosa de todas", disse Lima. O desenho chegou pelo correio, em papel comum, do tipo que se compra em qualquer papelaria, e em uma cor azul que pouco tinha a ver com a da bandeira. Apesar desse pequeno detalhe, o jurado se apaixonou por sua harmonia e seu ritmo.

O vencedor do concurso, organizado para esquecer, se é que isso era possível, o trauma da vitória uruguaia no Maracanã, acabou sendo Aldyr Garcia Schlee, um torcedor uruguaio. Parecia uma ironia do destino.

"As regras do concurso deixavam claro que o uso equilibrado das cores deveria ser especialmente valorizado. Por isso usei verde e amarelo para a camisa, azul para o calção, e sugeri meias brancas", recordou o desenhista premiado. "Não achava que poderia ganhar. Simplesmente segui as regras do concurso e fiz um desenho que me agradava, mas não tive nenhuma revelação divina, nenhum momento de inspiração genial. Entreguei o papel ao meu primo Adolfo e ele enviou ao Rio de Janeiro." Em 28 de fevereiro de 1954, o Brasil jogou pela primeira vez com a camisa que se tornou um dos símbolos mais potentes do futebol. Venceu o Chile por 2 × 0, no estádio Nacional de Santiago. Ofereceram a García Schlee um emprego no *Correio da Manhã*, mas ele acabou retornando ao Sul, incapaz de se adaptar ao ritmo frenético da redação. Voltou com um segredo que não poderia ser revelado: sua condição de torcedor do Uruguai no Brasil, o que, provavelmente, ninguém teria compreendido.

A seleção brasileira disputou a Copa do Mundo seguinte, a de 1954, na Suíça, com a camisa desenhada por ele. "Acreditava que depois do Mundial deixariam de usá-la, pois não se saíram muito bem. Perderam nas quartas de final para a Hungria, em uma partida muito violenta. Por sorte, as pessoas gostaram do uniforme e se tornou um símbolo."

Aldyr García Schlee criou o símbolo futebolístico mais famoso de todos os tempos: a "amarelinha" destinada a conquistar cinco Copas do Mundo e a ser a metáfora perfeita da alegria de uma nação que ganhava os jogos com sorriso no rosto. "O Brasil nasceu futebolisticamente outra vez depois de 1950", admitiu ele, que, com o tempo, tornou-se um escritor de sucesso e deixou de esconder sua condição de homem fronteiriço. De uruguaio no Brasil. De brasileiro no Uruguai.

Este livro foi composto nas fontes
Adobe Jenson Pro [texto] e Arboria [títulos],
impresso pela Lis Gráfica em papel Pólen Natural 80g
e diagramado pela BR75 texto | design | produção.
São Paulo, 2022